U0932771

联合出品人

黄爱军

洪豪泽

毕诚

范春伟

王炜栋

马宏波

张颖函

高玉雷

李得永

许翊宏
杨健宁
杨坤
杨少蓉
叶璐诗
徐亚楠
武全堂
吴国珍
王中兴
王咏梅
王欣
王炜栋
王穆
王凤
涂郡哲
孙仲昱
孙征
孙文光
尚海燕
任以能
周耀祥
郑雅淑
郑昌松
张智雯
张颖函
张廷冠
张金霞
张弛
于晓荣
于菲菲
赖俊伟
李得永
李署英
刘军
刘艳芹
王国玺
马宏波
倪桂才
潘佳欣
潘力源
任学
付雷
邝婉桥
邝美馨
金晓峰
范春峰
范春伟
蒋明儒
高玉雷
霍艳杰
洪豪泽
黄泊捷
洪亚萍
花凤顺
崔纪梅
毕诚
陈长春
蔡晔涵
陈天德
陈研夫

图书智囊团顾问星系图

CBIN 共生社群活动和项目现场

CBIN 联合创始人

陈长春

邝婉桥

陈新润

潘永波

张传海

蒋昭遐

人本商道

如何构建无边界共生社群

陈长春◎著

PHILOSOPHY
OF BUSINESS

中国商业出版社

图书在版编目（CIP）数据

人本商道：如何构建无边界共生社群 / 陈长春著 . -- 北京：中国商业出版社，2018. 5

ISBN 978-7-5208-0192-8

Ⅰ. ①人… Ⅱ. ①陈… Ⅲ. ①商业经营-研究 Ⅳ. ①F713

中国版本图书馆 CIP 数据核字（2018）第 015859 号

责任编辑：姜丽君

中国商业出版社出版发行

（100053 北京广安门内报国寺 1 号）

010-63180647 www. c-cbook. com

新华书店经销

三河市三佳印刷装订有限公司印刷

*

710×1000 毫米 1/16 开 18 印张 250 千字

2018 年 5 月第 1 版 2018 年 5 月第 1 次印刷

定价：48. 00 元

* * * *

（如有印装质量问题可更换）

序 一

有很多朋友问我："你是香港人，在香港长大，为何那么热情地把 CBIN 这个项目带回大陆，想让大陆的企业家有一个干净的平台去发展他们的生意，让生意更简单呢?"

原因很简单，在过往做培训的日子里，很多时候跟大陆的学员沟通，我跟他们说："人一生最重要的是平衡家庭、事业、个人成长，每个范畴也要兼顾好，也要照顾好。那你才能觉得心灵富足，生命丰盛，生活才能充满喜悦。"他们常说："邝导，很难的，现在做生意，有很多交际应酬，有很多支出，很耗精力。身体已感觉吃不消，哪有时间照顾家人，照顾自己?"当时我觉得很困扰，可能我在香港长大及做生意；我们香港做生意比较简单，做好自己的产品及服务，跟随所有程序，基本上就可以了，没有那么多不知名的支出及应酬。后来有机会在国际上接触了一个很不一样的业务转介绍平台，当时在我心中已种下一颗种子。

约 3 年前一个偶然的机会，作为教练技术导师的我，被邀约参与 200 多个教练技术 3 阶毕业同学微信群，在群内做分享，把控规范。在内跟几个核心人员深入沟通，我们每个人真的想为 3 阶毕业同学做贡献，当时我心中的那颗种子发芽了，我跟其中的成员沟通这个模式时，他们很赞同我的愿景。让企业家做生意更简单，这样，CBIN 转介绍平台的初型就成立了。

当然，这些国际性的项目，不能完全符合我们大陆的国情。幸运的是，我们创始人的组合帮了大忙，一个是很受欢迎的大学生创业导师，兼家庭教育专家，比较了解年轻人创业的需要及家庭关系的重要意义；一个在央企、国企工作了很久时间，很清楚知道跟随国家政策对企业的重要性；一个是很实在的生产商，很清楚小本企业面临的困境；还有香港 2 位推广销售的英才，再加上我 20 多年培训的背景，我们用了 2 年多时间把 CBIN 优化，更符合我们的国情、营商环境。最重要是我们有共同的心愿：创造让企业家做生意更容易的业务转介绍平台，必须能做到净化营商环境；会员们能有自我成长，学习的机会。

CBIN 精英会开始了半年多，我最欣慰的是心中愿景渐渐展现，我们现在有 3 个分会，我发觉分会间很团结，分会跟分会能相互支持，相互做转介绍；更不用谈分会内的会员，根据他们的分享，我们体验到他们每个人也在成长也在提升，个别会员更是成长很大。他们常跟我说：“感谢你把 CBIN 带给我们，让我们知道原来做生意很简单。在 CBIN 除了找到业务外，重要是自己及身边的人都觉得成长了很多，家人也是得益者。”听到这些我心中特别欣慰；有时候我反而觉得惭愧，不是我能带给他们什么，是他们带给我满足感，是他们带给我今生无憾。

在此，我亦很感恩一直在背后支持我发展的爱人，两位女儿，没有她们的默许，我也未必能全心全意发展心目中的蓝图，在我偶有低落的时候，他们给我温暖和力量。

未来，我期盼能让更多企业家做生意更简单，每位会员个人成长有很大的提升，可以多照顾自己及家人，这颗“做生意更简单，更净化的营商环境，人生活在平衡的状态上”的种子，植入每个人心中，哪怕是我这辈子看不见我期盼的环境，也期盼我的后代，下一辈的企业家让这种子发光发亮，茁壮成长。

邝婉桥于北京

2018 年 3 月

序　二

CBIN 是一个即将建立起来的伟大平台。因为在这个产品过剩的时代，有的人产品好却卖不出去；在这个人才竞争激烈的时代，有很多人想要找到好的人才；在这个创业充满了陆海空，也就是地面作战、商战、海中作战、招商会议以及空中作战，互联网及移动互联网（复制 CEO 国际总裁班就像复制 CEO 国际总裁班所谈及的陆海空战略战术）。所以当 CBIN 建立起这个伟大的平台的时候，所有人都想找到自己想要找到的好人才，找到自己想要找到的好东家，找到自己想要找到的消费者及想要找到的好产品，也就是在这个四维空间的 CBIN 平台里，每个人都可以实现心中所愿。就像古代媒人撮合男女双方，促成了一段又一段的姻缘，CBIN 也能促成一段又一段伟大的商业姻缘。所以，当我们在阅读这本书的时候，其实已经踏入了伟大平台，让自己能够更轻松更简单地得到自己想要拥有的一切，在《人本商道》里面你都可以获得这一切。

在我二十多年的教学当中，有许多来自于全中国、全亚洲乃至全世界的创业者。如果在十年前二十年前，这些创业者就能够有幸得到这个伟大平台的庇护与照应，那么即将节省更多的时间，就像我在课程里面不断谈到的时间大于金钱一样，节省时间就是珍惜生命，浪费时间就是慢性自杀。所以，让我们一起节省更多的时间、创造更大的效益、付出最小的力气，得到最大的结果；持续努力得到最好的、得到想要的、得到心想事成的所有的一切。

所以我认为每个人都要好好的阅读这本书，更应该好好的推荐别人阅读这本书，并把这本书当成创业者人生中最需要的启蒙读物之一。

洪豪泽于北京

2018 年 3 月

序　三

《人本商道》的诞生源自一个伟大的梦想——构建无边界共生社群平台，让生意更简单！这个梦想是由六位分别来自香港（邝婉桥、蒋丹霞、陈新润）和大陆（陈长春、潘永波、张传海）的工商、教育等行业精英人士共同缔造。

这个梦想起源于2016年夏天，因为有陈长春、邝婉桥、蒋昭遐、张传海、陈新润和我在深圳火车站一个酒店房间里历时三天三夜的头脑风暴，才有了后来几百位行业精英齐聚北京的CBIN8.20启动会，最终孕育出了CBIN（社群营商国际网络）平台。

在我成为CBIN联合创始人之前，我经营着一家特殊钢公司。由于人脉关系的限制，业务拓展特别艰难。为了拓展业务，我参加商会、同学会等各种社交活动，可是因为彼此各有目的，又缺乏相互信任，最终都收效甚微。很多时候因为急于得到业务资源而轻信一些人的介绍，不但客户资源没拿到，反而浪费了时间、精力和金钱。即使是现有的客户，也因为没有牢固的关系而流失；即使没有流失的客户，也因为拖欠货款而让我不堪重负。怎样才能改善我们的营商环境？我们找到了解决方法——构建无边界共生社群平台。我们已经进入后市场经济时代，并即将迎来社群经济时代。4P概念（产品、价格、渠道、促销）已经不再适用于社群经济时代，因为社群经济时代，是由人到产品的时代，商业逻辑完全改变，经过创始团队全体成员一年多艰苦卓绝的努力，尤其是 CEO 陈长春和培训部部长邝婉桥呕心沥血的无私付出，以及燕郊、北京、济宁分会的全体会员的信任与支持，一个以墨家哲学“兼相爱，交相利”为核心理念、以共生关系理论、现代关系营销学为基础的社群营商平台 CBIN 已经初具雏形。

为了让 CBIN 为更多企业经营者所认识和接受，为了让更多企业经营者快速转变观念，在社群经济时代的商业竞争中立于不败之地，为了让更多企业经营者都能够运用 CBIN 达成以最低成本、最高效率、最大程度地实现各自的价值，实现长期的互利共赢，真正做到让生意更简单的目标，我们将用时一年多所探索出来的 CBIN 文化、理念、基础理论和运营模式汇集成此书，贡献给所有企业经营者。

我时常畅想未来，当有一天，我们成千上万的会员朋友因为有了 CBIN，只需要每周早起一次参加我们的业务引荐精英会，每周互访一次会员朋友，便能轻松地经营好自己事业，从而有更多的时间和精力陪护自己的亲人，在家里享受着天伦之乐，那是多么温馨和谐的画面啊！

潘永波于北京

2018 年 3 月

自　序

随着移动互联网和中国国际化进程的快速发展，中国在国际上会攻占更多高端制造业和科技领域，还会有一些中国企业在全球市场崭露头角，汽车、智能家居会走进千家万户，互联网逐渐回归媒介的地位，如同现在的电视、网络一样，人们开始冷静看待。同时，中国的经济结构一定会发生翻天覆地的变化，以前的企业营销模式与管理模式都需要升级。

笨重的斧头敲击大门，门好久没有打开，而细小的钥匙只是轻轻一转，却打开一扇坚固的门，这是为什么呢？一切都需要方法！接下来让我们一起去寻找打开社群之锁的钥匙。

我在2007年创业成立通信工程服务公司，用三年时间把公司带到年利润过千万，后来投资教育、互联网软件、企业咨询等多家企业时，发现在带领团队营销过程中遇到了很多障碍，于是从2012开始钻研不同行业、不同产品的商业模式与营销模式创新。2015年在北京与世界营销大师菲利普·科特勒进行了短暂的沟通，了解到他正在研究区域化营销与社区营销理论。一切的商业都是基于人的，商业的本质就是建立互信的过程，他提出未来的营销可以归类为一种营销模式，那就是“口碑营销”。

菲利普·科特勒将21世纪的口碑传播定义为：由生产者以外的个人通过明示或暗示的方法，不经过第三方处理、加工，传递关于某一特定或某一种类的产品、品牌、厂商、销售者，以及能够使人联想到上述对象的任何组织或个人信息，从而导致受众获得信息、改变态度，甚至影响购买行为的一种双向互动传播行为。

口碑营销是企业在调查市场需求的情况下，为消费者提供他们所需要的产品和服务，同时制定一定口碑推广计划，让消费者自动传播公司的产品和服务的良好评价，让人们通过口碑了解产品、树立品牌，最终达到企业销售产品和提供服务的目的。

信息透明化的今天，销售越来越难；互联网时代企业营销成本越来越高；消费者选择商家越来越谨慎！因为社群时代的商业逻辑已经从经营产品转变到经营用户彼此的关系。用什么样的方式来经营彼此的关系，让自己的产品在消费者中形成持续的口碑并增加销售的成功率呢？

我与大陆、香港的企业界精英通过三年时间的摸索，终于构建了一套完整的口碑营销互助体系，也就是大家熟知的社群营商国际网络（简称CBIN）！

本着“付出者收获”的宗旨，弥合行业、地域、背景的差异，CBIN要求同一分会一个行业一个代表，不同分会每两周在当地召开业务引荐精英会，通过多层面、多角度的活动设计，真实、真切的现场互动，使每位参与者充分得到产品的推荐、资源的青睐、自我的展现。

通过精英会的精细化运营，以诚信的“口碑”方式传播，帮助会员增加生意机会，并让会员对接到长期的、高素质的商务专业领域人际关系。加入CBIN就拥有无数个业务销售人员为会员工作，随时随地为会员做业务转介绍，真正做到省钱并增加销售的成功率。CBIN

的目标是在全国最少 100 个城市构建 1000 个分会，所以，CBIN 将成为国际商界精英人脉与业务引荐第一平台，通过 CBIN 分会的运营让企业生意更简单，从而净化中国的营商环境！

释迦牟尼一生传经布道 49 年，仅仅宣讲“般若”智慧就整整用了 22 年，最能表达这个智慧的就是 260 字的《心经》。《心经》摄受人心的力量，不同的人读出不同的境界，很多内容无法用语言文字来描述和准确表达。所以，本书也不能全部讲清楚不同的社群构建与口碑营销策略，但相信一定能为大家带来全新的认知。

手指不是明月，但却可以让我们找到明月的所在。许多人一直在社群营销的道路上苦苦寻求有效的方法应对当下的压力和挑战，却只有极少数的人悟到成功密码。《人本商道——如何构建无边界共生社群》可以指引我们找到社群与口碑营销的原理。

当我们了解到商业的本质，掌握了人性的特点，再用耕耘的思想而不是打猎的思想去经营我们的客户时，我相信等待你的一定是一个无比精彩的商业世界。

陈长春于北京

2018 年 4 月

前 言

社群用来表示一个有相互关系的网络，一种特殊的社会关系。社群主要有三个特征：稳定的群体结构和较一致的群体意识；成员有一致的行为规范、持续的互动关系；成员间分工协作并具有一致行动的能力。

但是，如果不站在“无边界”“共生”的高度上思考、设计、搭建、运维社群，那么，社群充其量仅仅是一个工具而已，更上升不到“商道”“人本商道”的境界。

CBIN 营商国际网络作为国际商界精英人脉与业务引荐的无边界共生社群，通过精英会精细化运营让每个会员做生意更简单。本书可以说是 CBIN 营商国际网络运营经验的提炼和浓缩，成人达己、成己为人。

本书共分为三篇 10 章，第一篇明理篇，即构建无边界共生社群的认知，包括商业本质、人人时代、引爆社群和价值表现；第二篇正道篇，即构建无边界共生社群的理论，包括口碑营销、六度人脉和业务引荐；第三篇践行篇，即构建无边界共生社群的方案，包括标杆模式、跨界融合以及将心注入，既梳理框架、体系纵横，又直击痛点、深挖精髓。

这是一本“一竿子插到底”的社群构建实务经典。帮助广大企业、会员机构和关联组织摆脱商业模式乱象、用工成本上升、定位口碑品牌等困扰，走出“温水煮蛙”的艰难处境。

这是一种“逢山开路、过河搭桥”的实战能力演练。引导成百上千的中小企业、商会会员在“无边界共生”的平台上实现创业创新梦想。崇尚创业、鼓励冒险、宽容失败、创造条件，让年轻人的激情、热情、想象力、创新能力得到充分的释放和发挥。

这是一套“更加快捷、更加高效”的模式模板分享。操千曲而后晓声，观千剑而后识器。既梳理国际商界精英企业的管理系统，又构建各业务管理体系、进行风险识别，同时，还给出业务工作的流程、标准、方案、表单、计划、方法、工具等模式、模板和范例。

本书适合中小企业和初创企业的老板、高管使用，适合商业模式、市场营销等培训师使用，适合管理咨询机构项目诊断和成果输出参考，可以作为各类组织社群构建、平台搭建的模式落地参考。

目　录

第1篇　明理篇

第2篇 正道篇

第 3 篇 践行篇

第1篇　明理篇

构建无边界共生社群的认知

第 1 章

商业本质：共享共生、无边界

商业世界里风云变幻，其商业经营模式也随之不断变革，进而演化出各种各样的商业理念。近年来，互联网蓬勃发展，大数据、人工智能随之兴起，在这种大背景下，企业的跨领域经营能力越来越强，而且呈现出一种“突破”“创新”的业态发展趋势，商业生态圈更新迭代，出现了新特征。如今，我们所处的是一个互联网的崭新时代，挑战与机遇同在、风险与机会并存。

“你死我活”的竞争时代已经成为历史，随着智能互联产品和大数据的应用，企业之间的竞争发生了“新裂变”，各行业的特征和边界正在变得模糊。互联网的深入运用非但没有影响公司的竞争，反而扩展了各个行业的边界。以手机行业为例，手机厂商除了要与其他业内手机生产企业竞争之外，还要谨防其他行业的“搅局者”，甚至参与者、体验者、消费者。企业竞争的关键正在从单个的产品转移到涵盖产品的整个系统，再到连接各个子系统的体系。行业边界趋于模糊，未来甚至可能会消失，谁也无法准确知晓自己的竞争对手是谁。

竞争时代正在走入历史，竞合时代已经到来，我们身处这样一个“无疆界”的商业时代，更应返璞归真，重寻商业的本质。商业起源于交换，通俗来讲，商品交换的数量和速度直接决定着商业的繁荣程度，决定着企业的生命力。商品交换必然需要构建商业生态，那么构建商业生态的主要目的和途径是什么呢？如图 1-1 所示。

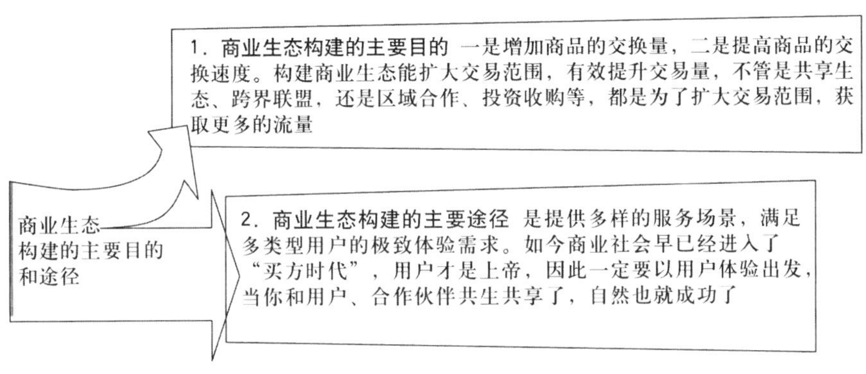

图 1-1　商业生态构建的主要目的和途径

在笔者看来，商业的本质是共享、共生、无边界，互联网的本质是交换与连接，互联网技术的出现和发展让企业之间、用户之间、企业与用户之间的连接能力增强了，而且联系越来越趋于紧密，连接的效率和速度也大大提高了。共享、共生、无边界是交换与连接后发生关系的一种形态；商业方法、商业模式的改变，都是基于人与人、物与物、人与物之间的关系变化；互联网对商业的改变是非常巨大的，它使各个商业主体之间的关系发生了颠覆性变化。

1.1 没有效率的增长是加速自杀

正如嘉御基金合伙创始人兼董事长卫哲所说："没有效率的增长，不是慢性自杀，而是加速自杀。"在笔者看来，商业的本质除了增长，效率也同样重要。

消除距离，进而消灭一切基于信息不对称的行业，这是互联网在商业领域带来的最大影响之一。当信息传播无限接近完美对称之时，所有低效率的商业模式，都会随之消失。

当经济危机到来，不同的企业会采取不同的应对措施，比如裁员、改变发展方向、控制成本等，但这些多种多样的应对措施，其本质都是为了提升效益。效益提升了，企业应对危机的能力自然也就增强了。

关于互联网对于商业模式的影响，笔者认为最大的影响就是提升效率。

那么，作为企业，要想提高效率、加速增长，具体应该怎样做呢？

1. 提高个体效率

“员工加盟”“全员持股”“让员工自己当老板”……这些商业经营观念的兴起，很好地展现了“个体效率”对企业的重大价值。每个企业都是由多个个体组成的，如果公司中最小的作战单位——个体有活力、能驱动，那么企业自然就有活力，而自我驱动就是个体效率的最好来源。一个企业一定要了解团队中的每个人，清楚他们的梦想是什么，善于“造梦”，并帮助他们实现，给他们创造“圆梦”的条件和机制。如此一来，梦想便能让他们去自我驱动。每个人都为自己的梦想做事，群体的理想自然容易成功。

2. 提高组织效率

所谓“组织效率”，即组织管理工作投入的劳动量与劳动效果之间的比率。简单来说，组织效率就是组织目标的达成情况。作为一种社会商业组织，企业是由许多主体契约联结而成的，因此企业的目标实际上是一组目标联结而成的目标体系，也可以说是“利益相关主体的利益最大化”，这是一个非常典型的多目标最优化模型。需要格外注意的是，组织目标是动态的，随着组织的演进和周边环境的变化，组织目标也会随之演变。

影响企业效率的因素很多，最主要的影响因素有两个：一是源自企业内部的管理因素，如企业员工、业务流程、组织结构、企业文化以及工具平台等；二是源自企业外部的环境因素，如政治与法律、科学技术、区域经济、文化与社会等。内部因素与外部因素又交互影响、制约，从而最终决定了企业的组织效率。

外部环境因素客观存在不以单个企业意愿发生改变。在市场经济条件下，企业要想获得更好的生存和发展机会，只能通过对组织自身的调整和改变来积极适应外部环境。

外部环境对组织效率有着决定性影响，且影响周期长，难以改变。好在内部因素的可控性、可操作性，为企业效率上的改善创造了可能。对企业内部因素的调整和改善能在较短时间内实现效率的提升。

那么，怎样才能提高企业的组织效率呢?

提高企业组织效率有如下三点，如图 1-2 所示。

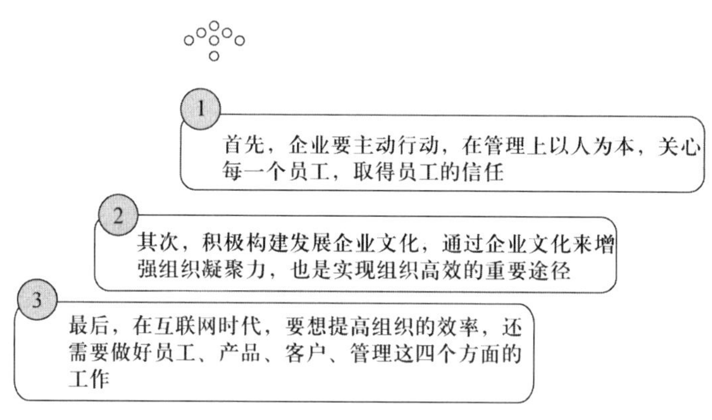

图 1-2　提高组织效率的 3 个要点

3. 提高创新效率

人们为了满足自身需要，不断拓展对客观世界及其自身的认知与行为，这一过程及其结果就是我们所说的创新活动。换句话说，创新是人们为了一定目的，基于事物发展的规律，对事物的整体或其中的某些部分进行变革，从而使其得以更新与发展的活动。

所谓“创新效率”，即创新行为的投入产出比。创新效率的提高受多种因素的影响，这些影响因素可以划分为两大类，如图 1-3 所示。

创新效率既取决于创新系统的内部效率，同时又取决于各子系统之间合作与交流的效率，这使得创新成为一个有机的整体，进而推动企业的效率增长。

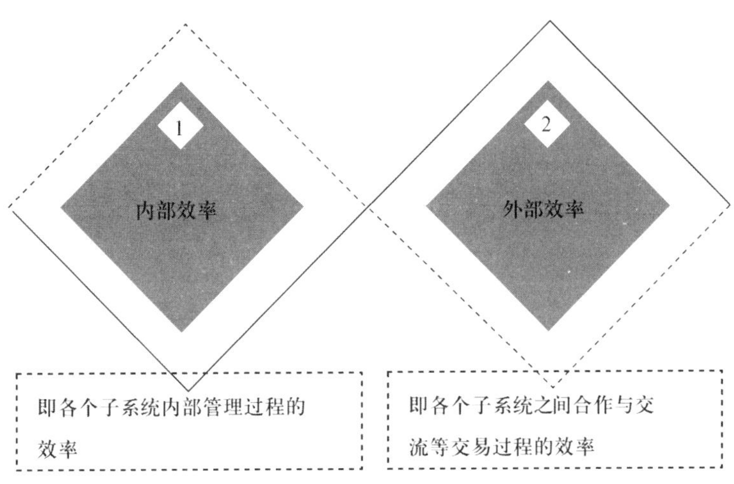

图1-3 影响创新效率的2个因素

4. 提高战略效率

所谓“战略效率”，即组织在既定竞争战略执行中所付竞争消耗与所获战略效果之间的比率。竞争战略效率可以反映企业竞争战略的制定质量和执行效果，其本质是企业竞争战略目标实现的质、速度和程度。

竞争战略效率特征：企业战略目标实现的速度越快，战略执行过程越短，质量越高，战略结果与战略目标越一致，其竞争战略效率就越高，反之，则越低。

那么，怎样提高企业的战略效率呢？

（1）战略判断很重要

战略判断错误会导致战略没有效率，因此要想提升企业的战略效率，首先要判断做什么样的规模效益。公司在不同的发展阶段，战略定位也各不相同，但都要先定战略，再搭队伍。先确定了战略，再根据战略需要去引进人才，组建队伍。在战略效率中，必须根据企业自身的情况分清搭队伍和定战略的先后次序。

（2）做好取舍、排序

取舍、排序、资源分配是一个企业的战略核心，当公司规模不断扩大之后，往往都会面临创新乏力，或者说战略定位方向不明，这时做好取舍和排序就显得非常重要。一定要确定优先发展哪一个，根据优先级排完序，再对现有资源进行相应的整合、分配。简单来说，也就是把最好的人、最多的钱，押到你最优先的、最看好的项目上。

5. 提高资产运用效率

资产运用效率，即资产利用的充分性和有效性。充分性即使用的进行，是一种投入概念；有效性即使用的后果，是一种产出的概念。

资产的运用效率评价指标是资产周转率，一般公式为：

资产周转率=周转额/资产

一般，影响资产周转率的因素包括：企业的资产构成及其质量，企业经营周期的长短，企业所采用的财务政策以及资产的管理力度等。

提高资产效率有两个途径，如图 1-4 所示。

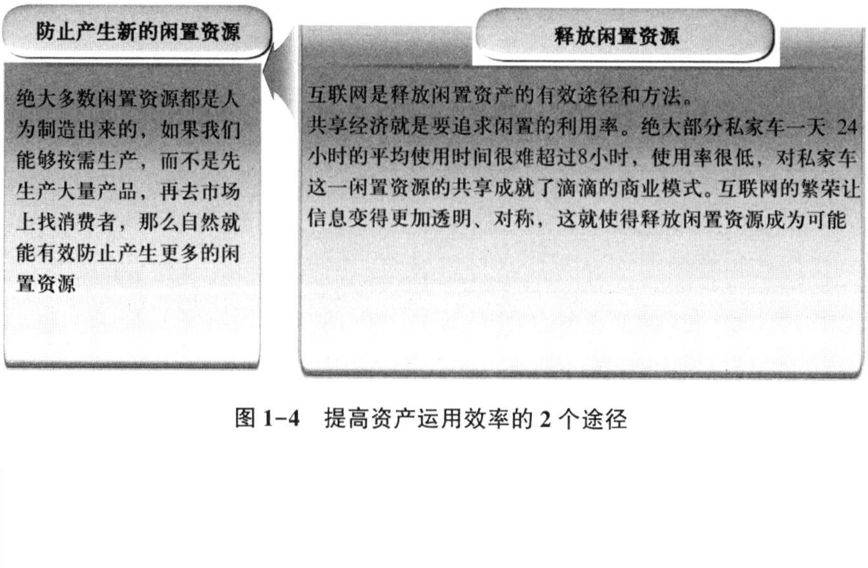

防止产生新的闲置资源	释放闲置资源
绝大多数闲置资源都是人为制造出来的，如果我们能够按需生产，而不是先生产大量产品，再去市场上找消费者，那么自然就能有效防止产生更多的闲置资源	互联网是释放闲置资产的有效途径和方法。 共享经济就是要追求闲置的利用率。绝大部分私家车一天 24 小时的平均使用时间很难超过8小时，使用率很低，对私家车这一闲置资源的共享成就了滴滴的商业模式。互联网的繁荣让信息变得更加透明、对称，这就使得释放闲置资源成为可能

图 1-4　提高资产运用效率的 2 个途径

1.2 回归商业本质，走向智慧觉醒

商业不是个人活动，而是一项社群运动。所以，做生意、办公司必须依靠群体的力量，与更多的人建立更广泛、更有效的连接，进行更多的互换，征求更多人的建议和想法，获得更多人的帮助，才更容易取得最后的成功。

1. 出奇制胜——保持持续增长

我们可以把经济增长内化为一种心态。企业领导者有了这种积极进取的心态，再传递给整个团队，员工的工作积极性就会被调动起来，团队的协同力就会得到改善和提高，从而激发员工的创新灵感。另外，制定落地战略，同时还要进行财务风控、精准营销和危机公关。提升企业业绩的主要方法有如下六种，如图 1-5 所示。

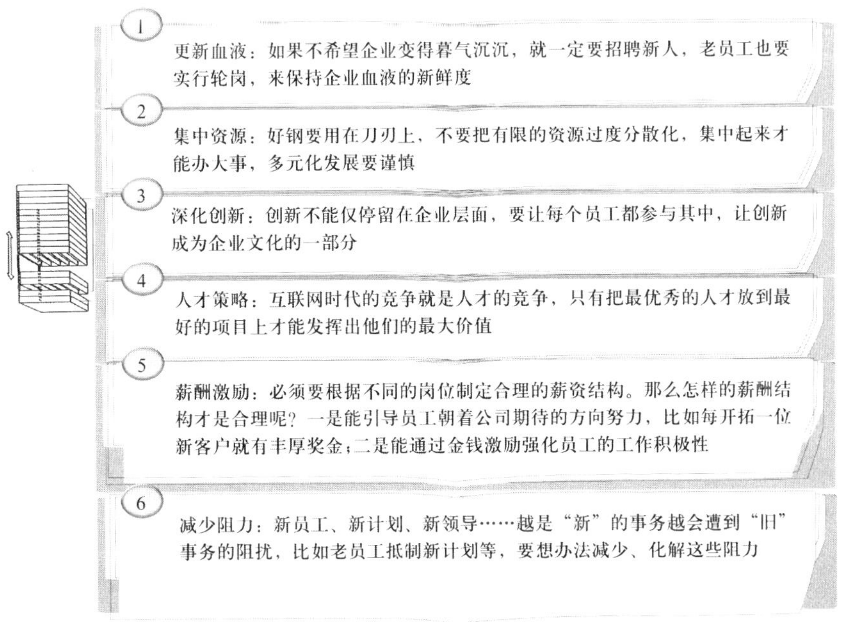

图 1-5　提升企业业绩的 6 种方法

2. 4C+5P——做好市场营销

营销理论随着商业模式的发展和演变也在不断地推陈出新，4C和5P理论是互联网时代的前沿营销理论。

4C，即顾客需求（Consumer）、成本（Cost）、便利（Convenience）、沟通互动（Communication），这一理论以消费者需求为导向。

5P，即合适的产品（Product）、渠道（Place）、价格（Price）、市场推广方式（Promotional Messaging）和最重要的营销团队（People）。5P理论精准地展示了市场营销最核心的五项内容。5P理论以市场竞争为导向，既看到了需求，也注意到了竞争对手，可以协助企业冷静分析自身，找出自身在竞争中的优势和劣势，为采取适当的竞争方式和发展策略提供参考和依据。5P的具体内容如图1-6所示。

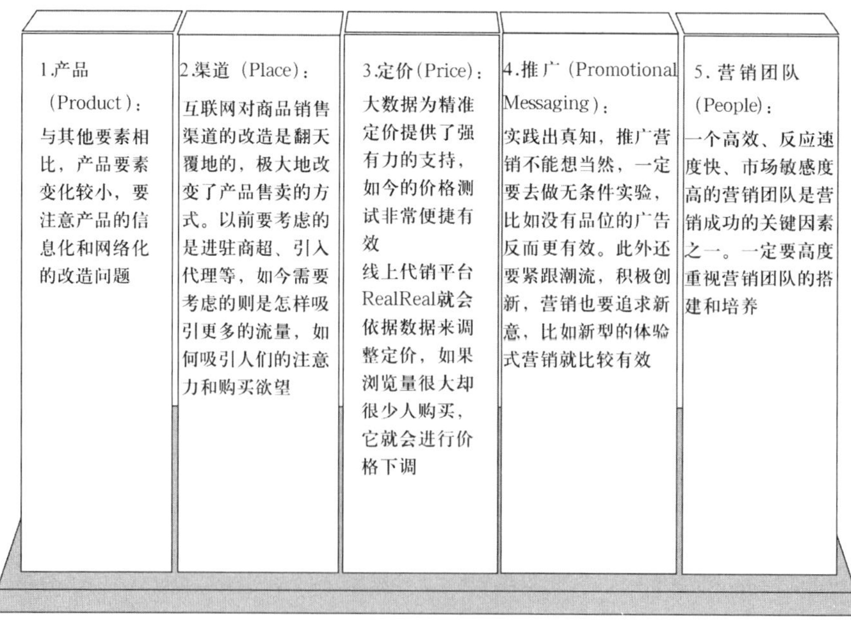

图1-6　5P详解

3. 4E+P——提高领导力，打造卓越团队

“兵熊熊一个，将熊熊一窝”，一个企业的领导者的高度直接决定着企业的发展高度。提升企业领导者的素质和能力是非常有必要的。那么，领导者都应具备哪些关键素质呢？“4E+P” 理论很好地回答了这一问题，4E 即最高效的领导者应该展现出活力（Energy）、鼓动力（Energize）、执行力（Executive）和决断力（Edge），而这 4E 都离不开激情（Passion）。

商业竞争的本质是人才的竞争、团队的竞争，企业领导者必须要找到正确的人共同奋斗，既要招到合适的人，还要留得住人才。那么，具体有哪些方法呢？见图 1-7 所示。

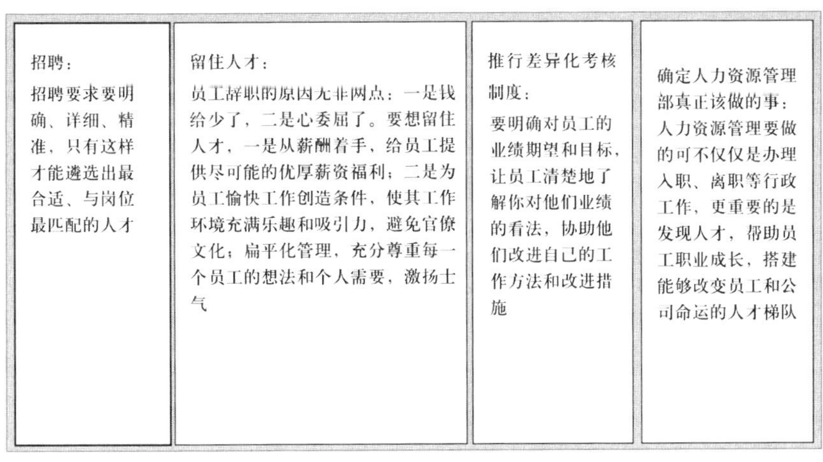

图 1-7　建立一个卓越团队的 4 种方法

4. 大数据时代——进行危机管理

社交媒体的繁荣，给信息的传播插上了翅膀，也给企业的宣传和品牌建设带来了严峻的挑战。企业的危机管理工作主要包括三方面：

一是，主动积累商誉，预防危机；二是，积极利用多渠道向公众发出正面的宣传声音；三是，善待离职员工，避免负面舆论。

在互联网和大数据时代，企业的危机管理变得更有挑战性，不过万变不离其宗，只要紧抓核心原则就能从容应对。企业危机管理的原则如图 1-8 所示：

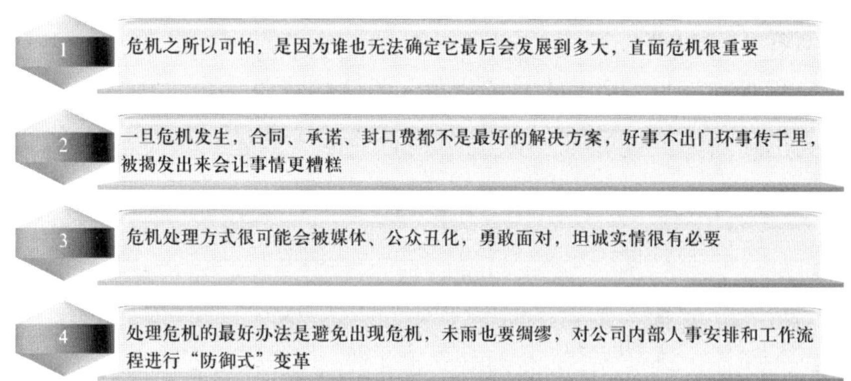

图 1-8　危机管理的原则

1.3 平台是门生意，共享是个系统

互联网科技的发展，催生了一种崭新的商务平台——电子商务平台，如今电子商务正在改变着我们的生活方式，成为人们生活不可或缺的一部分。电子商务平台，顾名思义，就是为企业或个人提供网上交易洽谈的平台。企业电子商务平台在互联网经济时代扮演着重要的商业角色，它是协调、整合信息流、货物流、资金流有序、关联、高效流动的重要场所，是建立在 Internet 网上进行商务活动的虚拟网络空间，为保障商务顺利运营提供管理环境。

电子商务平台可以为广大企业、商家或个人，提供网络基础设施、安全平台、支付平台、管理平台等共享资源，可以帮助经营者快捷、便利、低成本地开展各类商业活动。

1. 电子商务平台商业模式：B2C \ B2B \ C2C \ O2O \ B2B \ B2Q

电子商务应用领域在不断扩大，信息服务方式也在不断创新，因此电了商务平台的类型也是百花齐放，按照类型分类，主要可以分为以下六种，如图 1-9 所示。

2. 电子商务平台运营模式：平台型、合作型、自营型

根据运用模式不同，电子商务平台可分为平台型、合作型、自营型三种类型，如图 1-10 所示。

3. 电子商务平台盈利模式

不同的电子商务平台，其盈利模式也各不相同，总的来说，比较常见的盈利方式主要有：交易佣金、服务收费、广告收费、商品价差、网站流量交易、资本市场增值、其他关联产业、其他增值业务等。以上这些盈利途径，要想真正能实现盈利，都必须具备一定的前提，即足够的用户数、基数。简单来说也就是用户决定电商平台的价值。

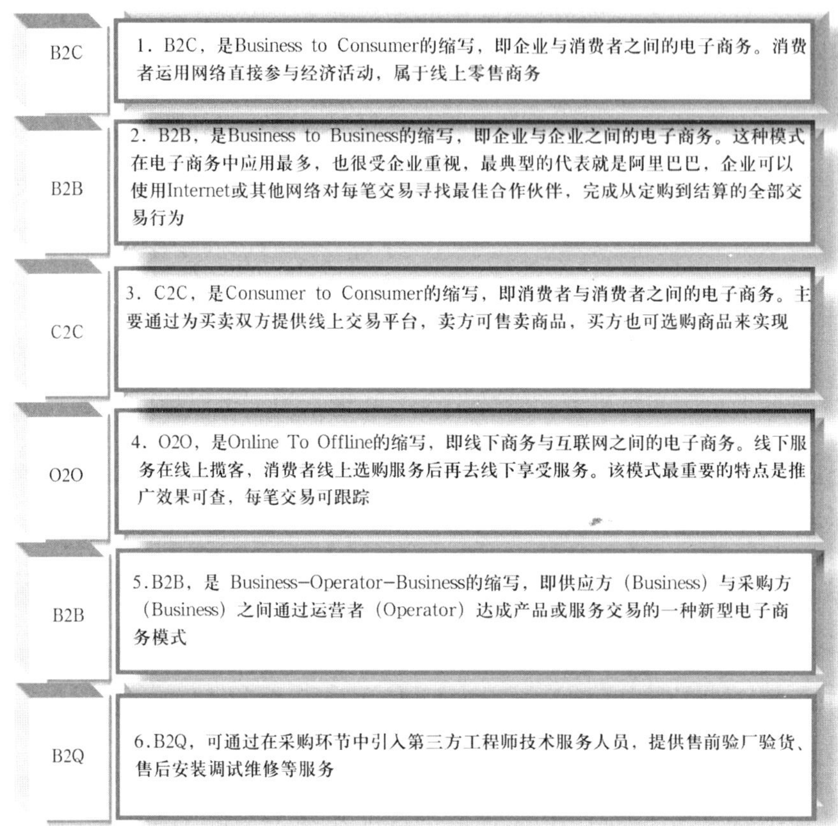

图 1-9　电子商务平台的 6 种类型

4. 共享经济——搭建平台构建社群

让你闲置的资源为别人创造价值，为自己带来回报，这就是共享经济。共享经济的两个核心是闲置和共享，物品的所有权不变，只是在不需要的时候将使用权有偿转让给别人。共享经济不创造资源，而是通过闲置资源的再分配，让资源得到更充分的利用，从而创造价值。

平台型

搭建者负责平台建设、维护、运营、推广、后台服务等，但并不直接售卖商品或服务，类似建商场然后租赁给不同商家来经营

合作型

最典型、常见的是服务提供商或商品提供者把电子商务业务外包给其他公司，双方是合作关系，由外包的合作公司来负责电商平台的建设、运营、维护、推广、后台服务等，并直接参与商品、服务交易，从中获取交易盈利

自营型

顾名思义就是产品或服务提供商自身搭建的电商平台，自己负责运营、管理、推广、交易等

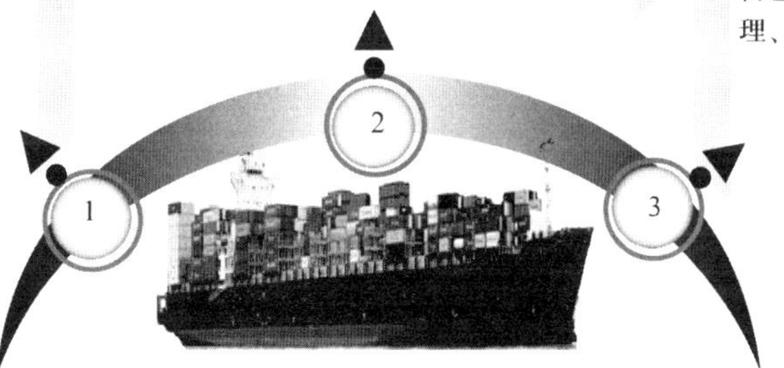

图 1-10　平台型、合作型、自营型的具体运营模式

（1）共享经济九大模式

共享经济九大模式分类与特征，如表 1-1 所示。

表 1-1　共享经济的 9 大模式

类型	特征及差异
共享交通出行模式	1. 共享租车、共享驾乘、共享自行车、共享停车位都属于共享交通，目前交通出行是共享经济影响最广、争议最多的一个领域 2. 基于车、司机、停车位的巨大存量市场，交通出行的共享把社会上大量闲置的资源盘活了，大大提升了交通闲置资源的利用率，极大地改变了人们的出行方式

续表

类型	特征及差异
共享空间模式	1. 共享住宿空间、共享宠物空间、共享办公场所空间都属于共享空间。空间无处不在，但它有着明确的属性特征，因此存在不同的产品形态 2. 传统空间所有者高频次出租，或需求者了解房屋的真实情况，双方的时间成本都很高，空间的共享则改变了这一现状，使得供需双方能更快速地建立联系，使信息完全对称
共享金融模式	1. P2P 网贷、众筹模式都属于共享金融的范畴。随着互联网的繁荣，金融与互联网相互渗透、融合，催生了金融的共享经济需求 2. 金融共享经济通过互联网平台快速高效地搜寻和撮合资金的供需方，大大提高了资金的利用价值，有效地加快了资金的周转速度
共享美食模式	1. 爱大厨、好厨师、烧饭饭等美食分享应用软件的纷纷上线，营造了一个个文化交流的平台 2. 好手艺的大厨们完全可以通过这些第三方平台发挥特长，在闲暇之余为他人提供高品质的美食从而获利
共享医疗健康模式	1. 共享医疗公司 Medicast，其平台上的医生所提供的诊疗服务大致围绕发烧、感冒、轻微的外伤等可简单处理的病症。在 Pager 平台上，患者随时可通过移动应用预约医生，平台会从签约医生中挑选一位与患者实现 1 对 1 连接，并在 2 小时内提供上门服务。还有一种共享模式是对健身场馆及健身教练的分享使用，如 ClassPass，采用“整进散出”的模式，通过资源整合，将纽约市的健身会馆联结在一起 2. 共享医疗给那些没时间排队挂号的患者带来了福音，可以大大节省时间和精力；对于医生而言，尤其是年轻、知名度不高、经验不足的医生也是好事，毕竟可以额外地获得一些收入，还能通过这种途径筛选有针对性的病患，提升自身专业水平；健身场馆的共享则能增加用户黏性

续表

类型	特征及差异
共享公共资源模式	1. Open Garden 旨在建立一个大家可以共享 Wifi 的网络，平板、手机、电脑等设备安装后都会变成一个 Wifi 热点，热点相互连接就形成了一个庞大的 Wifi 网络。Open Garden 还推出了不需要网络也能发送消息的应用软件 FireChat。太阳能也可以作为共享资源！SolarCity 公司就购买了闲置的太阳能光伏系统，租赁给用户，通过提供安装等周边服务从用户手中赚取差价 2. 公共资源的共享大大增加了分散资源的利用率，让资源的分配更加均匀
共享知识教育模式	1. 知识分享，即从线上引到线下。人人都可能是某个领域的专家，经验和知识不仅可以在线上分享，也可以在线下进行一对一的分享 2. 分享可以让存在于每个人头脑中的知识发挥更大价值，互联网打破了空间的限制，因此经验和知识可以共享到全球任何一个人，能帮助他人提高教育水平和文明程度
共享任务服务模式	1. 网上发布工作任务，他人领取任务并完成后就能获得报酬 2. 美国的 TaskRabbit 就致力于这种服务模式，既能帮助别人完成任务，也能提供各种各样的服务
共享物品模式	1. 物品共享并不是新生事物，但互联网给“物品共享”赋予了更多元化的发展方向 2. 书籍共享、服装共享、雨伞共享、充电宝共享……共享物品的模式，大大降低了供需双方的金钱成本，大大提升了资源配置的时间效率

（2）共享经济的三个特征

①成本低。神州租车是国内租车领域中的典型传统租车公司，核

心经营模式是先向汽车厂商购置一批车辆，编制在自己的租车公司上，然后再租一块地皮停放车辆，与此同时为了更好地服务消费者，还要在各个城市建立线下的网点提供服务。这种经营方式，不管是时间成本还是资金成本都很高，所以，我们在神州租车上租到的车就比较贵，而共享经济模式的租车就很便宜。

②建立连接。不少线上商务平台，用户可以很方便地购买物品或服务，可最后还是一败涂地，一个很重要的原因就是平台都没有与用户产生一次“连接”。连接并不等于简单的金钱交易，这家平台优惠力度大，消费者就去这个平台；那家平台钱少就去那家平台，没有真正的“连接”是无法形成用户黏性的。

Airbnb 曾做过一次调查，结果显示，人们在租房时会更偏好与那些与自己有共同爱好的房主。共享的平台不仅能满足人们的实际需求，还能把兴趣与爱好、职业、偏好等共同点的人们紧密地联系在一起，除了交易还能在平台上相识、交友，如此一来，人们是不是会更喜欢这个平台呢？这就产生了一种无形的连接。

共享经济的核心是让用户与用户直接连接，在资源共享的过程中，自然就会多了相互了解和认识，这已经成为一种认识陌生人的方式。

③可持续性。很多资源都是有限的，并非取之不尽用之不竭，共享经济大大提高了现有资源的利用率，是一种可持续的、环保的经济模式。如果我们都利用共享经济的方式出行生活，那么很多闲置资源就会被合理地利用起来，发挥它们的价值。

（3）做好共享经济的三大关键点

共享经济中有三个最基本的要素，即闲置物品、供方和需方。那么，怎样发现闲置？怎样吸引供方？又怎样吸引需方呢？如图 1-11 所示。

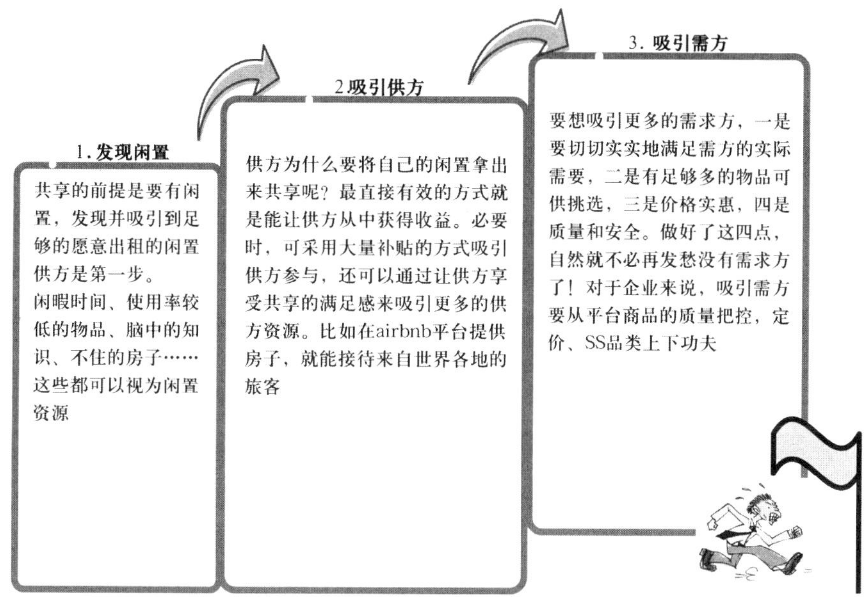

图 1-11　做好共享经济的 3 大关键点

5. 共享经济平台存在的问题及解决途径

虽然共享经济的前景很美好，但在实际商业经营中，搭建共享经济的平台依然要面临很多问题和挑战。

（1）最大问题是信任

Airbnb 经营中，就曾因房主被房客盗取了大量物品，引发了信任危机。目前，共享经济发展的最大瓶颈就是解决分享者与享受者的信任问题。

（2）损坏赔偿问题

如果你租住了我的房，家电损坏了如何赔偿？我租了你的相机，镜头划痕要怎样赔？关于共享经济中存在的赔偿问题，主要有两种解决途径，如图 1-12 所示。

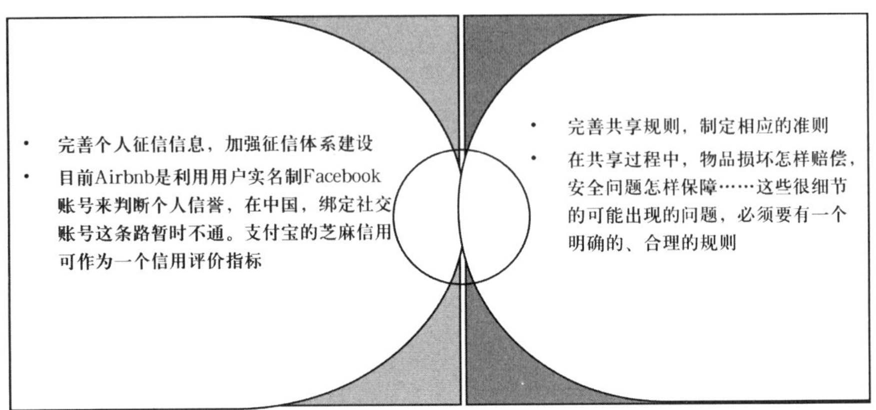

图 1-12　共享经济存在问题的解决之道

行业案例：共享重新定义商业本质

近几年，共享单车、共享租房、共享租衣和共享睡眠舱等多种共享经济形式，已经深入大众日常生活的每个角落。“我天天骑摩拜上下班”“我已经体验过了共享租房、租衣”“我下载了共享睡眠仓的APP”等似乎已经成为大众习惯。下面，我们通过一些共享项目案例来分析一下共享如何重新定义商业本质。

1. 共享单车

ofo、摩拜、小黄车……说到共享经济，与人们生活联系最紧密的，也最受大众关注的领域就是共享单车了。共享单车，作为北上广深等大城市绿色出行的代表，以迅雷不及掩耳之势成为融资速度最快、创投圈最热门、资本进入密集度最高的项目。

2014 年伊始，共享单车先行者 ofo 和摩拜迅速占领了市场。随后，UniBike、小蓝单车、永安行和悟空单车等追随者也试图分一杯羹。一番行业的洗牌过后，ofo 和摩拜成为共享单车领域的两大巨头，并获得了上亿美元的融资，发展日渐壮大。

ofo 和摩拜在用户规模以及上游供应链产能等方面都极具优势，将其他竞争者远远甩到了后方，使其再难开拓更大的增长空间。ofo 和摩拜两大巨头，各有自身的竞争优势。ofo 的竞争优势主要集中在低成本控制、抢占用户、渠道下沉、硬件迭代、技术升级等方面，目前已占据共享单车行业 70%供应链产能以及更大的市场占有率，在金融和资本市场也更受青睐，ofo 将有望继续扩大领先优势。而摩拜是中国“智造”代表，产品技术优势越来越明显，为了提升骑行体验，综合运用物联网、云计算和大数据技术，专门打造了内业唯一的人工智能大数据平台。

2. 共享租房

共享租房当然首推 Airbnb。Airbnb 是一个旅行房屋租赁社区，面向全球旅客提供房屋租赁对接服务，采用 P2P 的模式。用户可通过手机应用或网络搜索、发布度假房屋租赁信息以及在线预定等。2015 年 Airbnb 正式入华，两年后才敲定了中国区负责人和产品中文名，足见其商业经营上的谨慎。

Airbnb 的盈利模式是把有闲置住所的房主和旅游者联系在一起，然后收取中介服务费。用户预订房间后，Airbnb 会向订房用户收取 6-12%的费用，还会向房东收取 3%的费用。Airbnb 用户规模很大，遍布 190 个国家，将近 34000 个城市，发布的房屋租赁信息达到了 5 万条。

途家、小猪短租、蚂蚁短租等平台充分享受到了短租市场的发展红利，尤其是在公寓民宿房源方面的挖掘，远远胜于 Airbnb。途家网在并购蚂蚁短租，收编携程民宿、去哪儿民宿业务后，整体房源超过了百万，小猪短租据称房源也将近 15 万套。这些平台正在深度挖掘市场需求和用户体验，Airbnb 也在逐步理解和适应国内市场，谨慎并乐观着。

3. 共享租衣

婚纱、高档礼服、演出服……租衣模式并不是一个新生事物，不过互联网的繁荣发展为这一传统商业模式注入了新活力。如今，随着互联网的发展和人们心态的转变，共享租衣（不止局限于婚纱及礼服）正在成为未来发展的一个新趋势。

美国的 Rent The Runway 是互联网租衣商业模式的鼻祖。这家公司成立于 2009 年，拥有 5 万套裙装、1 万件首饰和手袋等配饰，主要租赁的是高级礼服等场合性穿着，只要花 150 美元就能租到售价 1700 美元的礼服裙。2014 年，Rent The Runway 获得了 6000 万美元的 D 轮融资，发展态势良好。

衣二三是国内专门针对都市白领兴起的一个共享租衣平台。刘梦媛女士出身于时尚媒体行业，本着共享、环保、时尚、勇于尝试的理念，她从时尚短租领域切入，刚开始偏礼服用途，后又调整为常服租赁。衣二三主要面向 20 到 30 岁的女孩群体，业务已经覆盖国内 35 个城市。目前，衣二三已经拥有近万级别的 APP 会员，但并未做太多的市场推广，都是靠自然增长、口碑传播。未来衣二三依靠日渐成熟的库存管理、物流管理等手段也会逐渐获取更多的现金流。

关于衣物共享，消费者最大的心理障碍就是清洁。衣二三十分精心地挑选合作清洗公司，经过多方比较筛选，终于找到了战略合作者。他们采用第五代清洗设备，细菌与面料分离不是问题，为此衣二三还专门做了一个H5讲解这一清洗技术，题目叫做“为什么衣二三的衣服比你自己洗的干净999倍?”还给出了国际的清洗标准和衣二三清洁衣物的12个步骤。

4. 共享睡眠舱

“共享睡眠舱”因外形设计类似太空舱而得名，舱内面积约为四平方米，且分为上下铺，主要出现在北京、上海、成都的一些写字楼附近，是最近才火起来的一种共享经济。

共享睡眠舱的使用很方便，扫二维码即可开舱进入，然后关闭舱门入睡，醒来出舱后付费。舱内配有WIFI、插座、小风扇等设施，进舱前可免费领取一次性床单、一次性枕巾和太空毯等床品，为防舱内过热，还能提供附加服务。

共享睡眠舱有两种收费方式：一是按时计费，高峰阶段收费10元半小时，非高峰阶段6元半小时；二是月卡套餐，每月只需788元。全天最高58元封顶，远比酒店要实惠多了。

对于现代社会忙碌的上班族而言，“中午找个睡觉的地方”也是极大的需求，虽说有酒店旅馆，可并不适合上班族中午睡午觉，这种新型共享睡眠舱一经推出很受欢迎，“回客率”也较高，生意很不错。

不过也有体验人士提出了一些问题：密闭空间空气流通不顺畅；隔音效果不好，外部说话声音清晰；枕头与床铺上有脏东西等。由于共享睡眠舱有治安和消防等安全隐患，因此已经停止运营了。

总之，互联网的繁荣发展，正在改变着商业，改变着人们的生活，如今共享经济正在逐渐深入生活的方方面面。共享单车解决了人们的出行需求，为绿色环保做出了贡献；共享租房满足了人们的住宿需求，方便了人们的生活，未来会获得进一步的发展。而共享租衣由于大众心态和干净卫生方面的问题，恐怕还有一段路要走。对于共享充电宝和共享睡眠舱，因为在推广和投入使用过程中还存在着一些问题，后续的发展还需进一步关注。

无疑，可以预见，只要是阶段性闲置的、大家普遍需求的、别人用了自己也不会少什么，或者共用更能发挥更多价值的东西都可以分享。那么，我的创意、你的人脉资源、他的项目活动，可不可以共享呢？答案是肯定的。CBIN 就是这样一个共享平台，在这里我的可以给你，你的可以分享给他，他的又可以分享给我，我们大家的资源聚集在一起，就有了指数级的倍增，何乐而不为？

1.4 商业的本质是建立互信的过程

基于信任，我们住进陌生人的家是安全的；基于信任，我们让陌生人住进自己的家也是安全的。共享经济中，市场的供需双方基于信任达成交易，共享的行为才会产生。共享经济的发展就是一个建立互信的过程，只有解决了信任问题，才能降低市场准入门槛和交易成本，从而使得市场更繁荣，竞争更充分。

从整个社会来看，共享经济已经不仅仅是一种经济现象，还能带来大众观念的改变，提升社会总体信任度。CBIN 营商国际网络就是一个基于信任的平台，主要为国际商界精英提供人脉与业务引荐服务，他们在每个城市建立精英会，每个精英会招募 60~80 名会员，一个行业一个代表。基于互信，会员可以通过精英会实现精细化运营，让每个会员做生意更简单！

互信的本质即相信未知，我们加陌生的微信好友，在论坛上与未知的人一起交流……虽然未知，尽管结果不确定，但我们依然选择前行，人类的信任跨越可以非常惊人，尤其在 CBIN 这样的平台上建立起来的信任。

1. 从“建立互信”的变化理解商业的变迁

“建立互信”的发展经历了小范围的信任，对机构的信任，以及现在我们所经历的分布式信任的三个不同阶段，如图 1-13 所示。

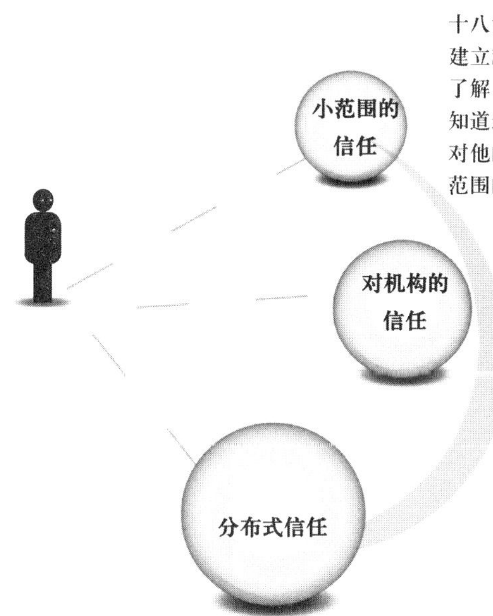

图 1-13　“建立互信”发展的 3 个不同阶段

2. 建立互信的两个障碍

信任是打造共享、共生、无边界商业社会的最根本基石。其实，信任本身就是交易成本中的一个关键组成部分，经济和生活中的很多低效，都与缺少信任环境有直接关系。信息不对称很容易会导致信任问题，传统经济模式解决信任问题的方法主要是品牌建设、重复博弈、第三方制衡、政府监管等，成本很高，从而使得各行各业的进入门槛也很高，于是许多可信的资源由于无法发出让人信任的信号而不能进入市场。

依托互联网的共享经济，可以低成本建立信任环境，如社交网络信息、个人展示、举报、推进、供需双方互评等。

但是，当今商业发展中建立互信机制仍然遇到两大障碍，如图 1－14 所示。

征信制度等配套制度不完善

市场的供需双方只有建立了信任，共享才能实现，信用是共享经济的硬通货。身份证信息验证社交账号登录，好友关系提示，双方互评体系个人展示，保险赔付……这是未来共享经济繁荣发展的前提。但目前我国的征信体系并不完善，这给共享经济的发展造成了阻力。比如目前平台企业审查方的信用只能依靠商业征信以及点评体系来查验。其实，更真实有效的是以人民银行征信中心为代表的金融征信

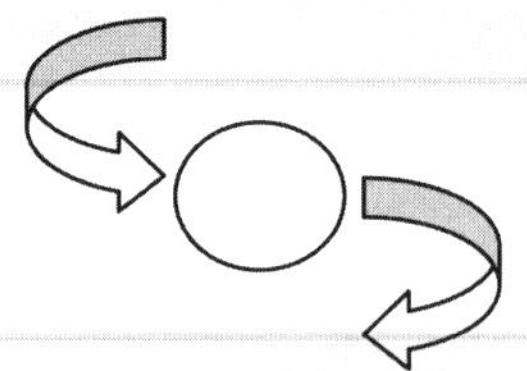

基础是信任机制的建立

资源共享建立在信任基础上，共享很容易在熟人社会实现，但在陌生人之间实现却很难，尤其是在国内社会整体信任感偏低的情况下。因此，要想解决陌生人互信的问题，只能依托信任的共享平台等。这就需要一套公平、公开、公正、透明的信誉平台，包括支付、评估、客户沟通、保险索赔和信用体系等，以保护共享经济参与人的利益

图 1－14 “建立互信”机制遇到的 2 个障碍

CBIN作为国际精英人脉网络引荐平台，运营过程中也经历了建立互信的三个阶段，并早已认识到这些障碍的存在，也正因为如此，CBIN的会员们清楚地知道：人们不会为陌生人介绍生意。所以他们通过每周一次的聚会建立彼此之间长期信任的关系，他们更领悟了“先付出，后回报”的宗旨，不断奉行着“成人达己、成己为人”的正能量思想。

3. 信任建立的四种方法

杰克·韦尔奇在通用电气二十年做首席执行官期间，积累的经验高度浓缩了商业的本质：商业归根结底是一项团队运动，商业是探求真实，建立互信的过程。

工欲善其事，必先利其器，经验总结为方法很重要！信任的建立也是有方法可以借鉴的。信任的建立包括四种方法：即身份可知、信誉可控、行为可测和平台信任背书。

（1）提升身份可知性

交易双方对彼此的个人信息、资源、能力、兴趣等知晓，且信息的真实性有保证，这就是可知性。

现实中的信任，通常是基于我们知道他是谁，有什么长相和外貌特征，甚至住在哪里、在哪里工作、品行如何等建立起来的，简单来说就是我们对对方知根知底，信任建立在对他人信息的全知性基础之上。共享网络平台上的信任，更需要有稳固的个人身份做基础，保证实名制是非常必要的因素。AIRBNB就利用社交网络，引入了政府ID验证，来促进信任的建立。政府ID验证类似于我国的身份证验证，住户可以借助详细的个人信息来取信于房主，从而促进交易的达成。

CBIN信任是基于稳固的身份做基础的，所以我们平台可以保证实名制。例如，我们招募新会员都会有一个审核的过程，当会员与会员之间见面时就不必担心他的身份造假问题，就可以敞开心扉谈合作了。

（2）信誉资产可控

信誉可以给人带来心理上的回报，未来还将带来实际的经济回报，因此也可将其称之为信誉资产。交易双方可能的所有行为被称为可控性，比如，共享线上平台能否有足够的应对之策。对于商业模式而言，应对策略和预防措施都非常重要，这直接关系着交易双方的内心安全感和对交易的信心，如果事情发生之前有保险，事情发生之后有保障，那么用户的交易意愿自然可以得到最大程度的释放。

线下，信任流通性较弱，违约的人要想逃离坏名声对自己的影响，可以通过逃离某个圈子或网络的方式来达成，然后东山再起。但在互联网上，未来不会再有这样的漏洞，建立一张网罗个人所有行为的大网是大势所趋，历史的行为数据将不会出现丢失的可能，关于未来的个人信誉，央行可以构建一整套更全面的个人信誉追踪机制。CBIN 拥有会员最真实、最详尽的数据，而且保密性非常到位。

在 CBIN 平台上，每个会员都有自己的信誉资产，我们为每个会员建立了“积分银行”，把信誉更优的会员推荐给更多的老会员、更多的新会员、更多的陌生人。因为前提是他以往的行为没有不良记录，CBIN 信任他，这也就联结到信任建立的第三种方法：行为可测。

（3）可预测性

在侦探类的影视剧中，时常会有这样的情景：高明的侦探可以通过预测找到即将作案的连环杀手。未来，随着大数据的发展，预测用户未来的行为将成为可能。汉扬雄《法言 · 五百》有“川有防，器有范”。晋李轨注：“川防禁溢，器范检形，以谕礼教人之防范也。”

CBIN也认为，当不好的状况发生后，共享平台给出一系列应对策略只是亡羊补牢，而事先将异常、意外扼杀在摇篮中，才是最高效、最令人满意的解决之道。

（4）平台信任背书

平台信任背书指的就是我们CBIN平台的可信任度。与行为可测方法配套，CBIN运营更注重未雨绸缪，防患未然，注重多方沟通、高效沟通、无缝沟通。CBIN通过对会员的事前审核、事中测评、事后跟踪，建立一个经得起推敲的多方信任平台。

综上所述，信任问题是共享、共生、无边界经济发展的一个关键因素，如果没有足够的信任，坐到陌生人的车里或住进他们的房子里显然是一件不可思议的事情。互联网催生的共享经济正在如火如荼的发展，整个社会中，人与人之间的信任将得到指数级的提升。这让我们有理由相信，在高度信任、人人都守规则的CBIN共享平台，交流、沟通、洽谈的综合效率将得到极大的提升，商业交易和多元合作也会更顺畅的达成。

第2章 人人时代：无组织有力量

在传统社会中，有组织、无纪律是乌合之众，而无组织、无纪律则像一团散沙，人心散了，队伍怎么能带得好呢？当然，这种因果关系只是在传统社会中成立，在当下这个移动互联网时代，无论是无组织的个体，还是零散的中小企业，都能组织聚合起巨大的力量，这是在传统社会中无法做到的。

随着中国进入移动互联网时代，现代企业家亟需解决的问题是如何发挥无组织的组织力量。克莱·舍基在他所写的《未来是湿的：无组织的组织力量》一书中说到："一个持有新文化的最敏锐的观察者，无论其对社会革命的后果是好是坏，都给予了我们最明晰而富有穿透力的解析，并就我们是谁、我们可以做什么进行了思考。"

毋庸置疑，互联网带来的改变不但穿越了地理和文化的鸿沟，更让人与人之间的联合与协作变得越来越容易。当然，虽然每个人依然是独立的个体，但互联网等社交网络的兴起，也使人和人之间的关系更加润滑，更加具有黏性，例如，来自不同领域、提供不同产品或服务的企业，会因某种需求而聚合在一起，并发挥出巨大的力量。

2.1 集体行动与承诺、工具、协议

不可否认的是，互联网是我们这个时代最伟大的一项发明，而互联网正经历着从“个体”到“群体”的过渡，即将进入一个“人人时代”。

在“人人时代”，集体行为是指一种特殊的社会互动。例如，在某种特殊场合下所发生的无规则的、以当时的场景为基础的互动现象，骚动、时尚、赶时髦等都可被看成一种社会互动现象。在社会学家看来，受某一因素的刺激或影响，缺乏组织的一群人形成的共同行为被称为集体行为或集群行为。从广义上来说，社会互动过程中众多人的共同行为都属于集体行为。

在 Amazon（亚马逊）上，曾看到一件印着三匹狼和一轮月亮的 T 恤，有人可能会说：这是一件再普通不过的 T 恤了。也的确如此，但正是这样一件再普通不过的 T 恤居然一度成为 Amazon 服饰类商品销售中的第一名。有人可能会很好奇，这件普通的衣服怎么能成为销售榜首？原因你可能想也想不到，这件再普通不过的衣服竟莫名其妙地吸引了高达 403 则的评论，且个个都是超级爆笑。

再举一个例子。曾经的开心网上的停车位、牧场、花园是极其普通的游戏，但是，却有那么多人趋之若鹜，甚至数万人为了能偷到菜而半夜起床。还有，为了一个素不相识的人找回手机，几万人聚在一起出谋划策，有的提供专业的建议，有的发动所有的社会关系去找寻……

一般来说，我们往往重视工具的力量，而忽视工具背后人的力量。当博客、聊天室、社区、电子邮件、搜索引擎等这些支持群体性沟通的社会性软件变得普及时，“群体”的力量便凸显出来，它能让

一些事情发生根本改变，能影响到我们的购物习惯，能让一件普通的T恤变成时尚标志，也能让一些正常人聚集在一起做出极其怪诞的事情。

大多情况下，集体行为发生在公众场合，最容易参与其中的是那些受到环境压力而心理不安的人。而在现代社会，环境的迅速变化和内外界压力的加大，使许多人处于不安之中，随着社会生活的越来越大众化，集体行为更容易发生。

即使一个组织中的所有个人在实现了组织目标以后都能从中获利，即使他们都是有理性的，都是寻求自我利益的，也不能推断出他们会采取行动来实现组织目标。而当一个组织中人数很少，或者是存在强制以使个人按着组织的共同利益行事，理性的、寻求自我利益的个人才会采取行动来实现他们共同的组织利益，当然，这其中还可能会使用一些特殊手段。

也就是说，在一个社群、一个组织中，即使所有个人都是理性的、寻求自我利益的，如果能够得到某种激励，使他们能够预见到集体行动后能实现某种利益，他们会自愿采取集体行动。换言之，集体行动是以承诺、工具、协议为前提和基础的。

1. 集体行动与承诺

信息交互是以互联网软件、硬件技术为支撑的，能让一个人从被动地接受信息变为信息的发布者、分享者甚至追踪者。所以，传媒领域不得不随时调整传统的传播方式，或是进行数字化的迁移和转型，当然，这种调整、迁移和转型不仅是传播方式上的，更有营销策略上的。

在这个时代里，人人可以追求个性化，人人可以在基本公平的机会下大胆“发声”。可以说，在个人表达与公共讨论领域，“众声喧哗”的场面随时可见，却很难从人群中找到独特的共性。

不可否认的是，互联网和其他技术的进步，给人类群体的组织带来了穿越地理和文化鸿沟的丰富改变，也带来了一种趋势，即人和人可以超越传统的限制，以爱、正义、共同的喜好和经历，灵活、有效地采用多种社会化工具，一起分享、合作乃至制订集体目标、展开集体行动。值得注意的是，这种关系是极其赋有黏性的，是湿乎乎的而不是干干的。

湿，是社会资本的累积，是协同合作的态度。

湿，是交流空间打破鸦雀无声，走向众声喧哗。

湿，是政治文化从一元到多元，是思维范式由一维到万维。

总之，这是一种力量，更是一场革命！是否能察觉和利用这种象征着力量、关系和环境的“湿度”，对我们的未来有着相当重要的作用……

CBIN 每一个分会的人都是湿乎乎的，这些人充满了正能量，正在付出和共享资源，他们将是未来活得很自由自在的人群之一。

经研究，集体目标与集体行动的模型范例如图 2-1 所示。

现在，微信、支付宝已经被普遍应用，属于“普通人级别”的发明，因为这些发明既有传播力量的独特，又有交互关系的独特。所以，它们可能要比原子能技术和空间技术的阶段性突破更能代表我们身处时代的“独特性”。在未来，能否察觉和利用这种关系和力量的改变，有着至关重要的意义。

2. 企业对消费者能否一诺千金

在移动互联网时代，消费者越来越重视新产品的出现和服务，于

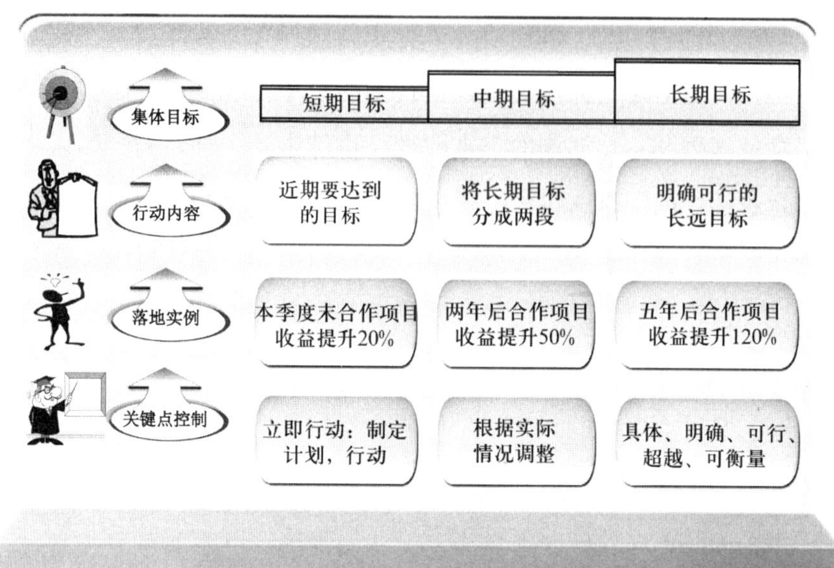

图 2-1 集体目标与集体行动模型范例

是，很多企业营销中揣摩的焦点在如何获得消费者的认可上。消费者是变化无常的，有时候较真，有时候宽容。在互联网电商平台上，因企业的操作带来了标价错误，而消费者则在这个空当下单，这时，企业应该怎么办？有的企业推脱纠错，希望消费者退还不应得到的物品，结果双方扯皮，甚至对簿公堂，闹得不欢而散。有的企业则选择将错就错，把消费者的利益放在第一位，赢得了用户口碑的同时，也使企业的形象得到了重新塑造。

显然，后一种方式皆大欢喜，消费者得到了实惠，企业得到了口碑营销，是一种双赢之举。俗话说，一诺千金。如果一个企业信守诺言，时刻把消费者的利益当成最大的利益，把消费者的满意度当成自己生存的基石，企业必将做强做大，反之，则会被淘汰出局。

由于种种原因，某公司承诺的产品上市时间推迟了，这时，公司CEO做出了一个出人意料的决定，为了补偿执着等待的用户，不但全额退款，而且免费赠送同型号手机一台。手机不是工程样机，而是证照齐全处于可销售状态的新机。显然，这是一个艰难的决定，但也是最正确的决定。

公司 CEO 的这个决定显示了一种大气，公司虽然损失巨大，却赢得了非常好的口碑。这个非常大方的给予，是对那些坚守的忠实用户的回馈。这些用户对这家公司的意义不仅仅是用户，更是一批铁杆的用户，这样的用户无疑就是一批“死士”，正是他们坚守着对企业的期盼和认可，企业才会长久存在。如果该公司还有其他的产品推出，他们自然会是第一批积极尝鲜者，因为他们从内心里认可了这家公司，对这样的用户，再大的付出也是值得的。

对于一家公司来说，销量重要还是用户满意度重要？业绩重要还是口碑重要？其实，如果只想获得收益的增长，前者无疑是重要的，但是如果想长远发展，用户的满意度和口碑将决定一家公司是不是可以走得更远。没有了用户和口碑的企业是无论如何也不能获得长远发展机会的。

3. 集体行为与工具

传统产业经济时代如何向新的关系模式转变？这中间经历了四个阶段的工具变迁：

（1）印刷媒介的出现，可携带的、油墨印刷和文字整合的创新使大规模的出版印刷变得可行；

（2）会话式媒介的电报和电话的出现，使信息传输缓慢、使用文本输入的会话转变为即时语音的通话；

（3）随着印刷媒介变迁的记录载体的变革，例如照片、留声机甚至是电影的产生，使所有信息转变为有形实体的编码；

（4）电磁光谱的应用，使人们能通过空中传输——使用录音机和电视的信号传输来传播声音和视图。

从上述的媒介发展史来看，按硬件方式组织的前现代的媒介组织，一般可以具象化为某种产品或技术上的革新；而按软件的方式组织的现代的组织，是编码化的、储存在人脑之外（如书籍、光盘、录音录像带等）的知识；面向未来的后现代的组织则是储存于人脑之中、无法与拥有它的人分离的知识，包括能力、信念等。这种处于生命状态的东西有其特殊性，表现为社会化媒体的发端和扩张，微博、Facebook、淘宝等社交平台成为人群聚集的焦点，并且将“自媒体”时代由孵化变为现实。

盘点工业化进程的组织形态特点，已不存在神秘莫测、无法量化的力量，究其根本，“软件”社会到“硬件”社会的变革，实际上是媒介组织形式的创新带动社会关系从固态转为活性，人们可以通过数理量化掌握一切，而不必再像野蛮人那样，为了控制或祈求神灵而求助于魔法。人人时代的受众可以借助技术便利轻而易举地相互吸引和结合。

一个旅客在乘坐飞机时受到了恶劣服务，他通过博客发动了一场全民运动。某人手机被偷，便征召一群志愿者将手机从盗窃者手中夺回。世界上最大的百科全书是由管理甚少的参与者们撰写的。在印度洋海啸和伦敦地铁爆炸案中，公民用可拍照手机提供了比摄影记者更完备的记录……

中国的移动互联网正在高速发展，不论你身处何处，都能看到在一起彼此分享的人们，或是共同工作，或是发起某种公共行动。一个丢失手机的传奇、一部集众人之力的百科全书，这些事情看上去风马牛不相及，但它们实际上却有着共同的根基。聚集一群人并使之行动，使得群体中的人努力都被置于一种制度的垄断之下。

今天，全球分享与合作的工具交到了个体公民的手中。电话加强了双向沟通，一系列新工具如移动电话、即时通信、网络日志和维基百科等都强化了群体交流。有关资料显示，美国智能手机用户的社交软件日使用时间远超传统媒体的使用时间，这也意味着，社交媒体正在成为受众获取第一手信息的主要平台。

其实，人类天生就擅长群体工作，而所有能够强化群体努力的东西都会改变社会。老式的机关、工厂靠正式制度强制性使人待在一起，而今天，人与人是凭感情、缘分、兴趣快速聚散的。从社交媒体在各大终端应用的统计数据可以看出，人人时代的到来意味着组织的日常生活化。一个拥有笔记本电脑的普通人可以掀起一场颠覆 10 亿美元产业的运动，商业模式正以一种前所未有的速度被改变，更大的社会影响达到了极为深刻的程度，以致到了我们无法认识的程度。

4. 集体行为与协议

全球青年领导力联盟创始人张萌在 2015 博鳌亚洲论坛“青年领袖圆桌：多元的时代个体的力量”分会场曾表示：“互联网交错的时代，经常能听到 60 后、70 后站出来说看不懂 80 后，80 后他们恼火说看不懂现在的世界，看 90 后，他们遥指 00 后你们给我们看的是什么样的世界。比如，微信有很多群，不是每个群都会发言，因为被拉进去的时候被某一个特定的人拉进去，但是不是为了这个群的主题存在的。但是慢慢地如果以时间为横轴的话，你会发现你所有的认知和思想会慢慢地形成不同的群落。而这些群落是什么？这就是一致或者叫极致的认识，它才叫共识。”

张荫所说的共识便是我们所要讲的协议。2006年，因反对在本国禁播关于教会神父性侵丑闻的纪录片，意大利网站上活动的一群博客作者自主制作了纪录片并上传网络，在政府部门迫于压力在国内播出之前，该纪录片已经有超过100万人通过反对团体的网站观看。

2008年汶川地震数分钟后，中国网民就通过社交平台获取了地震消息，而网络门户网站和官方媒体的报导要相对较晚，而数小时后，网民自发组建的募捐网站便相继上线，各类救灾物资有条不紊地被送往灾区……这种难以置信的自发参与的深度和广度都映射着人人时代里网络社群蕴含的巨大能量。

由此可见，在互联网时代，即使差异化和分众化成为主流，即使兴趣狭窄，也可以发现志同道合的人或群体，并且可以即时进行交互和分享。这种网络社会的社群力量能达到怎样的程度？当下还很难给出一个精确的答案，但毋庸置疑的是，其对于未来社会的组织和事务的开展很重要。由此，CBIN的多年实践已经得到证明，并将继续与范围更广、数量更多的会员企业一起前行。

2.2 AA制锻造拼搏的自我

对于AA制，我们已经耳熟能详，意思就是众人平均分担所需费用，尤其是饮食聚会及旅游等共同消费共同结账费用时，双方或多方都存在消费却一起结账，消费均分可以免去个人或者部分人请客。在CBIN，如果会员们一起吃饭，总是采取AA制，每个人都是平等的，都有话语权，点自己喜欢吃的食物，可以不必点太多，否则会造成浪费。而且，采取AA制，平均付费，每个人都不会有心理负担，不用记人情债，人便轻松了许多，大家的关系也会更好更融洽。所以说，

AA 制是维护朋友关系、维护双方自尊的不二之法。

与其说 AA 制是一种习惯，不如说它是一种文化，它要求每个人对自己负责，不要指望他人替自己买单。AA 制会增加每个人的责任心，提醒自己凡事从己做起。这种态度对中国人很有必要。自古以来，在自然经济条件下劳作的中国人养成了顺天应命、逆来顺受的习惯，凡事寄望于圣贤，而不是积极地将其付诸实现，这种习惯延续到今天。

相对于中国人温情脉脉地请客还礼、抢着买单，AA 制的人际关系处理要简单得多，AA 制大大减少了人情债，使人际交往简单化。

有个人从美国回来，因为很多年没有吃过正宗的家乡菜，朋友便安排了一家饭店为他接风。席间，相谈甚洽，宾主尽兴。但是结账时，却闹得有些不愉快。

当着朋友的面，他拿出了钱，非要 AA 制，朋友则感觉他在故意给人难堪，无论如何也不能接受。一向随和的他却执意要 AA 制。回宾馆的路上，朋友很不高兴。他问朋友："是不是觉得 AA 制使你很没面子？"

朋友黑着个脸点了点头。于是，他给朋友讲个一个故事。

在康斯威星一所中学里，一个中国孩子，一个美国孩子相约去爬山。他们要爬的山因为风化，时常有岩石坍塌，所以比较危险。

不幸的是，两个孩子在要下山的时候遇到了坍塌，分别被困在了巨大的岩石与碎石的两边，美国孩子还被碎石砸伤了左腿，因为一动就痛彻心肺，他判断骨折了。

黑暗马上要吞噬掉整个世界。他们明白，寒冷的黑夜和无情的饥饿随时会使他们眩晕，甚至夺去他们的生命。于是，那个美国孩子用手支撑着自己的身体，尝试着向岩石堆上爬去，他那条被碎石砸伤的左腿流下的血迹染红了整个岩石。

当这个美国孩子快要爬上最大的那块岩石时，伤腿碰到岩石的棱角，剧痛让他无法继续用力抓住岩石，他掉落下来了。伤上加伤的美国孩子躺在岩石堆里，几乎绝望了，大口大口地喘气。但很快，他便因为寒冷而感觉到麻木，心中升腾起一个信念，就是必须要出去。

终于，这个美国孩子爬上了岩石，但岩石距离地面还有两三米的高度，那条伤腿无法让他平稳落地，于是，他干脆闭上眼睛，选择了全身滚落下去。没有人能够想象出这个孩子是如何爬回小镇的。他冷静地向人们讲述了自己遇到危险的地点、时间，并且告诉人们，一个中国孩子还在那里。

人们把这个美国孩子送到了医院，经检查，这个孩子左腿胫骨骨折，在滚落岩石的时候，肋骨受到撞击，折断了两根，身上碰撞出来的淤青不计其数。

当人们找到那个中国孩子的时候，寒冷和恐惧已经让他奄奄一息，庆幸的是，他活了下来了。

说到这里，他指着随他一起回家的孩子说："那个中国孩子就是我儿子。"

"那个美国孩子为什么比他坚强，你知道吗?"他问朋友。

朋友摇摇头，他接着说："其实，原因很简单，甚至是简单到让人无法置信，美国人在孩子很小的时候，就会告诉他们 AA 制的理由，而且出去吃饭都是采取 AA 制。他们让孩子们认识到，无论发生任何事，人生里都没有人会替你买单，包括你的父母和挚爱。"所以，这个美国孩子知道，要活下去必须靠自己，无论有多么危险。而中国孩子从小受到过太多的帮助，遇到危险时，他们习惯等待，等待别人的救助。

“没有人替你买单”，简单的一句话，却塑造了美国人独立拼搏的特性……

在中国，这样的教育很少，尤其是现在的很多孩子都是独生子女，集百般宠爱于一身，独立性越来越弱，依赖性越来越强，一些女孩子更是如此，遇到事情不是主动寻找方法，而是期待父母或是他人帮她去解决。别人能做到的事情，你怎么就做不到呢？很多人喜欢帮助他人，其实，这样做并不是在帮她们，而是在害她们。

所以，中国也要加强这方面的教育，要学会独立，自己的事情自己完成。学会了独立面对困难，挑战困难，才能坚强地生活，只有这样才能在竞争激烈的社会中生存。作为新时代的企业，我们 CBIN 更是坚定遵循 AA 制的行事准则，互惠互利，又对自己极为负责，让自己更独立，让团队更强大。

2.3 抢占制高点与自组织力

人们常常混淆“制高点”与“至高点”的含义。其实，“制高点”和“至高点”是有区别的。“制”是控制，“至”是最高。“至高点”是指最高的地方，而“制高点”是指某一特定情形下的相对最具优势的位置和情况，通常指作战时，在某一范围内可以居高临下观察敌情和压制敌人火力的最高地形或地物。

总之，在存有双方或者多方的情况下，才会出现制高点，胜利的一方往往是占领制高点的一方。互联网出现后，人与人之间的沟通变得越来越廉价，人们可以轻易地得到一些重要的信息，所以，抢占制高点也变得相对容易。而一个组织、一个群体如果可以互帮互助、采取集体行动，抢占制高点便更加容易了。

1. 企业占领“制高点”的益处

英国经济学家凯恩斯曾经说：经济学家与政治学家的思想，其力量之大，往往出乎常人意料。凯恩斯的这一观点向我们道出了一个事实：意识决定行动。

在这一观点与互联网营造的独立意识空间相结合催生了一种新玩法：尝试左右他人的意识，占领意识空间中的“制高点”，做到这一点不需要昂贵的费用，可以用非常低廉的成本便能达到目标，目标达成了，便能呈现出同样的好的结果。

简单地说，就是如果你能在互联网上让一个人坚信你的产品是好的，那么，在现实里，他必然会用你的产品。出现这种结果便是因为你在左右他的意识。而左右人们意识的方法有很多，但这种先在意识空间中抢占制高点，然后以各种手段，例如现实产品的低价等来巩固它、占据它的思维方式是独属于互联网时代的互联网思维。

2. 舆论占领“制高点”的必要

占据“制高点”体现在突发事件的报道中，便是在第一时间发布权威信息，及时准确地报道事件真相和动态，客观全面地报道处置措施和进展，做到先声夺人，然后再以权威主流的分析评论去引导社会舆论，进而掌握舆论引导的主动权，推动事件妥善解决。只有这样，才能在舆论竞争中掌控局面、扩大影响。

3. 激发网络社会的自组织力

前文说过，分众化和社会差异化已经成为如今网络的主流，无论你的兴趣是宽是窄，都能找到志同道合的人群，并能即时交互和分享。随着群体沟通协调工具的完善和社会关系形态由“硬框架”变成“软组织”，全球性组织行为的可能性大大增加。在某些情势下，人们愿意甚至渴望形成群体来改变世界。在群体里，动机、行动和活力等才能是具备的，有些才能过去没有，比如说协调能力。

其实，社会化工具并没有创造集体行动，而只是消除了阻碍集体行动的因素。就像当今许多重大变化基于像电子邮件、手机和网站这样简单易用的工具，而并非基于最新最奇巧的技术。因为这些工作是绝大多数人经常用到的，最关键的是，人们愿意在日常生活中使用这些工具。需要注意的是，对于技术变革引起的产业调整和升级只是其中的一部分，更重要的是互联时代下人与人关系的重塑。

在社会化媒体走向主导的社会传播中，人与人之间充满人情、关注意义、回归现象、重视具体，恢复了远古部落社会的关系。在传统社会中，和谐的社会关系用“仁”来表达，意即一小群人聚在一起，在人情、具体现象、意义中体验人生，是充满暖意的社会的一种回归。虽然网络社会包含着众多的负面性和不确定因素，这一点我们不能忽视，但这并不妨碍我们参与到无组织的组织力量建构中去，追逐一个更为人性化、和谐共享、自定义的新社群。

4. 进入社群的步骤、社群角色定位以及社群管理

群成员来自不同的行业，从事不同的工作，每一个人都有最擅长的一面，却因为群主的召集汇集到一个群里。强调每个人都是最重要的是那些无组织的组织力量，所以，一个组织有合理的规则尤为重要。

微信群、QQ 群，好比远古时代的部落，群主是部落首领，群成员是构建这个部落的主要组成部分，群成员都是从陌生到熟悉。在部落时代，每个人的长处发挥出来，大家抱成一团才能够生存。而如今，我们在一起，不再像部落时代那样为生存而担忧，但是我们需要让自己得到提升。

（1）观察2-2图，来分析一下社群成员进入社群角色的三个步骤。

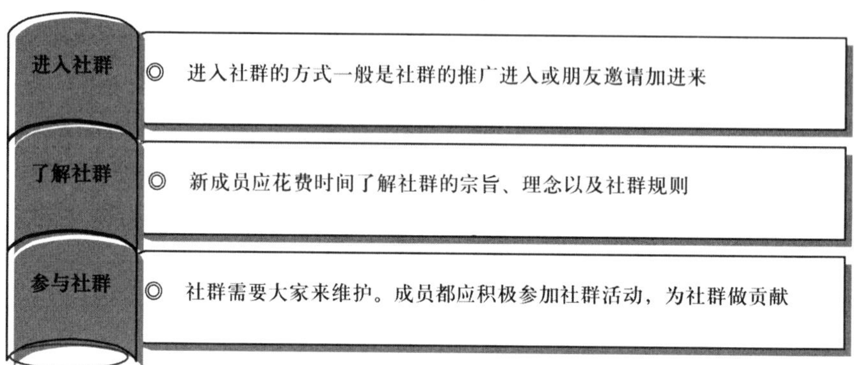

图2-2　社群成员进入社群角色的3个步骤

（2）社群成员有四种角色分配，以CBIN为例，如图2-3所示。

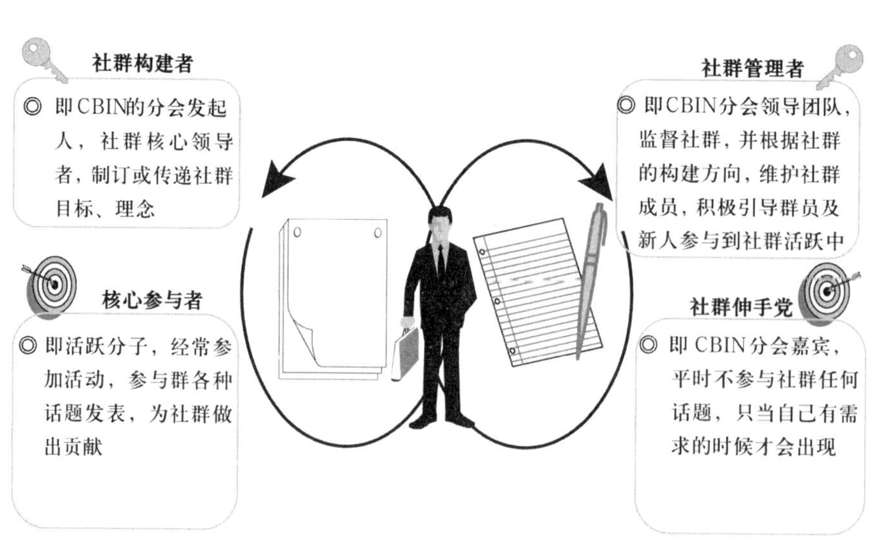

图2-3　社群成员的4种角色分配

（3）如何做社群管理。

做社群的目的是在做之前首先要搞清楚的。要想一想，大家为什么要加入社群？社群能给大家带来什么好处？如果不清楚做社群的目的，这个社群便没有建立的必要了。

俗话说，打江山容易守江山难，做社群也是如此，建群容易维护群难。当你明确了要做一个什么样的社群，还要考虑：社群的核心价值由谁产出？是否能持续产出核心价值？这些都是维护社群很重要的环节。

既然是社群，是组织，是否有黏性便显得尤为重要了。不管哪一类社群，都可以定期举办一些与行业或是兴趣爱好等相关的活动，以增加大家对社群的黏性，当然，要想方设法让80%的社群成员参与到活动中来。

如果有必要，活动可以分为常规活动和非常规活动。常规活动即让用户对群热爱、忠诚；非常规活动即宣传群的好机会，就像CBIN每两周举办一次的业务引荐精英会，让100%的会员都参与进来（也可以是代替人或被授权者参加）。CBIN是不重微信群沟通的，为了一些社群构建的需要，我们也会简单地介绍一些关于互联网建群的方法。

首先，无规矩不成方圆，建群的时候一定要定好规矩。我以前创建的群，或我参与的群，很多都没有规矩，即使有规矩也很少有人去执行，或者执行一段时间就很难再执行下去。比如，进群欢迎是新人对群留下第一印象的重要方式。当一个新人进群时，全体群成员都出来欢迎，这个新人便会觉得这个群很容易融入。但我之前的群很少有人这样做，当新人进群后，没有一个人欢迎，新人说话不搭理，成员们都是自己说自己的，这样下去，慢慢的，新来的人就不说话了。

其次，要拟写好群名片。群名片是个人信息展示的重要舞台，写得好，能拉近群成员之间的距离，增加彼此的信任度。我们发现，很多群的群名片都是地域-行业-昵称，这样设置群名片的主要目的是方便找到同城同行业的朋友，但是不同性质的群可以采用不同的群名片格式，而且，最好群中的所有人在群中的称呼都要按照这一格式来写，不能出现异类。

再者，选择群管理者。当群建立起来后，因为群成员众多，群主一个人是管理不过来的，这时，就需要有多个成员来协助管理。于是，很多群主为了能增加群的人数，只要谁给群拉人就让谁管理，根本不考虑这个人是否了解群的宗旨，是否能给群带来价值。选择群的管理者时，要找到和自己理念相同的人，群主要像古时候皇帝那样，皇帝管理大臣，大臣管理人民，然后再考虑怎么才能通过这些管理者去管理好各个群。

最后，要拟好群主题。群主题是群的核心，建群的时候豪言壮志，要建一个能给大家带来好处的独一无二的群，可是当群建好后，有了优秀的管理团队，也有了群成员，却鲜见有价值的分享，不管你前面做的多好，群慢慢的也会没有激情。

延伸阅读：“人月神话”无抵消警示

何为“人月神话”？对于很多人可能有些陌生。人月是用来衡量一项工作的规模的，之所以被称为人月神话，是因为它暗示了人员数量和时间是可以相互替换的，却忽视了人月不能互换的原因。

首先是任务能否分解，如果任务能够分解，是否存在相互依赖和约束的关系，任务分解后是否会增加相应的沟通，以及由于分解任务而引入的分解和后期集成等额外的工作量等。假设人月是可以互换的，则需要投入更多的人以缩减周期；需要细分任务以让更多的人有事可做。

当然，细分任务会增加系统分解和后期集成的工作量，而且，细分任务间无法避免的依赖和关联会增加沟通的成本和工作量。任务细分需要引入重量级沟通工具，如文档，所以，原始的需求信息在需求、设计、开发、测试等环节传递时很难保证我们需要的概念的完整性。

一般来说，“人月神话”有两条法则：

1. 不能用人力换取时间。

这一法则在大型项目管理过程中很重要。在现实工作中，有大量的编程人员、测试人员、软件公司老板、项目经理在错误地使用人月来衡量软件开发的工作量。向一个已经延后的项目中投入更多的人力资源只会让其更延后。

有些时候，时间表的缺漏是导致大量软件项目进入失控的主要原因，这往往比所有其它因素的组合还多。让人产生错觉的原因是人力可以严格地和时间交换。这个公式并不是不能成立的，它仅仅在项目成员不需要和其他人交流的项目中成立。然而，项目中却总是包含着连续任务和依赖关系，在这一情况下，可以交换的思想就只能土崩瓦解了。

那么，怎样做才能治愈上述病症呢？由一个结构类似于外科团队的组织，或是由一些专家设计并完成全部项目的核心工作，再由一些人力在特定的途径上支持他们的努力，以执行产品开发，这便是最佳的解决方法。

2. 没有银弹

没有银弹的意思是指没有一种策略、技巧或技术可以极大地提高程序员的生产力。

人类创造的最错综复杂的事物可能是系统。对于一个软件系统来说，虽然只拥有一个很小的功能，却需要开发设计师在架构设计方面不断完善，并考虑到对其它模块的影响和扩展，最后才是浩繁的代码编写工作。对用户来说，在前台看到的虽然只是几个文字，背后却是开发设计师昼夜奋战的结果。很多时候，某些需求在用户看来是简单无比的，但他们却忽视了那些看不到的关键因素。

其实，银弹正是消灭人狼的一种最有效的子弹。人狼是什么？人狼是一种具有人和狼两种特征的恐怖生物，看过《吸血鬼传说》的人应该较容易理解这一点。我们暂将软件开发比作人狼，将提高软件开发效率的方法比作银弹。在未来十年，想要通过寻找一种有效的银弹将软件开发效率提高一个甚至几个数量级是不可能的。例如，Ada 和其他高级编程语言，面向人工智能、对象编程、专家系统、图形化编程、“自动”编程、环境和工具、程序验证、工作站等，在一定程度上，这些先进技术提高了软件开发的效率，但是始终不能达到银弹的效果。

我们暂且把过去几十年的大型系统开发比作焦油坑，在其中挣扎的有很多大型和强壮的动物。他们中的大多数开发出了可运行的系统，但只有很少一部分的项目满足目标、时间进度和预算的要求。各种庞杂的和精干的、大型的和小型的团队纷纷淹没在焦油坑中。

表面来看，其中没有哪一个单独的问题会导致每个困难都能被解决，但当这些问题相互纠缠和累积在一起时，团队的行动不但会变得越来越慢，甚至会拖垮团队。这时候的问题是相当麻烦的，很难看清其本质。如果我们想解决这些问题，必须先去理解它。要想解决一件事，首先要了解事情的始末。这就是生活的真理。

2.4 幂次方群体爆发式增长

幂次法则，是指在一件事物中，极少数的关键事物拥有绝大多数的收益，其他大多数普通事物只获得少量收益。马太效应、帕累托法则（80/20定律）、长尾理论等理论的原理与幂次法则的意思差不多。

其实，幂次法则在图标上呈现幂律分布。幂律分布广泛存在于人类社会和自然界中，城市人口、投资回报、水变成冰的临界状态等现象都遵循幂次法则。当个体之间没有联系、互不影响时，往往呈现出正态分布规律，比如人的身高、智商；当个体之间互相联系、相互影响时，则会呈现出幂律分布规律，比如社会财富的分配、网络传播效应等。

总之，对一个系统是正态分布还是幂律分布的判断很简单，观察系统的实体之间是否产生连接，只要有自组织存在的地方，就会有幂律分布出现。这种情况下，就要遵循幂次法则行事。

1. 幂律无处不在

只有极少数的几件事是最重要的，其他的都是次要的；在工作和生活中，不应平均分配时间，而应该把80%的时间投入到极少数重大的事件中；全面均衡往往造成全面平庸。这便是幂次法则给我们的最大启发。除此之外，幂次法则还给了我们一个启发，即大胆拥抱无序状态。

幂律分布的出现往往意味着系统从无序过渡到有序，这个时候竞争格局已经形成，要打破已形成的竞争格局并不是一件容易的事。比如，微信在早期时有很多流量红利，抓住这些红利的人都是先行进入者，而如今的微信自媒体已经成为一片血海，即使进入竞争，想要脱颖的概率也是很小的。总之，深入理解并运用幂次法则对每个人的发展相当重要。

现实生活中，每个人的时间和资源是有限的，但面对的环境变化却是无限的，如何才能从复杂的环境中选择最关键的事件投入时间资源，是每个人都应该具备的一项能力。

2. 传播爆发增长战略铺垫

当然，幂次法则的应用远非上述所指，幂次法则适用很多领域。识别关键要素的能力是运用幂次法则的重点，这种能力需要我们具备长期思维和系统思维。优秀的战略往往在开战前便显露出七分胜算，然后再根据战略去构建架构与发展方案。

3. 战略三部曲：预测、破局点、ALLIN

战略第一步：预测，它还是有一些规律可循的。

要想成功99%，需要你能够判断、预测清楚这件事情。预测虽然很重要，但做出这种判断是很难的。它意味着方法论的颠覆，改变、花时间。但努力却未必成功。

当某一个现象发生时，是因为它的背后有一定的规律。当我们把它视为运气时，是因为我们还没有具备抽象规律的能力。那么，该如何预测呢？第一，升维思考，穿越未来看现在；第二，空杯学习，仰视，现象即规律；第三，侦察兵模式，用资源换机会。比如，哥伦布就是没有根据的预测，用几艘小船便改变了人类的历史版图，所以说，这几艘小船比蒙古的百万雄师对历史的贡献还要大。

战略第二步：找破局点，那个一举撬动全局的关键点。

预测完了还要寻找破局点。差异化、极简、自增长是破局点最显著的三大特征。单品带体系是这个时代的方式，做好一件小事往往能够改变整个世界。在传统时代，生产是稀缺资源。今天，生产不再是瓶颈，所以，我们要进行布局。需要通过用户把品牌组织起来。

随着生产工业链条的变化，单品变得越来越重要。罗辑思维便是最好的例子，罗辑思维每周只讲一个视频，但是他卖一本书可能是亚马逊、当当和京东销量的总和。

由此可见，这个世界是幂次法则的，寻找破局点变得非常重要。比如，微信的一个单点就颠覆了整个支付体系。腾讯不惜花巨资来推进微信支付没有起到实质性作用，结果一个 10 人做的红包却把事情搞定了，这是值得我们深思的。

战略第三步：ALL IN，全心投入其中。

资源永远是稀缺的，获取资源既是为了击退竞争对手，也是为了更快地获取经验值。所以说，找到破局点之后，就需要全心投入其中，想尽所有办法，努力到无能为力。

第 3 章

引爆社群：定位、口碑、品牌

“人以群分，物以类聚”，这句脍炙人口的话，恰巧点出了这个时代发展的两个重要趋势：“人以群分”代表了社群经济，即未来商业的主流模式；“物以类聚”代表了互联网和人工智能，即未来商业的科技发展模式。

过去商业模式的关键点在于人群物质化，现在或是未来的商业模式，则逐渐回归人本。这也就是说，未来的商业模式一定是基于人、基于社群，而非产品本身。

所谓营销，即企业发掘出消费者的需求，然后根据这些需求，塑造整体的营销氛围以及自身产品的形态。当然我们也可以说，营销主要是深挖产品的内在价值，令其满足准消费者的内在需求，从而引导消费者了解、认识、购买该产品的过程。

不同时代具有不同的营销模式。在这个商品过剩的年代中，以消费者为主导的经济背景下，口碑营销的应用会不断增加，逐渐成为营销中的主流模式，更加凸显其可行性。

3.1 再小的个体也必须有自己的社群

在日益激烈的商业竞争中，促销、打折、形象代言等商业手段的作用会越来越低，所以唯有把相对应的客户，甚至是整个商业链上的所有人都用思想、价值观、相同的文化连接在一起，才能确保自身在未来的商业竞争中立于不败之地。

1. 每一个人都是一个品牌

“大公司知道品牌的重要性，在今天个性化的时代，你必须成为自己的品牌。”这是管理大师 Tom Peters 在知名杂志《快公司》中首次提出个人品牌的概念。

在商业活动中，你可以选择适合自己的企业、工作环境和工作形式，或是做一名自由职业者，在这个互联网时代中，无论做什么，每个人都要拥有一个品牌，这样做线下的工作就会好很多。例如，你就可以利用随身携带的手机、笔记本电脑，在家里、办公室里、甚至是餐厅、咖啡店等任何一个场所，和自己的小伙伴一起创建个人的品牌。

2. 如何建立个人品牌

那么，要如何建立个人品牌呢？

建立互联网时代的个人品牌，这个过程不存在任何捷径，也并不复杂，你只需要做真实的自己。然后在某一个领域中，充分展示自己的才华。用自身的能力作为宣传自己的材料，去培养属于自己的粉丝，使他们通过各种方式关注你。例如，关注你的微博、微信、博客等等，然后再向他们的人脉圈去传播你的相关信息。

事实上，建立个人品牌体系最好、最有效的方式是利用知识传播作为媒介，赢得粉丝和消费群体。

在今天这个互联网时代中，创造知识就是创造媒体，知识恰恰就是最好的广告。移动互联网时代的很多工具都已经具备传播的功能，传播加上知识就是媒体，你欠缺的从来都不是媒体宣传，而是知识而已。每个经营者的美好愿望如图 3-1 所示。

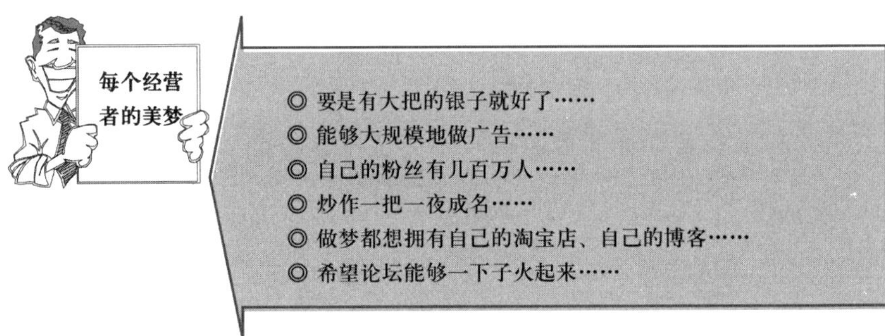

图 3-1　每个经营者的美好愿望

知识的魅力在任何时代都不会过时，在互联网时代，知识的传播途径更为广泛，也能吸引更多的粉丝关注。所以，一个人要想创建个人品牌，就去建立自己的知识架构吧，然后培养属于自己的粉丝群体。用知识做媒体，用平台做载体，通过传授知识，吸引粉丝、获取粉丝的新人，培养忠诚的用户群体。忠实的粉丝也会给予自己支持和尊重，这些粉丝不一定会成为直接用户，但是对个人知名度的宣传却非常有用，当然，自己的知识对这些人的影响也是巨大的。而这种影响会让粉丝更加忠实，自己在发表观点的时候，就会有意想不到的效果。

“文怡厨房”就是这样一个高效的品牌，它主要是通过传播一些“厨艺”知识，从而受到大众的喜爱，建立了自己的品牌。事实上，文怡厨房无时无刻不通过网络、微博、电视节目、微信公众号等媒体传播形式，传播着厨房里的知识，并没有进行任何销售活动，可是它的营销能力是不容小觑的。例如：

文怡会在做菜的过程中，将自己的美食与日本的美食相比较；

在切水果的时候，她会把类似“如何切出漂亮的图案”这样的小技巧，用简练的语言表达清楚，或是发在微博上，再配上漂亮的成品图片；

在博客上，我们经常会看到她介绍的一些美食知识：怎样在家制作盐卤豆腐，如何保养清理高级厨具，如何整理厨房里的杂物，如何去除油渍等等。

随着移动互联网的发展，微信、微博显然已经将商家和消费者、潜在消费者紧紧地联系在一起了。网络已经成为每一个人创建个人品牌的温床，自然也是每一个企业创建企业品牌的温床。

除此之外，建立个人品牌还有一些传统的方式，如开会、出版读物、演讲、酒会、茶会等等，虽然这些方式已经被时代逐渐淘汰，但是它们依然有其存在的价值。

最后想要说的是，并不是每一个员工都要成为营销高手，为了公司的品牌而摇旗呐喊。每个人都有各自的分工，做好本职工作，就是在建立个人品牌。

3. 发出你真实的声音

为什么微信成为大家生活中必不可少的交流工具呢？

因为在微信的背后，是一个人在发出自己真实的声音。当然，如何在朋友圈中，以正确的方式发出自己的声音呢？这是一个非常有技巧的过程：首先主题要新颖，否则你将会面临各种和你说一样话的人；其次是主题的专业性不能太强，否则就会曲高和寡，没有人看得懂，自然也就没有人关注了。

在风起云涌的市场中，与其在商海中与芸芸众生分抢一块饼，还不如认真守住一块细分市场的小饼；在这个领域里，让自己强大起来，不会被对手轻易击倒。守住几百个忠诚粉丝，就能在市场中先占一席之地。

智慧模型：社群力量克服“科斯天花板”

当一个团体发展到一定规模时，各项运营和管理的成本就会逐渐吞噬利润，这就是科斯天花板理论。这就如同当一幢楼房的高度达到一定程度时，它的造价也会因为里面的电梯、楼梯、管道等辅助设备而提高。

企业也是如此，企业规模小的时候，成本和利润之间比例并不高，但是随着企业的扩张，这个比例会越来越大，因为会有更多的成本用在维持企业运营的管理上。最直接的表现就是，企业中会出现越来越多的管理层，管理跨度不断增大，企业内部管理与协调工作难度增大，直接导致企业管理效率低下。

如何破解这一难题？

这就需要根据企业的发展状况，不断更新企业的运营模式、经营思维，时代在变化，企业的发展要紧跟时代潮流，不能一成不变。对一个不断成长的机构来说，到了某一个点上之后，这个机构就不可能继续成长并维持正常运行。因为那时，管理企业的成本将会吃掉利润，这就是“科斯天花板”。不过在互联网时代，这个“天花板”却可以被打破。那就是以社群的方式，向企业以外进行市场化交易，促进企业进一步发展。

社群简单来说就是一个群，但是社群也有自己的表现形式，它有社交关系链，不仅仅是拉一个群，而是基于一个点、需求和爱好，将大家聚合在一起。社群具有一致的群体意识，成员有一致的行为规范、持续的互动关系，成员之间分工协作，具有一致的行动能力，能够高效率的协同工作，并持续产生价值。社群通过其独特的存在方式，可以在一定程度上缓解“科斯天花板”所造成的后果。

3.2 社群不是微信群

1. 社群：互联网时代的群蜂价值

首先我们需要介绍一下社群的定义。狭义的社群即某一区域内的社会群体。而广义的社群是指在某些边界线、地区或领域内发生作用的一切社会关系，它可以指在地理区域或是在某区域内发生的社会关系，也可以是存在于较抽象的、思想上的关系，或有其他相互关系的网络。

社群具有两个独特的特点，分别是：社群精神（Community Spirit）和社群情感（Community Feeling）。需要注意的是，现实生活中，我们经常提到的QQ群、微信群之类的群体，与我们现在提到的社群还是有一定区别的。事实上，它们只是社群的外在表现形式或是载体。

在今天，互联网的时代里，已有一定规模的社群，就会发生群蜂效应。而具有一定协同合作、相互交流、相互感染能效的社群，所产生的经济作用就会对产品品牌本身产生反哺的价值关系。

2. 营销与社群营销

在商业背景中，社群最直接的价值就是营销功效。

营销的成功离不开沟通，说白了，营销的过程就是不断试探、不断沟通、不断解决问题的过程。当然，这里的沟通不是简单的信息传递，而是一个双向交流、建立共识、达成价值交换的过程。在互联网世界里的沟通，形式变得多样化，可以是文字，可以是语音，也可以是视频。

社群营销需要通过一个网络平台来聚集网友，这个平台可以是微信群、QQ 群、论坛、博客或者 Facebook 等等。其特点是具有互动性，可以让网友们自由地沟通与交流。

社群基于一定的元素将网友聚集在一起，不断将兴趣相同、爱好相同的人聚在一起，构成一个圈子，也可以说是一个消费群体，它的根基是圈子和人脉，社群营销也离不开这两点。其实很多品牌在一些社区、论坛上都有自己的社群。比如在“猫扑”上，就有“七喜”爱好者们建立的关于七喜的社群，以此使得七喜这个品牌在虚拟世界里也得到了极大的延伸。

3. 网络营销交易循环

任何一种商业营销都包含了交易信息、商品信息、感受信息这三个要素。互联网时代的营销，可以根据企业经营的不同阶段，制定不同的信息运行策略，并通过网络来发布这些运营信息。而社群的存在就是一个很好的信息发布渠道，它可以通过线上交流、线下互动，将营销信息进行最大化的传播，而社群与社群之间的互动，更能将营销信息发散出去，帮助企业实现营销设计与操作，如图 3-3 所示。

企业与客户之间进行信息交换的循环，根据不同的营销阶段，进行不同的信息要素的循环，然后对商品信息、交易信息、感受信息这三个要素进行四个循环的定制化处理。

第一个循环阶段，是企业与客户之间对商品信息进行交换，主要是企业向客户传递商品信息。传统的传播渠道是媒体广告、店面以及商家举行的一些活动等。网络时代，则主要通过网站进行宣传，也可以通过电子邮件进行定向宣传。

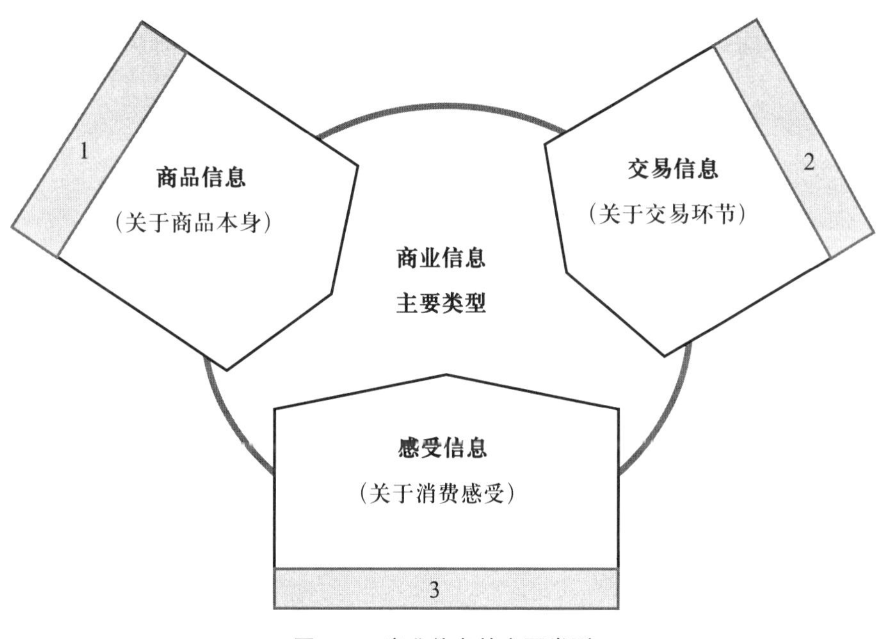

图 3-3　商业信息的主要类型

第二个循环阶段，商品信息的定制化交换。企业向客户发送定制化的信息，客户接受了定制的商品信息后，与企业发生了交易。

第三个循环阶段，交易信息的定制化交换，就是使老客户产生多次购买。当然，这个循环需要客户达到一定的规模时才能进行。

在第四个循环阶段中，感觉信息的定制化，或者称为服务信息的定制化，使不同的客户得到不同的服务感受，如图 3-4 所示。

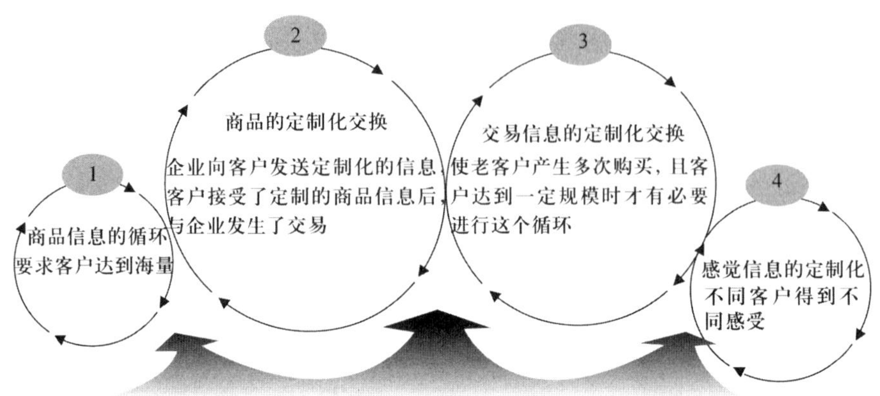

图 3-4　商家与客户之间的信息循环

上面各个循环中，企业营销模型得以正常运行的关键如下：

1. 企业文化要以客户为核心；

2. 营销模式与信息传递、处理、运用等能力充分地结合；

3. 企业要有庞大的客户群；

4. 高效的信息处理速度是实现网络营销的关键因素。

3. 3 社群活跃度 & 契合度

也许，你正在因为企业正处于早期经营阶段、客户规模小而苦恼。但其实，这些因素都是关键因素。切不要和你的竞争对手在媒体宣传上较劲，因为绝大多数公司，它们的关注点其实就是销售环节和服务环节，而忽略了知识传播的环节。

1. 社群经济的终极模式

社群经济是互联网时代，一群有共同的兴趣爱好、认知、价值观的用户抱成团，发生群峰效应，在一起互动、交流、协作、感染，对产品品牌本身产生反哺的价值关系。社群的再生性，也决定了社群经济具有再生性特点，也就是以现有社群为基础，通过互联网平台和其他社群进行融合，促进行业优化、重生。

各式各样的社群是将有共同之处的人联系起来，他们或有相同兴趣爱好，或价值观相近，或者学历、专业相仿等特点，这些社群主要有以下四个功能。如图 3-5 所示。

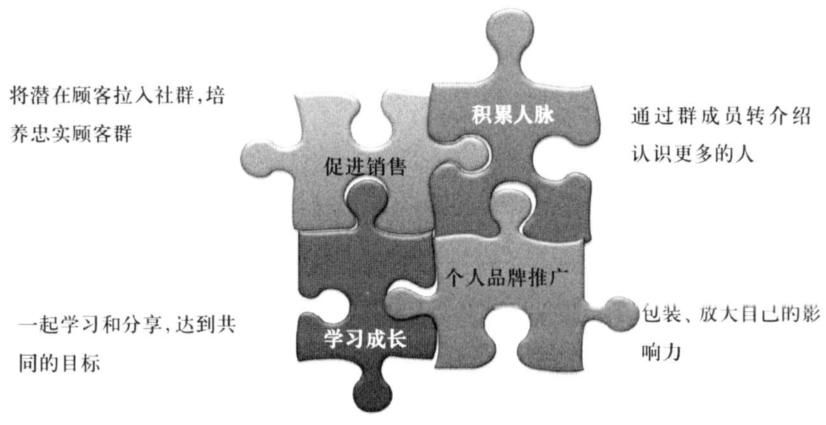

图 3-5　共生社群的主要功能

例如：CBIN 已经在做“共生社群”。和其他社群相似，CBIN 的共生社群是通过情感、价值观、文化观等元素将不同行业的人联系起来，融合在一起。在这些共生社群里，成员来自各行各业，成员之间基本不存在竞争关系，而是一种共生关系，通过 CBIN 的文化特色、运营模式让成员之间在人脉资源、业务资源、知识、经验等各方面实现共享。可以说，CBIN 做的共生社群是一种将“共生关系理论+现代关系营销学+共享经济+社群经济+墨家哲学”完美融合在一起的社群模式。

2. 社群活跃质量

随着时代的发展，营销的概念已在升华。在社群营销的概念中，关键在于提高社群的活跃质量。

当一个企业拥有目标消费者群之后，它需要做的事情就是长时间地维持和提升社群的活跃质量，企业就可以建立良性的沟通管道。在沟通的过程中，可依循“正面、分享与利他”三大社群经营要项来运作。

简单地说，在群里要传递正面消息、分享有助于营销的信息，同时一定要注意，分享的信息必须以“为他人好”为出发点。人性中带有一定的自私性，任何人关注最多的永远都是与自己有关的信息。许多企业主所产生的第一个问题就是：社群营销（Social Media Marketing）的成效该如何评估？或者 KPI（Key Performance Indicators，关键绩效指标）该如何制订？笔者的建议是，可以从社群的组成结构与规模来衡量，即有触及到营销目标所需的目标消费者群。

例如，贩卖运动用品的企业，他们的目标客户群主要是针对于那些年龄在 18 至 25 岁的男性客户，而如果这个社群的成员主要是由中老年女性构成，那么毋庸置疑，这一定是一个失败的社群营销规划。

3. 社群营销的优势

社群营销的基础是人脉、相同的兴趣，与其它的营销模式相比，社群营销具有非常明显的优势，如图 3-6 所示。

企业或者个人可以通过社群与目标消费者建立直接联系，然后就可以充分发挥社群营销的优势，使得企业和个人与用户之间建立紧密的关系。这个过程也可能会有怀疑、有不信任，但是一旦用户成为粉丝，就会形成黏性非常高的用户群。

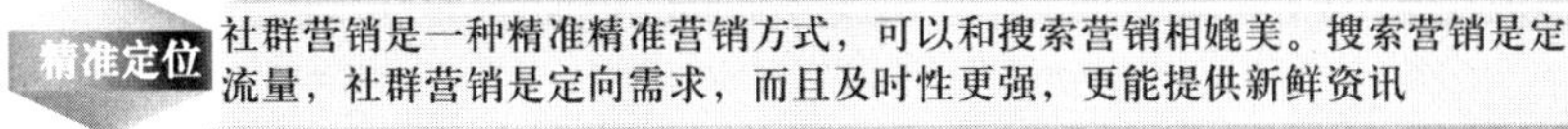

传播迅捷　虽然传播范围不如大众媒体，但是对目标的精准性要高很多，而且传播速度迅捷，通过“圈子”可以快速扩散到目标客户那里

效率较高　社群营销可以和目标人群实现双向互动，传播效果要比单向传播更好，而且可以及时地收到客户的反馈，对产品及营销模式进行调整

成本低廉　社群营销并非免费，但是和传统媒体的大额资金投入相比，社群营销的成本明显要低很多，大约是传统媒体的十分之一左右

实效期长　社群营销的另一个优势就是不会随着时间的流逝而消失，它会一直存在于网络上，如果时机成熟，还会进行二次、三次乃至更多次的发酵

图3-6　社群营销的五大优势

3.4 品牌是由口碑形成的

世界著名广告大师大卫·奥格威就品牌曾做过这样的解释：“品牌是一种错综复杂的象征，它是品牌属性、名称、包装、价格、历史声誉、广告方式的无形总和。品牌同时也因消费者对其使用的印象，以及自身的经验而有所界定。”

口碑营销就是要给消费者足够的信心，让他们在购买你的产品时，满怀对你的信任。口碑营销是网站到用户再到客户的一种精神上的沟通，是关于如何让用户进行第二次甚至更多次免费宣传的营销。口碑是人们之间自然而然的沟通交流，口碑营销则是学习如何发挥这些沟通交流的作用，让人们不断谈论你的网站，进而提升品牌形象和网站流量。

正如乔纳·伯杰在《疯传：让你的产品、思想、行为像病毒一样入侵》里所阐述的一样：“为什么《纽约时报》或者视频网站的文章与报道能够被迅速传开？为什么某些产品能够在街头巷尾被口口相传？为什么某些政治消息能够蔓延传播？为什么某些小孩的名字如此盛行？为什么另一小孩的名字却不受欢迎？这样的趋势是何时形成的？什么时候产品的负面宣传会增加销量？什么时候又会损害销售过程呢？品牌经理想把产品包装的更加绚丽，让大众消费者口口相传。”

信息不对称理论为企业营销模式提供了一个崭新的视角，现实生活中，信息不对称的现象无处不在。

一般来说，在现今的经济交易中，消费者在对产品信息的占有上较生产者少很多；这种信息不对等的现象，会让处于弱势一方的消费者因为信息的不完整而对交易缺乏足够的信心，想要获得足够的信息，他们就会选择那些大品牌、信誉好的产品，这就是品牌的力量。

1. 品牌宣传的“零号媒介”

口碑营销在互联网时代大行其道，以前信息传播速度比较慢，口碑营销受到了很大的限制，所以一些大集团不得不花费高昂的价钱靠打广告推广产品，推广面确实广泛，但是成本也非常高，而中小企业显然负担不起。

互联网的快速发展也带动了口碑营销，以苹果公司为例，苹果公司每推出一款电子产品，粉丝们都会在专卖店门口彻夜排队，以便能够抢到最新款的产品。这其实是苹果公司的饥饿营销，先给一小部分用户使用，这一小部分在拿到新产品之后就开始炫耀，这也是苹果公司所要达到的宣传目的。这种营销模式在国内也盛行过一段时间，即便是现在，还有一些商家在采用这种营销手法。当然，现在国内有了诸如华为、OPPO、vivo 等诸多品牌手机，用户的体验也非常不错，而且物美价廉，苹果的这种饥饿营销受到了不小的冲击。而华为等手机的口碑则随着互联网传播开来，产生了口碑营销的效果。

以口碑影响创造出不俗成绩的公司还有很多，比如可口可乐，虽然它只有一种口味，但是却享誉世界百年，而且销售网络遍及全世界；小米手机也是如此，饥饿营销让那些第一时间拿到产品的人开始在网络上炫耀，小米的口碑也就随之传播出去。当然，最主要的还是产品的质量有保证，否则口碑也只能是负面的。

这些品牌因为有良好的口碑，所以在市场上非常流行。另一方面，市面上充斥着假货、不良商贩大肆兜售假冒伪劣商品，使得消费者不敢贸然相信网上的宣传，所以，诚信也可以打造出优秀的口碑。

互联网时代，人人都是创业者，每个人都可以成为经营者、推广者，而口碑则是传播能否成功的一个重要因素。在互联网盛行的现在，口碑宣传不仅成本低廉，而且效果出众，是众多创业者喜欢采用的传播策略。

2. 借助口碑获得长久品牌

用户对产品的要求只会越来越高，当一个产业从卖方市场转为买方市场，也就是企业需要从关注数量向关注质量转变，这个时候，品牌的力量就凸显出来，其对竞争起着决定性的作用。品牌竞争就是以品牌形象和价值为核心的竞争，是一种新的竞争态势。

很多人认为口碑传播是借助网络进行的，其实 80%的口碑传播是面对面进行的，只有 20%的口碑宣传是通过网络进行的。当然，这不是说口碑传播不需要互联网，恰恰相反，很多一手的资料就是通过互联网获得的。而且只有线上、线下相呼应，才能把微小的动向不断放大。

比如做网站，如果网站内容有趣、质量高，口碑带给网站的就是免费的营销宣传，流量的增长和用户的增加。相反，线上运营不好，带来的将是负面口碑，会造成网站流量流失，影响网站的发展。在互联网发达的今天，口碑对品牌的塑造越来越有优势。

品牌的树立可以参考四大步骤，如图 3-7 所示。

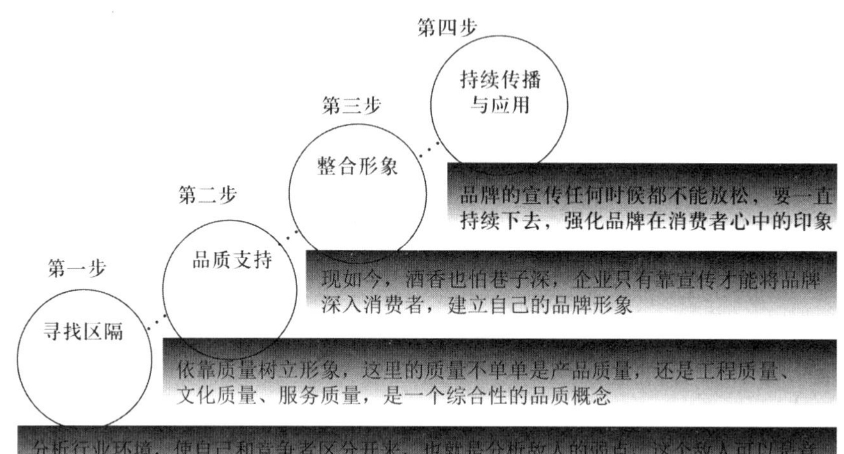

图 3-7　树立品牌的四大步骤

3. 企业要善于借助个人品牌

做一个企业，除了要培养员工的集体意识，还要鼓励员工构建个人品牌，员工的个人品牌可以帮助企业传播企业的品牌，并为企业聚集粉丝，与消费者形成良性互动。员工个人可以建立自己的线上社区和社群，这些不需要花费员工多少工作量，但是却可以为企业的移动互联网转型提供非常大的帮助。

罗振宇在《罗辑思维》中说："社群未来可以发挥类交易所的功能，它可以帮创业者融到一切东西：包括钱、包括品牌、包括初始用户、包括传播管道，任何人的一点可以商业化的禀赋都应该可以通过类交易所机制完整释放出来。"

社群商业的本质就是用户主导，数据驱动的、定制化的C2B商业形态，即用交易来满足需求，可谓水到渠成。商业社群生态的根本价值，就是实现社群中的消费者不同层次的价值满足。在未来日趋激烈的商业竞争中，优惠打折、广告代言等营销手段的作用逐渐弱化，要想立于不败之地，就必须建立自己的社群。

案例分享：迪文斯特门窗自然、安全、健康

迪文斯特门窗的英文简称DW，“D”代表“Door”即门，“W”代表“Window”即窗。

迪文斯特品牌门窗的创始人范春伟女士，她睿智、果敢、大气、优雅。

迪文斯特品牌门窗的服务宗旨是：诚信至上、认真对待的态度服务于广大用户。

迪文斯特品牌门窗的三大特点，如图3-8所示。

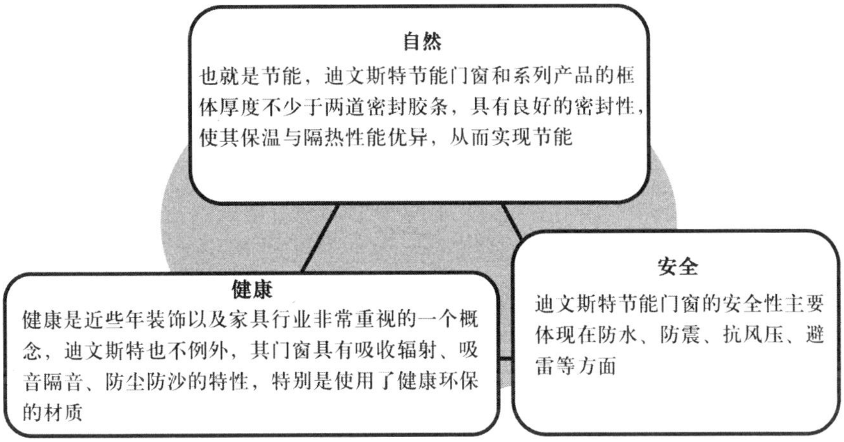

自然
也就是节能，迪文斯特节能门窗和系列产品的框体厚度不少于两道密封胶条，具有良好的密封性，使其保温与隔热性能优异，从而实现节能

健康
健康是近些年装饰以及家具行业非常重视的一个概念，迪文斯特也不例外，其门窗具有吸收辐射、吸音隔音、防尘防沙的特性，特别是使用了健康环保的材质

安全
迪文斯特节能门窗的安全性主要体现在防水、防震、抗风压、避雷等方面

图3-8 迪文斯特产品理念的三大特点

迪文斯特品牌门窗的五大优势，如图 3-9 所示。

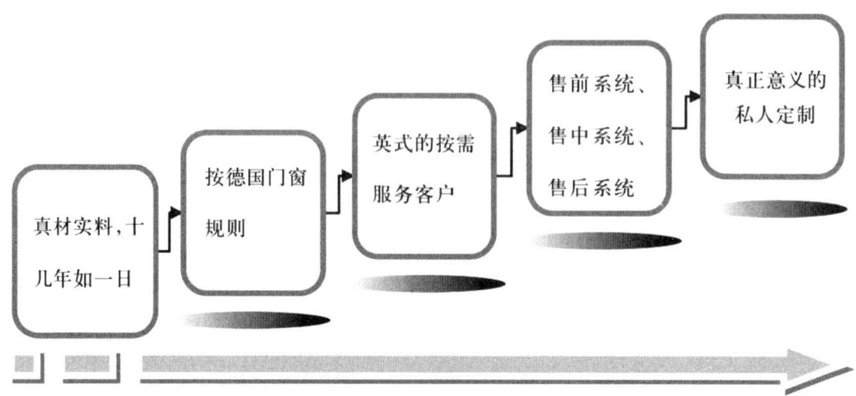

图 3-9 迪文斯特品牌的五大优势

“一切为客户服务”是迪文斯特的企业文化。迪文斯特一直认为，产品只是一个外在载体，在内在，贯彻在售前、售中、售后的服务才是品牌真正的灵魂。

迪文斯特品牌门窗的服务有三步流程，如图 3-10 所示。

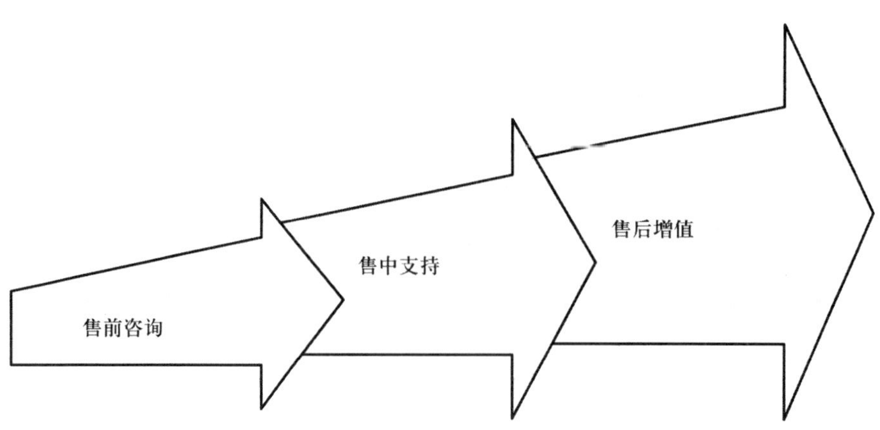

图 3-10 迪文斯特服务的三步流程

迪文斯特品牌门窗的客户有六大类，如图 3-11 所示。

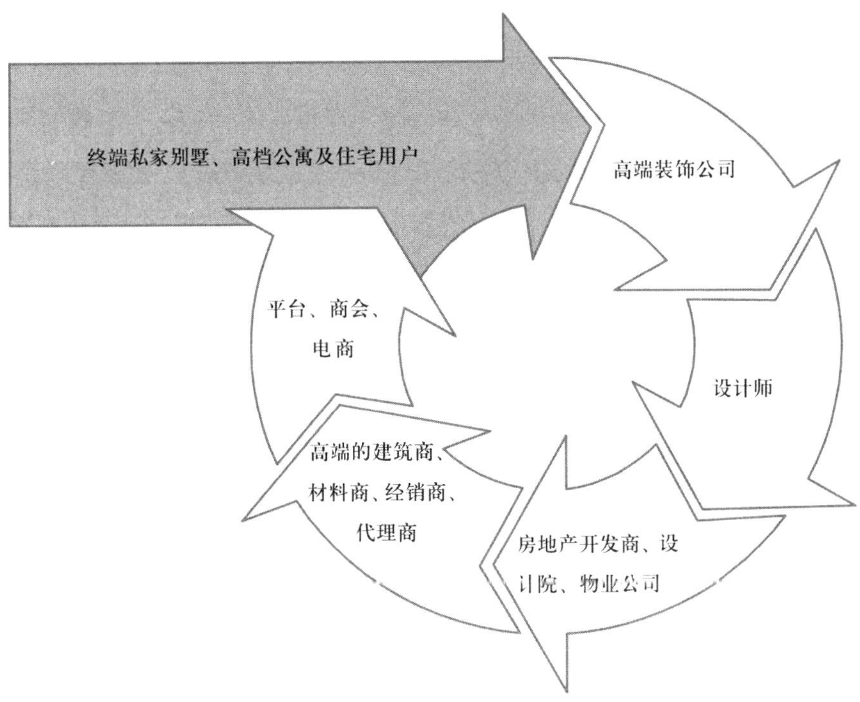

图 3-11　迪文斯特的六大客户

3.5 未来只有一种营销模式

随着现代社会的发展，资源越来越集中在一些大集团手中，中小企业以及创业者们没有大量的资金进行广告营销，即便有意愿，也有能力进行大范围的广告铺排，但是效果未必如人意。所以，如何花“最少的钱”进行效果最好的宣传，打造“大品牌”，成为许多企业的关注所在。达到这一目标，可以有多种途径，如图 3-12 所示。

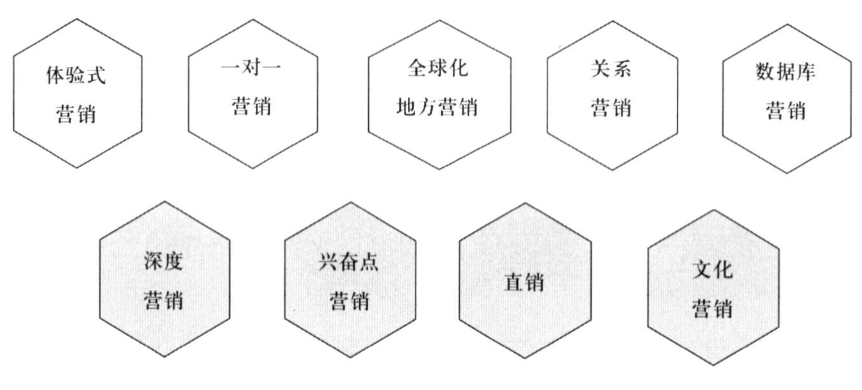

图 3-12　未来的九种营销模式

1. 体验式营销

传统营销理念的核心在于“产品”，但是实践证明，一流的质量，并不一定能让客户满意。

现代营销理念的核心在于“服务”，相较于产品的质量，优质的服务，反而更能赢得客户的青睐和信任。未来的营销趋势一定会有“体验”的前奏环节，企业意在让客户先经过“体验”的环节之后，再决定是否要消费。这样获得的客户才是最忠实的客户。

例如，购买一磅咖啡，大约需要三百元，这咖啡是商品，交易的内容是货物；可是当咖啡被人们调成饮料时，一杯就可以卖一二十块钱，其价值远远大于等量的咖啡，这是因为咖啡里加入了“服务”。当然在咖啡店中，一杯咖啡最少要几十块至一百块，如果环境优美，让客户获得美好的享受时光，那么一杯就可以卖到上百块甚至是好几百块钱。事实上，最基础的产品都是咖啡，不过交易的内容不同，掺杂在产品中的“体验”含量越高，其所能创造的经济价值就越大。

这就是体验式营销。它的根源就是要站在消费者的角度，从客户的感觉出发，重新定义交易的内容、设计营销的方式和结构。这种营销方式，已然突破了传统商业的“理性”，给商业活动注入了大量的感性因素，让原本没有生命的商品交易变得感情丰富。消费者在整个消费过程中的体验，才是营销方案的设计关键，才是维护和提升企业品牌的关键，如图3-13所示。

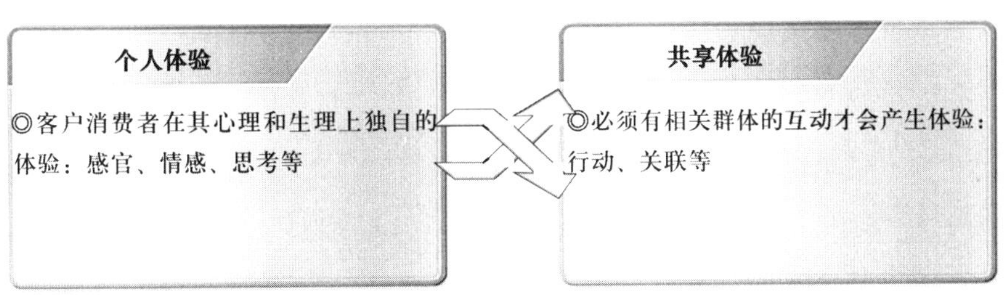

图3-13　心理体验的类型

2. 一对一营销

随着社会的不断发展，很多商家都打出了“一对一”的旗号，让一个销售人员负责热心周到地开发、追踪客户，然后根据客户的需求和特点，为其提供“量身定制”的产品和服务，这就是一对一营销。“一对一营销”的核心在于以“消费者份额”为中心，与消费者互动对话，为客户提供“量身定制”的产品和服务。

想要做好一对一营销，企业的关注点应该从关注市场占有率转移到关注消费者的“消费者份额”上来，关注本企业产品在消费者心中的受欢迎程度，并努力提升消费者对产品的接受力，这就需要企业做到如下几点：

第一，将目标客户以类归属。

分属到“进一步争取”、“继续培养”、“继续维持”这三个不同的阶段。这样做的目的是有针对性地进行差异性营销，根据客户的特点，提供针对性的服务和产品。

同时在与消费者的对话中，加深了客户与商家之间的相互了解，这种了解是通过双向的交流与沟通来实现的。

第二，营销要多重借力。

营销也需要借力，通俗来讲，就是利用别人的资源或者平台，来达到自身企业快速销售的目的。借力的形式一般有人脉借力、合作借力、网络借力、竞争借力等等。荀子在《劝学》中有一段借力的精彩论述："登高而招，臂非加长也，而见者远；顺风而呼，声非加疾也，而闻者彰；君子生非异也，善假于物也。"

这里有一个借势营销的例子：

2014 年，韩寒发了一条微博："风雨中拍摄，有一种超薄激情系列的感觉。"配图是一张穿雨衣照，杜蕾斯官方转发该微博时配文："岳薄，岳尽兴。""岳"指的是韩寒，"薄"和"性"则指的是杜蕾斯。随后，冈本转发杜蕾斯的微博，并没有添加更好的创意，只是配字"说得好，谢谢"，要知道，"薄"是冈本的主打概念。

韩寒其实只是想爆出想要拍摄的电影，不过杜蕾斯则借助了韩寒的粉丝团，而冈本又借助了杜蕾斯与韩寒的粉丝团，最终成就了三赢的局面。

第三，对客户进行定向营销。

定向营销就是锁定一个层次的消费群体，或者锁定一个职业与行业的群体，对群体的消费概念、消费行为、消费习惯加以研究，然后针对消费者的消费心理为目标顾客量身定做的活动方案，这样的销售一般成功率会很高。

但是有许多企业曲解了定向营销，在制定营销策略的时候只是单方面的输出，而忘记了和消费者的关系，忘记了定向营销需要双方都参与进来，忽略了消费者方面的信息，结果使得定向营销变成了“单行道”。

3. 全球地方化营销

全球化营销是指在全球范围内采用标准化的营销策略，它的应用前提是全球市场经济环境大致相同，这种营销方案具有团体性和经济性等特点。

地方化营销则是指针对各个地方市场的不同需求度量身定制相适应的营销策略，在各市场存在较大差异的前提下使用，优点是效果好，缺点则是营销成本太高。

随着互联网经济时代的到来，目前，全球经济已进入共享的时代。信息技术的飞速发展使地球变成了地球村，大大推进了全球一体化的进程，一体化与多元化决定了全球经济化营销战略的应运而生。特别是在地大物博、人口众多、经济发展尚不平衡的中国，全球地方化营销模式大有愈演愈烈之势。

事实上，企业在营销过程中，完全可以将上面两者结合起来，取长补短。这种营销方案就是全球地方化营销模式。它是一种“全球化思考、地方化行动“的战略。要想获得全球地方化营销的成功，最关键的一步就是仔细研究各个市场，找出不同市场的共性与差别。但在不同国家实施时，需要结合当地的特征，做出一定的变动，从而满足不同国家的特点，占领更多的市场。

以下以宝马公司的营销策略为例。如图 3-14 所示。

经过一番市场调研后，宝马企业把消费者的需求分为三大类，并据此制定不同的营销策略。这一举措大大提升了宝马在欧洲市场上的竞争力。后来，宝马公司又将全球地方化营销模式运用到了北美市场和日本市场，同样取得了胜利。

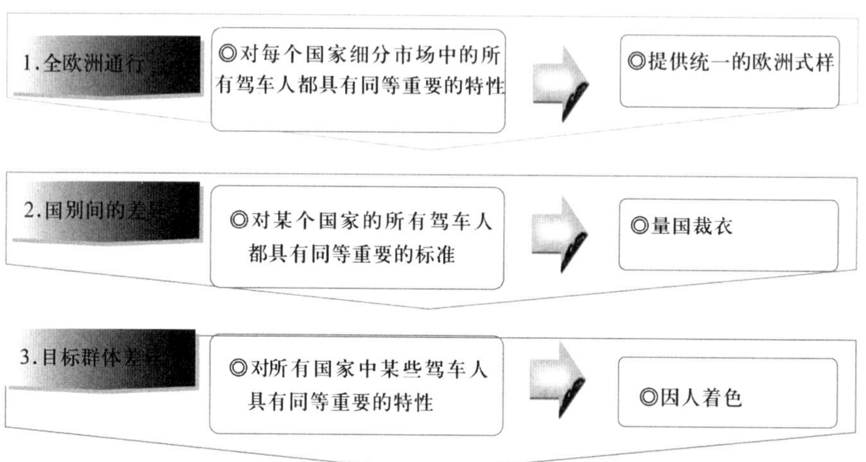

图 3-14　借助销售工具说明的步骤

4. 关系营销

关系营销的定义是：营销活动是建立在人与人之间的良好关系之上的，我们完全可以将它看成是企业与消费者、供应商、分销商、竞争者、政府机构及其他公众发生互动作用的过程。

对于一个企业而言，能不能满足消费者的需要是决定它能不能生存的关键因素。当然，除此之外，它还需要密切关注市场环境的变化、对手的变化，这样才能在竞争激烈的商业潮海中，永远领先对手一步。这就要求企业从以下两方面入手。

第一，企业还要有完善的规章制度和运营步骤，要有优质的员工，要有能力及时调动和满足消费者的需求。对于消费者的疑问和困惑，要在第一时间予以正确回应，尽可能地满足消费提出的要求。

第二，企业要站在消费者的角度，不断领悟消费者的各种感受。要想做到这一点，企业首先应该从内部员工着手，例如，向员工解释走出去和消费者沟通，倾听消费者的重要性；鼓励员工走出办公室，尽可能地定期拜访消费者，从而加强员工和消费者之间的联络；让员工每天和消费者进行至少一次沟通；让员工发自内心地倾听消费者的心声，并因此作出改变，让倾听变得有意义。

综上所述，消费者的反映是外部因素，企业需要及时地把握并回应；而员工的态度是内部因素。内因决定外因，对于企业来说，只有致力于完善内部，才能从根本处解决问题，提升营销的终极效果。

作为企业管理者，需要倾听消费者真正的心声，从而做出相应的改变，让企业更加适应消费者，更加符合市场。想要做到这一点，就必须培养会倾听的员工，也就是一种非正式的倾听文化。这种倾听文化，是确保企业与消费者之间畅快无碍地沟通的唯一保证。

5. 数据库营销

数据库营销的核心环节在于对客户的相关数据的收集、整理、分析，从而设计出目的性极强的营销方案。这种营销模式，近年来越来越凸显其无法比拟的优势。

企业通过多种多样的营销模式加固企业品牌。一直以来，数据库营销作为一种与时俱进的营销手段，在客户的获取、维系和发展的各个阶段，都将成为企业生存、发展过程中不可或缺的重要工具。

数据库营销是一个系统工程，需要将企业的总体战略与服务理念、人员组织配置与素质和信息技术系统等统筹起来，相互配合，开展数据库营销的基本战略。如图 3-15 所示。

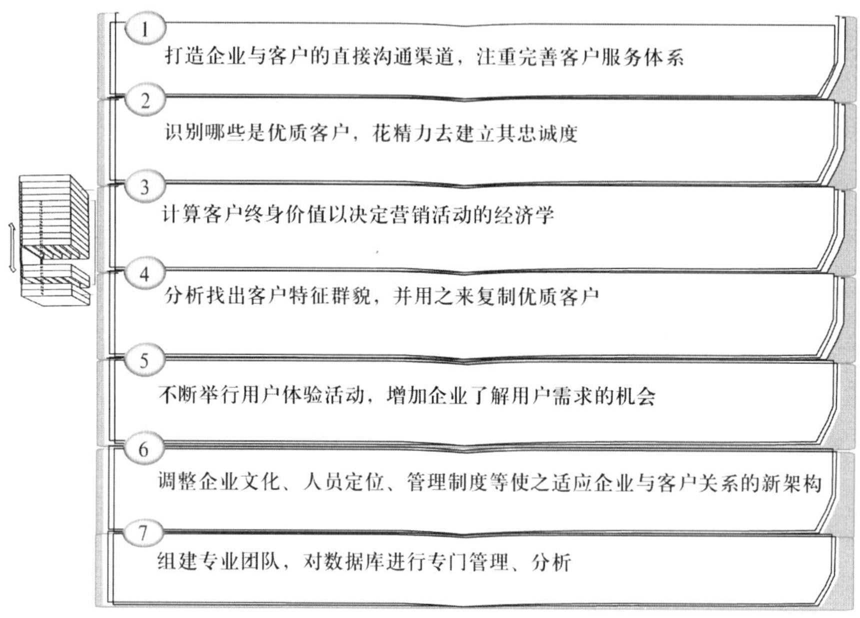

图 3-15　数据库营销的基本策略

由此可见，数据库营销将与一对一营销、客户关系管理等融为一体，它所代表的量化的服务客户的思想，将会得到大多数企业的认可。

6. 深度营销

深度营销以企业和客户之间的沟通、认同目标，从关心人的显性需求转为关心人的隐性需求的一种新型的、互动的、更人性化的营销模式。它让消费者参与企业的营销管理，给消费者提供关怀，与消费者建立长期的合作性伙伴关系，通过大量人性化的沟通，使自己的品牌产生“润物细无声“的效果，保持消费者对品牌的忠诚。

我国市场范围广阔、发展不平衡和区域差异性大等特点将在长时期存在，所以深度营销模式还会是国内市场的主导模式。

作为营销链的管理者，引领渠道成员加强协同，提升整体争夺市场的能力，冲击区域市场的NO.1。在取得经验和能力的基础上，及时组织滚动复制式的推广。

企业导入深度营销的一般步骤，如图3-16所示。

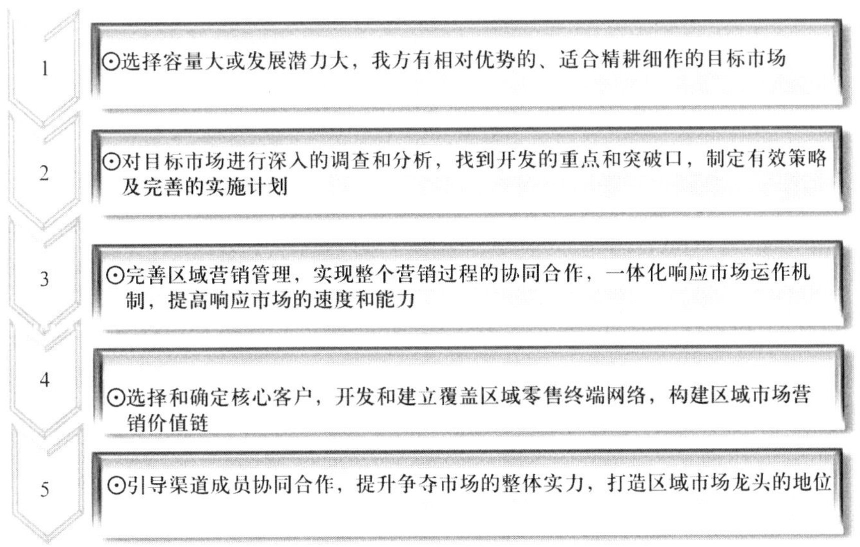

图3-16　深度营销的5个步骤

企业在导入和实施深度营销管理模式应注意到：

（1）抓住关键环节。把资源集中在竞争关键点上，通过关键点的竞争优势，整合市场。

（2）协同各项资源。深度营销也需要企业的全系统协作，只有所有部门群策群力，才能将深度营销做好。

（3）高层理念统一。企业管理层的思想要统一，这样才能上行下效，推动全员参与，保证强大的组织力和执行力。

（4）重视团队建设。营销模式是否有效取决于团队的能力，所以要注重团队建设。

7. 兴奋点营销

兴奋点就是潜意识里极易引起人们兴奋和敏感的区域。兴奋点营销就是将消费者期望、终端的利益目标和制造商的经济使命联合在一起。

企业的产品是否为消费者接受、喜爱，取决于企业对消费者的了解和认知程度，对消费者了解的多少，以及他们购买商品时的内在原因是什么？解决这个问题的关键在于你必须有效地运用“恰当并且出人意料”的利益定位的方法，在消费者的脑海中寻找他们对于你的产品的期望益处的核心要点在哪里，以及如何通过定位策略在消费者的脑海里形成差异化的品牌印象。

第一，进行竞品检视测定。

就是在试点区域对竞品顾客和自身已有顾客发布兴奋点诉求，检测消费者对竞品的兴奋点在哪里，并进行修正。

第二，进行明测写真。

根据获得的顾客的兴奋点诉求制作广告，发布在试点区域。再次观察顾客的欢迎度及购买量、购买频率的变化，写出“市场明测兴奋点写真”并提交企业的跨职能小组备案。

第三，确定兴奋点并提交给决策部门。

8. 直销

直销实质上是通过简化、削减中间商来降低产品的流动成本，并满足顾客利益最大化的需求。在非直销模式中，有两个销售环节，即制造商到经销商，再由经销商到消费者。

在国内，直销的定义是：制造商在向公众进行一定诉求的基础上，直接与目标客户接触，并达成交易的营销活动。这种实践消费的营销模式，一般包含三个重要的元素：

（1）消费者接受并支持；

（2）一对一关系的建立与形成；

（3）实地展示及交易完成。

直销有其特有的优势，一方面减少了中间商，降低了成本，产品价格自然也就降了下来，这既给消费者提供了物美价廉的商品，也提高了商家的竞争优势；另一方面，直销减少了仓储，避免了坏账，也没有中间商的库存带来的额外成本，降低了商家的风险。

直销中做的比较成功的是安利和戴尔，下面我们来具体介绍一下。

安利式直销核心要素在于消费者和员工，即在于人；而戴尔式的直销核心则在于产品，通过不断开发新产品来满足刺激消费者的销售欲。

公司要进行直销，可以按照以下步骤：

（1）必须将消费者研究透彻，深入了解消费者的心理需求，然后精准切入市场；

（2）要增加直销渠道，与消费者保持互动，如电话直销、网络直销定制服务等都可以尝试；

（3）要有科学管理直销团队的方法。对直销团队进行系统培训，确保销售团队高效运转。

9. 文化营销

文化营销即用文化来进行营销，其强调企业的理念、宗旨、目标、价值观、社会责任，其核心是理解人、尊重人、以人为本，关注人的社会性。在文化营销观念下，企业的营销活动一般奉行的原则为：给予产品、企业、品牌以丰富的个性化的文化内涵。

“言之无文，行而不远；企之无文，行而不久。”可以说，在企业营销过程中，文化营销模式是必不可少的。

文化营销构思运作的一般步骤，如图 3-17 所示。

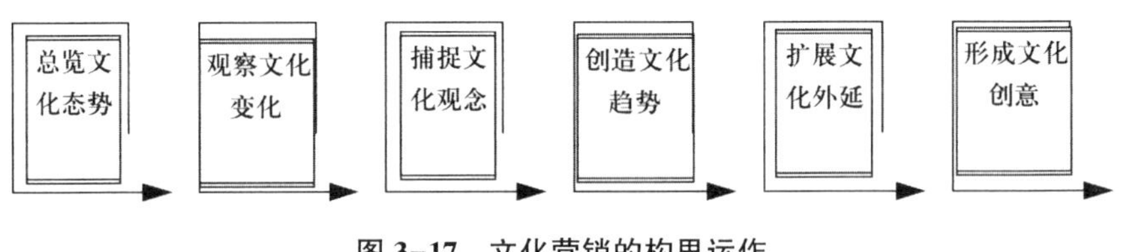

图 3-17　文化营销的构思运作

文化营销是指把商品作为文化的载体，通过市场交换进入消费者的意识，它在一定程度上反映了消费者对物质和精神追求的各种文化要素。一位国际营销大师曾说：“世界在消费麦当劳，其实是在消费美国的快餐文化。”它卖的从来都不是一种或是数种产品，而是在推广一种习惯、一种文化。

在文化营销观念下，企业的营销活动需要遵守以下三大基本原则：

（1）借助或适应于不同特色的环境文化开展营销活动。

（2）综合运用文化因素，将文化因素渗透到市场营销组合中。

（3）借助产品，传播企业文化，使企业能够更好的被消费者接受。

那么，在实施文化营销过程中应该注意什么呢？如图 3-18 所示。

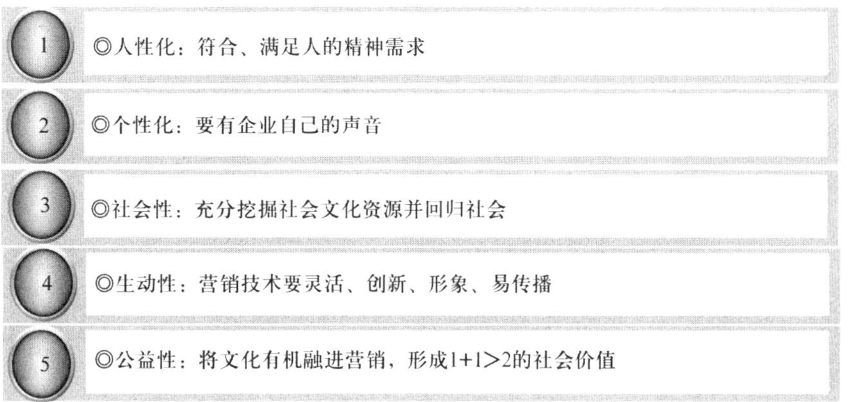

图 3-18　文化营销中的要点

归纳：未来只有一种营销模式。

现在，互联网兴起，信息传播速度、范围得到了极大的改善，相比以前昂贵的广告宣传，口碑营销的成本就低了许多。更重要的是没一个个体都可以成为经营者和推广者。我们知道，由于消息不对等，消费者不太愿意尝试新的商品，而那些已经被其他人检验过的商品，消费者却乐意接受，这就是口碑营销的优势所在。

可以说，未来只有一种营销模式：口碑营销。

比如，北京和谐医院。

北京和谐医院隶属于北京万方投资公司，是一家以针刀微创治疗小儿脑瘫为特色的小型专业医院。地处北京五环以外，地理位置偏僻，成立之初这里尚未开通公交线路，出租车也很少。但是自脑瘫中心成立以来，不足两年的时间里，医院的运营已经步入正轨。

和谐医院能够在短时间里做起来，靠的就是口碑宣传的力量，而且是在极短的时间里就形成了一定的规模。下面就和谐医院的口碑营销略作分析，和谐医院的四大经验如图 3-19 所示。

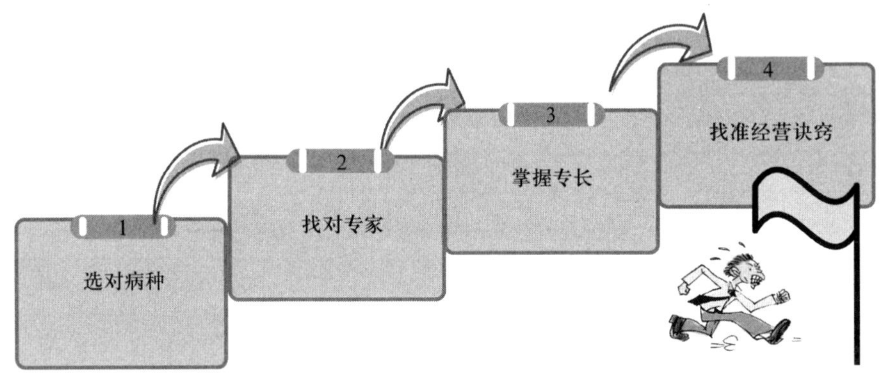

图 3-19　和谐医院的四大经验

第一，选对病种——脑瘫

专注、专业、专一往往能够引起消费者（患者）的注意，大家都知道，脑瘫在目前还属于不治之症，这种疾病让许多家庭陷入了无尽的痛苦当中，而和谐医院采用的针刀微创手术突破了这一疑难杂症的技术壁垒，而且治疗效果确实出众。这自然就容易引起了患者的重视，利于聚焦患者的关注力。患者家属在此之前也多次经历希望、失望、再希望、再失望的痛苦，和谐医院的医治有了效果之后，他们自然会进行口口相传，口碑营销也就顺势形成。

第二，找对专家

口碑营销需要的就是实力型、权威型专家。不管是病急乱投医，还是真的抱着希望来的，患者及其家属都希望能够根除疾病。对于医学这个行业，专家、权威更具有说服力，而和谐医院则很好地做到了这一点。

第三，掌握专长

所谓专家，必须要有专长，只有技术过硬，才能被患者认可、接受，并主动帮助宣传。和谐医院的院长正是这样的专家，有这样的技术实力。

第四，找准经营诀窍

口碑营销中，价格合理是一个必要条件。尤其在前期，偏低一些的收费标准患者容易接受，更愿意传播口碑。

总而言之，想要做好口碑营销，必须要记住一句话：实力就是最大的营销，做好本职工作就是最好的营销策划。

第4章

价值表现：兼相爱，交相利

在墨子的思想学说中，“兼相爱、交相利”是重要的组成部分，是墨子兼爱、非攻思想的直接体现。这一思想内涵丰富、体系完整，辩证地阐述了利己与利人之间的关系。

“兼爱”是墨子管理思想的基础，“交相利”则是“兼爱”这一观念的直接体现。墨子认为，只有爱人运行时，人亦从而爱之；利人运行时，人亦从而利之。反之亦然。墨子希望通过人们之间互动的相爱来改善人际关系，消除破坏性冲突，创造良好的社会环境，使人们既能自爱又能爱人，从而使每个人的利益都能得到满足，最后达到“兴天下之利，除天下之害”墨子管理思想的最终目标。

4.1 兴天下之利，除天下之害

1.“兼相爱，交相利”——爱利相容才是和谐

墨子主张兼爱、非攻，反对战争。主张“国都不相攻伐，人家不相乱贼”，以兴“天下之利”，反对“大国之攻小国”，“大家之乱小家”，以行“天下之害”。因此，墨子一生都在劝诫人们互相帮助，共

谋福利，反对互相争夺。

墨家的“兼爱”是用以处理人际关系、人与自身关系的普遍的伦理准则，是墨家思想学说的核心。墨家的“兼爱”思想具有普遍性、平等性、相互性等特点，其内容丰富、涵义深刻，具体体现在以下几个方面：

（1）普遍性原则

墨家的“兼爱”思想并非指某一地区、某一国家，而是普天之下，不分地域，不分远近。墨子曾号召天下人都能相爱，爱他人就像爱自己，就像日月普照大地那样无私，像文王那样胸怀博大，兼爱天下。在墨家看来，人与人应该互相“爱”，爱人者，人亦从而爱之，这个爱是普遍之爱，而不是特定的爱。

（2）平等性原则

“兼”的本义是一手执两禾。引申为同时进行几桩事情或占有几样东西。在墨家思想中的“兼”就是告诉人们要持多面，而不要专一面，这就有了平等的含义。墨家讲究“兼爱”就是要让人们不分等级，不分彼此地相爱，对任何人都要平等相待。这种平等性并不是指财产上和政治上的平等，而是思想上和态度上的平等。“兼相爱”的本意就是要人们不分亲疏、贵贱、贫富，一视同仁地爱所有的人，让社会上的每一个人都能彼此相爱，不分等级。

（3）相互性原则

相互也就是互相，墨家认为不管是“爱”，还是“利”，都是相互的，而不是单方面的。当然，我们现在也提倡双赢，多赢，这与墨家的“兼相爱、交相利”十分契合。墨家的学说中有“爱人者，人必从而爱之；利人者，人必从而利之；恶人者，人必从而恶之；害人者，人必从而害之。”就是说人与人之间享有被爱的同时，也承担着爱人的义务，这其实也可以看作是权利和义务的统一。可以说这种“兼爱”的思想放在任何时候都不过时，都是可行的。如图 4-1 所示。

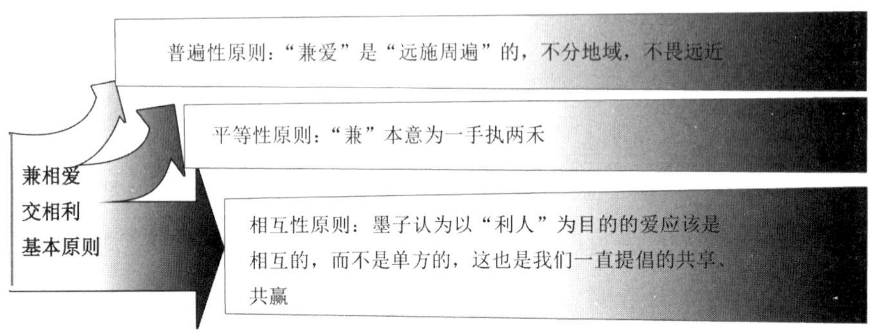

图 4-1　“兼相爱，交相利”的三项基本原则

当然，除此之外，墨子的“兼相爱，交相利”还有爱利相容的特性。墨家强调爱和利是统一的，爱和利互为条件，提倡所有的人相互爱护的同时相互给予实惠和利益。只有人人都能像对待自己一样对待他人，互不伤害，彼此互利，才能构建出和谐的人际关系。

2.“交相利则安”——共赢才是真正的赢

“兼相爱”与“交相利”在墨家思想中是一个整体。“兼爱”是墨子思想学说的核心部分，是其思想的基础所在，而“交相利”则是墨子核心思想的表现形式之一。一个人能否做到“兼相爱”，看他的“交相利”的境界就可知一二。

梁启超曾在《先秦政治思想史》中对墨子的“兼相爱、交相利”做出解释，他认为：“兼相爱即仁，交相利即义。义者宜也，宜于人也。曷为宜于人？以其合于人用也。墨家认为，凡善未有不可用者，故义即利；惟可用故谓之善，故利即义。其所谓利者，绝非个人私利之谓，实指社会或人类全体之利益而言。”当然，墨子所说的“利”不仅仅是经济范畴，更是道德范畴、政治范畴，包含着“义”的观念，也正是梁启超所解释的。

兼相爱、交相利是墨子济世的核心思想，兼相爱是爱人与爱己的统一，交相利是利人与利己的统一。而“爱”与“利”的关系则是对立的统一，是相辅相成、互为依存、互为条件的辩证关系。那些符合“兼相爱、交相利”的行为则是符合“义”的行为，反之则是不义。通俗来说，也就是一个人的行为如果利己也利他，那就是义；如果利己不利他，那就是不义。

交利的活动可以说在生活中时时处处存在，多数时候我们希望达到“双赢”“多赢”的局面，比如在商场购物，这就是一个“交利”的过程。商家想要赚取利润，我们想要买到物美价廉的商品，最终经过协商，我们购得了商品，商家获取了利润。双方通过交易实现了彼此的目的，达到了互利、双赢。

在墨子看来，“兼爱、交利”才是社会的最理想状态。墨子认为“爱”是相互的，“利”也是相互的，所谓“交”就是相互的意思，也是人与人之间关于“利”的最纯粹的一种关系。

生活和工作当中也是如此，互惠互利也是随处可见。作为管理者，一定要注重培养员工“兼相爱、交相利”的行为准则。员工只有明白了“交相利”的内涵，才能明白谋取自己的利益与他人获得利益并不冲突，而是可以统一起来的。这样可以让员工在利己的同时主动利他，并在利他的过程中再次实现利己，最终实现无人不利的局面。以现代社会来说，墨子提倡的“兼相爱、交相利”其实就是我们日常所说的“互惠互利”“共赢”，就企业来说，实现企业内部，企业与用户的共赢，才是最为成功的局面。

4.2 慢就是快，快就是死得更快——欲速则不达

曾经有一个朋友说过这样一件事，这个朋友是一名财务工作者。

一天临近下班的时候，他接到一个紧急任务——审核一份报表，凑巧这位朋友晚上有约会，就想把工作快速处理完，好按时下班。因此，接到任务之后，他就急匆匆地看了一遍报表，胡乱写了一些内容，打算应付过去，但是却没发现报表中的一个小错误，还好这个错误被他的上司及时发现，没有造成严重的后果。上司让他拿回去重新仔细审核一遍，这次他不敢再马虎，认认真真地审核了一遍，确认没有问题之后才上交。到最后离开的时候，已经是下班一个小时之后了。

本来想尽快干完活按时下班，却没想到反而晚了一个小时。想要快，反而更慢了。这就是我们常说的欲速则不达。

看一看现在的社会，铁路提速、宽带提速，近些年来，好像所有的一切都在向快节奏迈进，我们可以说生活在了一个高节奏、高强度的社会里，每天在高楼林立中疾步穿行，吃快餐、坐快线、开快车，一切的一切都在“提速”。就连孩子的教育，父母们一说起来就是不能输在起跑线上，也是在争分夺秒的快行。快节奏的生活被人们普遍提倡，仿佛越快就是效率越高、时间观念越强，人们越来越离不开快，越来越看不上慢，仿佛慢就是落后，会被社会淘汰一样。当然，铁路提速、宽带提速确实方便了我们的生活。

但是有些事情并不是越快越好，正所谓“过犹不及”，有时候快反而成了慢，慢反而成了快，生活中就有很多这样的例子。

这些道理在老祖宗那里就已经得到了印证并记录了下来了，《易经》中就有记载：

世间万物都是由阴阳构成，阴阳不是相对的，而是不可分割的统一。阴中有阳，阳中有阴。大拇指为阳，有 2 个指节，叫阳中有阴。其它手指为阴，有 3 个指节，叫阴中有阳。阴阳并非一成不变，而是可以互相转化的，正所谓否极泰来，也就是这个意思，当阴极而衰，就会向阳转化，当阳到了极限，也会向阴转化，这就是宇宙的存在之道。

说到“快就是慢，慢就是快”，其实就是阴与阳的互相转化。所以，在面对事情的时候，切不可急躁，要保持平常心，要懂得“慢”，要冷静对待，认真对待，这样在做事情的时候才不会因为急躁而出错，才不会因为想快反而慢了。

相反，如果一遇到事情就失去冷静，失去平常心，变得着急上火，想着快点、再快点。在旁人看来可能是很积极，很有时间观念，但是结果却未必会快，因为忙中就容易出错，最后反而会变慢。

对于企业而言更是如此，快有时候解决不了问题，急功近利，过于追求结果，往往会让人忽略潜在的危险，最后不但不会成功，很可能会遭受巨大的损失。因此，“快”未必是好事，很可能会成为致命的打击，成为压垮骆驼的最后一根稻草。如图 4-2 所示。

图 4-2　压垮骆驼的最后一根稻草

压垮骆驼的最后一根稻草究竟是什么？心理压力？身体不适？还是生活的艰难？其实都不适，最后一根稻草其实是一个人的经历超出了极限，让他无法再承受下去，所以在那么一刻完全的发泄了出来，导致整个人崩溃，整件事崩塌。

曾经看过这样一个小短文，说的是一个男人接连在一天之内经历了失恋、失业，被房东从出租屋赶出。最后这个男人在一个路边摊坐了下来，要了几瓶啤酒，几个烤串，在开啤酒的时候，这个男人把起子弄到了地上，在他弯腰捡起子的时候，这个男人彻底崩溃了，捂着脸嚎啕大哭，引得周围的人纷纷侧目。起子掉在地上原本是件非常小的事情，但是一天的经历让这个男人过于沮丧，内心再也无法承受这件“小事”，最终崩溃。

其实很多人都有过这样的经历，生活当中一次次遭遇挫折，一次次经历磨难，他们的内心承受力越来越薄弱，终于因为一件极小的事情让他们彻底崩溃，这件极小的事情就是那根稻草。

因此，我们在做事情的时候就要讲究循序渐进，讲究一个过程，一个从量变到质变的过程，切不可急功近利，一味地追求速度。在追求速度的时候，我们很可能会进入岔路，结果离目标只能越来越远，到最后只能是失望、失落。所以说，万事不可急于求成，应该脚踏实地，一步一个脚印地走下去。

孔子有个弟子叫子夏，为人聪慧，很有文采，在孔子的学生中非常出众，经常得到孔子的赞赏。有一年，才华出众的子夏被派到外地去做官，在离开之前，他专门拜访了孔子，向老师请教如何治理好一个地方。

孔子告诉子夏，治理好一个地方是一件非常复杂的事情，但是只要抓住了“根本”，治理起来也就很简单了。

孔子在向子夏交代一些应该注意的事情的时候说："欲速，无见小利。欲速，则不达；见小利，则大事不成。"相信很多人都知道这句话的意思，就是告诫我们做事不要单纯地追求速度，不要贪图小利。单纯地追求速度，反而到不了目的地；只顾眼前的小利，也就难成大事。

孔子对子夏的叮嘱在《论语》中也有记载："无欲速，无见小利。欲速则不达，见小利则大事不成。"这是对"快"与"慢"的最生动的阐述。

我这里还有另外一个欲速不达的故事：

一个小孩，很喜欢昆虫，有事没事就会盯着树上、地上的昆虫研究。最近，他很想知道蝴蝶是怎么破茧而出的。于是他就开始寻找蛹，这天，他在窗台上看到了一只蛹，碰巧这只蛹上有一条裂痕，这是蝴蝶要破茧而出。

于是，小男孩赶紧搬了一个凳子，坐在旁边一动不动地观察，一个小时过去了，两个小时过去了，裂痕越来越大，蝴蝶的头部也露了出来，在一点点的向外挣扎，几个小时过去了，蝴蝶的大半个身子也露了出来。但是几个小时的煎熬让小男孩很想帮一把这只蝴蝶，让它快点从蛹里边挣脱出来。于是小男孩起身回屋拿了一把剪刀，顺着蛹身上的裂痕剪开，蝴蝶终于从蛹里出来了。但是让小男孩想不到的是，由于蝴蝶的翅膀没有力气，根本飞不起来，只能在窗台上缓缓爬行，显得更加痛苦，没过多久，这只蝴蝶就死去了。

其实蝴蝶的变身有自己的过程，外力的帮助虽然让它快速脱蛹而出，但是却违背了它变身的规律，结果反而害了它。

CBIN 在河北燕郊做第一个分会时，从顶层设计到分会建立用了一年多时间，很多人不看好这样慢的发展，但这是个指数级的商业模式，模板的好坏决定复制的效果。所以，对于社群的构建，发起人一定要有精耕细作的工匠精神，因为，自然界一切快速生长的动物寿命都不够长久。

所以说，欲速则不达，急于求成反而更容易失败。不管是个人还是企业，做事情都应该有长远的眼光，注重积累。只有量变达到一定的程度，自然就会实现质变。当然，积累的过程可能是一个非常痛苦的过程，但是也是一个磨炼自我的过程，正所谓不经历风雨怎能见彩虹。

我在 2007 年创办了一家通信公司，当时通信行业正是火热的时候，公司的其他股东急于求成，大量承接项目，但是作为新成立的公司，还没有和发包方达成合作，没能进入采购方列表。最后，为了解决这一问题，我们与上海的一家通信公司合作，该公司作为承包提供商，承诺承包经营 3 年。也许是有了大公司的支持，让几个创业者变得有些兴奋，我们开始大量招募员工，疯狂承接项目，一味地追求快。

但是到了 2010 年，与上海公司合作结束的时候，因为缺乏应对危机的经验和机制，许多问题在这个时候暴露出来了，项目垮塌式失败，资金链锻裂，员工出走，最终让这一年的几千万的盈利化为乌有。

宋朝的朱熹曾对欲速不达做了详尽阐述，他说：“宁详毋略，宁近毋远，宁下毋高，宁拙毋巧。”其实欲速则不达的道理大家都懂，但是知道是一回事，能做到是另一回事，很多人还是无法抑制自己的欲望，一味的求快，最终却落得满盘皆输。因此，要想成功，就要克服急功近利的心态，着眼于当下。

智慧分享：颠覆性思维——让生意更简单

斯坦福大学是世界知名学府，斯坦福商学院也是美国顶尖的商学院之一。斯坦福商学院的使命是：钻研拓展工商管理理论，培养敢于创新、坚持原则、善于洞察的改造世界的领袖。斯坦福商学院的口号是：改造人生，改造组织，改造世界。而改造势必离不开创新，所以，斯坦福商学院格外强调创新思维。

斯坦福商学院曾经有这样一堂课：

知名教授 Tina Seelig 在一次创新思维课上给了班上 14 个小组各 5 美元，教授要求学生们在两个小时里用这 5 美元赚到尽可能多的钱，还要求他们在下周一将自己的成果分享给其他同学。

在教授布置完任务之后，下边就讨论开了，有的学生起哄道："去买彩票吧。"也有的说："赌一把也不错。"当然，这样做不是不可以，但是风险太高，一旦失败不仅无法完成任务，连启动资金也会赔进去。

也有的学生打算买清洁工具去洗车，或者买一些水果榨果汁卖。这些想法可行性更高一些，但还不算打破常规。要想创造更多的价值，学生们必须打破常规，进行颠覆性的创造。

当然，这些学生的智商毋庸置疑，但他们毕竟还是学生，没有多少社会经验，因此这项任务对他们而言并不是很容易，而且 5 美元的启动资金也显得有些可怜。不过，学生们要想完成任务，就不得不跳出 5 美元的框架，进行颠覆性的操作。

那么，如何才能跳出思维的笼子，如图 4-3 所示。

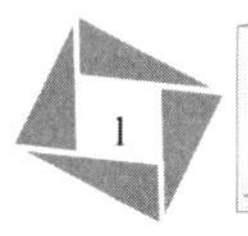

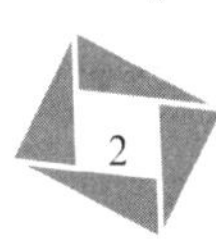

图 4-3　如何才能跳出思维的笼子

1. 五美元并不是你的唯一

最后，学生们不同程度地完成了任务，不过让人意外的是，完成任务最优秀的几组并没有动用那 5 美元。其实不难理解，如果把目光局限在这 5 美元上，那么他们创新的可能性也就被局限了。这些学生明白，5 美元其实是一框架，自己只有跳出这 5 美元的框架，才能创造出更大的可能性。

所以，这些学生放弃了动用 5 美元，反而去想着如何白手起家。他们认真观察了周围的环境，进行了详细的思考，找出了人们的需求，并对这些需求进行满足。就这样，他们一分钱没花就“创业”了，而且前几名的小组在 2 个小时里赚到了超过 600 美金。重要的是，他们没有动用启动资金，所以，我们可以认定，他们的投资回报其实是无限大的。

现在，我们来看看他们是如何解决问题，如何创造奇迹的。

取得好成绩的几个小组都很注重观察周围的环境，其中一个小组在学校发现了商机，他们发现，学校周边的一些热门餐厅经常人满为患，学生为了就餐不得不排队等待。于是，这个小组的学生就提前向餐厅预订座位，然后出售给想就餐而又不愿意排队的学生，每个座位

20 美元。

而且，在售卖座位的时候，这些学生发现了一件有趣的事情——女生卖的票要比男生多。于是他们做出调整，由男生前去预订座位，然后女生去售卖座位。

当然，这个小组并不是最优秀的小组，有的小组赚到了比他们更多的钱。

2. 最直接的方法就是最庸俗的方法

这个小组的学生把目光放在学校这块招牌上，放在了同学身上。作为世界知名学府，很多人可以说打破脑袋都想挤进去，许多公司也是费尽心思想要从斯坦福招揽人才。有了这个概念，他们就把周一课上的用于分享的三分钟出售给了一家公司，让他们在这三分钟里打招聘广告。就这样，短短的三分钟时间，他们挣到了 650 美金。

从这组学生的操作不难看出，他们跳出了 5 美元和两个小时的框架，进行了颠覆性的创新，用最短的时间创造了最多的价值。当然，能够做到这一点，是因为他们意识到了自己身边有最重要的人才资源——班上的优秀同学。

这组同学之所以能够赚到最多的钱，是因为他们明白，这 5 美元并不是重要的资源，两个小时的时间也没有把他们框柱，他们发现了更重要的资源，那就是他们全体同学，还有斯坦福大学这个招牌。

表现最佳的这组学生，他们为我们揭示了一个道理，也是进行创新思维必不可少的一个环节。那就是，当你遇到问题的时候，先找出最直观的解决方法，然后排除它，接着，再思考其他的解决方法。

这句话看起来好像没有什么道理，但实际并非如此。我们举个例子说明一下。

比如要开一家糕点店。大家都知道，开糕点店就是为了卖糕点，这是最直观的答案。

当然，这个最直观的答案，也是最普通的答案。所以我们现在排除这个答案，进行新的定位，我们应该考虑到我们要开的是一家不以糕点为主要吸引力的糕点店。

既然不以糕点来吸引人，那我们应该怎么做呢？

这样我们就可以添加一些新的元素，比如做成一个主题类型的糕点店，每个月甚至是每一周推出一个主题，也可以在糕点店里做一些儿童娱乐设施，或者加入魔术、艺术等元素……

这只是简单的例子，并不一定具有可操作性，但是我们确实可以发挥无限的想象力进行创造。

不被固有思维禁锢的人才能做出异于常人的尝试，也更能看到常人眼中的盲点，发现更加丰富的自愿，并把它尽可能地放大。

颠覆性的思维就是这样，我们就应该尝试不同的方法，这样才能找到最简单的解决问题的方法。做生意也是如此，打破常规，跳出思维的框架，你就会发现外面有着无限的可能。

4.3 最好的服务是为客户引荐业务

客户之所以会成为客户，有其特定的原因，并不是所有人都能成为客户，这是我们要最先了解到的，所以，做好服务也应该有针对性。那么如何才能做出最好的服务，吸引到客户呢？下面我们就来了解一下。

1. 你知道客户的战略需求吗？

要想让对方成为客户，首先要有和其他商家不一样的内容，否则客户为什么要选择你？你也许会强调，自己的价格要比其他商家更有优势。当然，这也是一方面，但并不一定是客户最关注的地方，也不是客户最深刻的需求。所以，我们要找准客户真正的战略需求，这样他才会选择你。可是要如何才能知道他真正的战略呢？答案如图 4-4 所示。

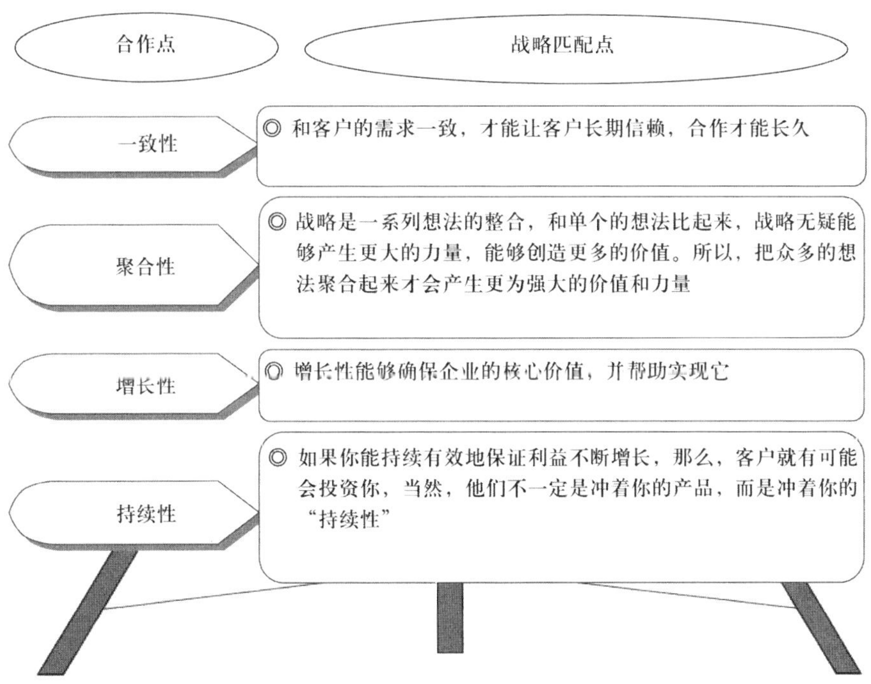

图 4-4　合作和战略匹配的四个特性

2. 目光决定了你的回报

很多人都接触过销售人员或者业务拓展人员，在和他们接触的过程中不难发现，这些销售人员和业务拓展人员都很急于达成合作，即便是短期的合作。当然这并不是说这些业务人员的做法是错误的，他们之所以会这样做，是因为他们的收入和业绩挂钩。还有公司内部的竞争机制、管理方式等使得一线的业务人员不得不以这种思维进行销售，这就使得他们更加注重“眼前”的回报。

当然，并不是所有的销售人员都是如此，也有一些销售人员具有长远的目光，他们会制定更详尽的战略，以符合客户和潜在客户的战略需求。他们会这样做是因为他们站在了公司的角度考虑问题。他们会想，如果这家公司是我的，我会怎么做？会思考在行业里最应该担心的是什么？现阶段最大的竞争威胁有哪些？如何才能保持住自己的优势，并不断增长？

因为这样的视角，他们看问题就会更加长远，更有深度。他们会从客户的角度出发，寻找客户的潜在需求，为客户量体裁衣，成全客户，同时也为自己带来丰厚而稳定的回报。

4.4 做企业就是修身立功德

做好一个企业并不是一件容易的事情，尤其是在当下竞争如此激烈的市场环境中，每一个失误都有可能让企业陷入万劫不复。一位知名互联网人士曾说过，互联网企业的盛衰只在一秒之间，其他企业又何尝不是如此。那么，如何才能在企业面临生死存亡的关键时刻做出最正确的决策呢？

作为企业的决策者首先要明白，企业的发展不是自己一个人能够完成的，离不开团队的努力和付出。因此，在企业发展的过程中也应该加强团队建设，以便能够更好的为企业服务。

我们都知道，当企业面临困境的时候，也就是矛盾集中爆发的时候，这时候，企业的任何一个决策都会面临众多阻挠，也会担负起企业生死存亡的重任。企业在发展过程中遭遇困境在所难免，有的企业面临困难选择了放弃，当然也就失败了。因此，作为企业的决策人要有坚定的内心，更要时刻保持头脑清醒，特别是在困难的时候，要冷静地分析当前形势，果断作出决策。

企业在初创的时候，人比较少，这个时候企业的重点在“管事”上。当企业壮大了，人员也会增多，企业就会从“管事”过渡到“管人”上。人多了，矛盾也就增多了，当问题出现了，大家就会下意识地推脱责任，摘清自己。所以，作为企业的决策者，要不断提高自己的威信、能力，让同事以及其他管理者对自己有信心，对企业的未来发展前景有信心，这样大家才能拧成一股绳，共进退。

提高自己，其实是一个内外兼修的过程，就是让自己的心态、学识、修养都能有不同程度的提升，这样遇到事情时，就不会被情绪左右。

《礼记·大学》八目——格物、致知、诚意、正心、修身、齐家、治国、平天下，此八目从一个人内在的德智修养，到外在的事业完成，构成一贯不断发展的过程。也就是物格而后知致，知致而后意诚，意诚而后心正，心正而后身修；身修而后家齐，家齐而后国治，国治而后天下平。其实就是让我们努力断恶修善，不断修炼内心，提高自我修养，从而最终实现天下太平，放在企业里，就是要实现企业的平稳、长久、健康的发展。

国学留下的经典历经千年而不朽，自然有它存在的道理。这些经典文化服务于社会各行各业，企业也不例外，作为企业的领导者，只有不断“修身”，努力提高自我，才能取信于员工，立足于社会，实现长足发展。因此，“修身”也是企业决策者的必修功课之一。

1. 金无足赤，人无完人

“修身”首先要有自信心，这就需要企业的决策者有坚定的信心，对自己有一个清醒的认识，要清楚自己的优点和长处，也要知道自己的缺点和不足，以便明白自己并非一无是处，他人也不一定各方面都比自己优秀，以此来增长自己的自信心。另外不要对做事业有畏惧感，很多企业的决策者把做事业看的太神秘，认为自己的能力不足以担此重任，结果在遇到事情的时候就慌了手脚，被负面情绪左右。

2. 你也有优点

当然，人无完人，没有谁是完美无缺的，任何人都有缺陷和不足，也都有自己的优点和长处。遇事多想想自己的优点，这样才能有自信心，即便在这件事情上不擅长，也不一定对其他的事情不擅长。做事业，要有自信，要有坚定的信念，这是企业成功的基础。

延伸思考：不忘初心，方得始终；初心易得，始终难守

以前听过这样一个故事，是一位老教授对学生们的测试。

这位老教授问学生们："你们上山砍树，在你们面前有两棵树，一棵比较粗，一棵比较细，你们会砍哪一棵？""当然砍粗的那一棵了。"学生们异口同声地说道。老教授微微一笑，接着问道："那棵粗的是一棵普通的杨树，而那棵细的则是一棵红松，你们现在会砍哪一棵？"学生们互相看了看，心里想着红松要比杨树贵得多，就说："那就砍红松，毕竟比杨树更值钱。"

老教授还是面带笑容，接着问道："如果那棵红松长得歪歪扭扭，而杨树则笔直呢？"这时候，学生们面面相觑，搞不清楚教授到底要做什么，但还是回答道："如果是这样的话，还是砍杨树，歪歪扭扭的红松也没有太大用处，也做不了什么东西。"老教授的眼神里透着一丝兴奋，学生们觉得老师还有其他的问题，果然，老教授再次问

道："杨树虽然笔直，但是年头太长，中间已经完全空了，现在你们还会砍杨树吗？"

虽然不明白老教授的目的是什么，但是学生们还是按照老教授给出的条件作出了选择："还是砍红松的好，中空的杨树更没有利用价值。"老教授好像还是没有结束问答的意思，继续问："红松虽然没有中空，但是弯曲的特别厉害，砍起来太费事，现在你们打算砍哪一棵？"学生们也不再多想，直接说："那就砍杨树，既然都没有什么用处，那就砍比较容易的那一棵。"学生们话音刚落，老教授再次给出条件："如果杨树上有一个鸟巢，鸟巢里有几只刚孵化出来的幼鸟呢，你们还会砍杨树吗？"

这时，终于有一个学生忍不住了，问道："教授，您到底是想告诉我们什么呢？是在测试什么呢？"老教授收起了笑容："我问了这么多，可是你们怎么就没有问问自己，到底为什么要砍树呢？虽然我改变了很多条件，但是你们上山之前砍树的动机呢？你们这个最初的动机是什么呢？这才是你们要砍哪棵树的原因所在，如果你们要砍柴，杨树就可以，如果要做工艺品，那就砍红松。"

现在，学生们才了解到，老教授是要告诉大家，在人生的道路上走的太久了，很多人就会忘记自己当初是为了什么出发。其实人这一辈子，不管做什么事情，都有一个最初的开始，也都有一个展望的目标，只是有的人在前进的过程中忘了这个目标。要知道，有目标的人生才叫航程，没有目标的人生那叫流浪，只有不忘初心，方得始终。

"不忘初心，方得始终"是近些年的流行语之一，有人说这句话是对《华严经》中"初心"的解读，意思是说只有不忘记在人生的起点所许下的梦想，一生渴望抵达的目标，才会找对人生的方向，才会坚定我们的追求，抵达自己的初衷。

不忘初心，方得始终，说起来简单，但是随着时间的推移，生活的磨砺，在坚硬而又锋利的现实面前，想要维护那脆弱的梦想，又谈何容易。因此，后来又有人在后边加了两句话，叫“初心易得，始终难守”。其实这句话也是在告诉我们，要想成就自己的梦想，离不开坚定不移的信念，离不开一往无前的坚持。

2005 年的时候，乔布斯曾到斯坦福大学演讲，面对台下的学子在回忆过往的时候，乔布斯说道：“我总是把一切弄得一团糟，甚至一度想要逃离硅谷。但是，渐渐地，我开始有了一个想法，我热爱我过去所做的一切，于是，我决定重新开始。”

事情在开始的时候，总是会有许许多多的、美好的遐想。一个人在没有遇到挫折，没有经历打击，没有被生活侵蚀，没有被岁月摧残，没有被人生戏弄之前，可以说都是志得意满，斗志昂扬，不是想着大展宏图，就是想着鹏程万里。总之，就是踌躇满志，仿佛一片光明就在眼前。

但是一旦开始征程，就会因为这样那样的原因，有的人中途退却，也有的人开始频繁更改目标，还有的人甚至走向了完全相反的方向……造成这一切的根本原因，就是内心不够坚定，忘却了初心。不管是困难也好，诱惑也罢，这些中途把初心遗落的人最终成了凡庸者，这样的事情可以说每天都在上演。

看一看人生的路上，有太多的人在现实的磨砺下丢掉了初心，忘掉了最初的梦想，过得浑浑噩噩，得过且过。而那些初心不忘的人，不管遇到什么样的挫折、困境，都能顽强的坚持，因为他们清楚自己的人生道路该怎样走，该走向何方。因此，要想完成自己的梦想，就要不忘初心，如此，才能岁月安然，人生坦然。

也正因如此，CBIN 一直奉行“成人达己，成己为人”的理念，“先付出，后回报”的宗旨，不忘初心，不辱使命，“让生意更简单”，营造一个“我为人人，人人为我”的互惠共赢的社会。

我们都在成长，这是毋庸置疑的事情，不过那些不忘初心，一心坚持的人，最终百炼成钢；而那些将初心抛弃的人，虽然也在成长，但是成就非常有限。所以说，不忘初心即是坚持，不是普通的坚持，而是虽九死而犹未悔的执着。

延伸阅读：成人达己，止于至善

乐于助人一直是中华民族的传统美德，要知道，每个人都有遇到困难的时候，在遇到苦难的时候，我们都会渴望有人来帮助我们，同样的，在其他人遇到困难的时候，我们也应该伸出援手，正所谓急人所难，解人所忧。当然，在帮助别人的同时，我们的内心也会升华，这其实也是一个成就自我的过程。这就是人们所说的“成人达己”，而止于至善的意思则是：这才是处于最完美的境界。

其实，人只有在不断地帮助和成全他人的过程中，才能不断完善和发展自我，才能最终实现自己的目标，这样才是最完美、和谐的境界。这不正是完美 CBIN 所提倡的核心理念吗？

为什么我们 CBIN 要用墨家哲学来作为公司的核心理念，是因为墨子的兼爱非攻是最早的共生共赢、避免恶性竞争的一套理论。所以，在 CBIN 的分会里面，我们每一个会员都必须遵循这套思想，我们每个会员都不用去四处寻找业务资源，而是都主动共享出自己的业务资源，主动为他人介绍生意，最终别人也会为我们的会员介绍生意，这就是我们的：成人达己，止于至善。

《礼记·大学》有云：“大学之道，在明明德，在亲民，在止於至善。”郑玄注：“止，犹自处也。”孔颖达疏：“在止於至善者，言大学之道，在止处於至善之行。”陈澔集说：“止者，必至於是而不迁之意。至善，则事理当然之极也。”鲁迅在《而已集·黄花节的杂感》：“革命无止境，倘使世上真有什么止于至善，这人世间便同时变了凝固的东西了。”

由此可见，“止于至善”上升到人性的层面来说就是大真、大爱、大诚、大智的体现。是自我到无我境界的一种升华和提炼。

应当结合《大学》三纲来理解什么才是真正的“止于至善”。

首先，什么是“三纲”？

《大学》里面的“三纲”指的是：大学之道，在明明德，在亲民，在止于至善。

明明德、亲民是达到止于至善境界的方法，也是两个不同的阶段。“明明德”，指的是个人达到道德的觉悟，前一个“明”是动词，明了、达到的意思，“明德”是指人所应具有的至善的道德本性，“明德”之“明”，代表了纯净的、圆满的，是对善的终极描述。

而个人达到道德至高境界的觉悟之后，不能只纯净自我，还要推己及人，帮助和教育他人，使其他人也成为有道德的人，这就叫“亲民”，也就是成就他人，当然更是在成就自己。

第2篇　正道篇

构建无边界共生社群的理论

第5章

口碑营销：互联网线上极速传播

如今互联网的飞速发展，已经进入了一个全新的时代，时代的转变也引领着企业的营销活动发生了巨大的变革。有调查显示，如今大部分的消费者已经不相信商家通过各种各样渠道和方式推送的广告类的产品信息，而更加相信通过自己主动搜寻信息、比价、筛选出来的产品信息。因此，出现了“CEC”的新概念。“CEC”即首席执行客户，它的消费决策更多地依据信息和对数据进行分析；更多地要求个性化的产品、体验和服务；而且“CEC”的行为在市场上拥有更大的影响力，甚至拥有决定企业生产营销活动的主导力。

由此可见，消费者在当今营销活动中占据十分重要的地位。如今的营销活动源于消费者主动寻求他们认可的产品和品牌，并通过社交媒体、论坛、网站等来表达自己的需求和认可。这就需要营销人员具有一定的“同理心”特质，善于挖掘客户思维模式，洞察消费者市场，使公司的产品能最大限度地满足客户的需求，形成口碑效应，从而为好的产品带来更多的客户与利润。

5.1 营销而不是推销

在市场营销的理念中，营销人员想要实现营销目标，成功的最关键之处在于准确地识别目标市场的需求和痛点，并能够比其他的竞争者更好地满足这一要求。简而言之，营销的直接目标就是要使客户的钱变得有价值，用优良的品质吸引客户，提升客户的满意度，并为公司创造最大的利益。而推销则是一种由内向外、以自我为中心的模式，是销售人员为了获得短期利益，通过各种手段将产品售卖给客户的一种方式。推销的着眼点在于产品，而营销的着眼点在于使客户满意。

在市场营销活动中，赚钱靠推销，赚大钱则要靠营销。推销是企业主动寻找客户，它只是一种手段。推销过程与客户短兵相见，打开客户的脑袋等同打开客户的口袋。所以要想使推销工作获得成功，需要非常好的口才，否则推销员只会沦为下单服务员。而营销则是客户找你，是一种真正的战略。

可以说，市场营销从业者完全有别于推销人员。专业的市场营销从业者是在市场营销管理活动中从事市场调查、预测、战略分析、制定计划和策划方案、市场开发、并进行市场信息与价格管理、推销及公关等业务活动的管理及执行人员。他们需要更好地把握趋势，寻求机会，不断修正企业的营销策略，以应对企业在经营发展中遇到的挑战与威胁。

现代营销学之父菲利普·科特勒将营销管理职能分为四步：分析、计划、实施和控制。可以说，营销是一个过程，推销仅仅是营销过程中进行的一个步骤，甚至可以说在整个营销过程中推销并不是最重要的部分。成功的销售或推销在很多情况下能够捕捉客户的需求，以快速的成交手法来提供服务，并获取利益。所以当面临巨大的销售压力时，很多销售人员会只顾短期利益，竭尽全力地去进行推销，实际上这并非明智之举，只有做好营销管理的每一个环节，才能实现获得可持续的、良好的销售成果，维持长期的利益。正如菲利普·科特勒所提出的，营销是一个完整的管理活动，营销管理的四个步骤如图5-1所示。

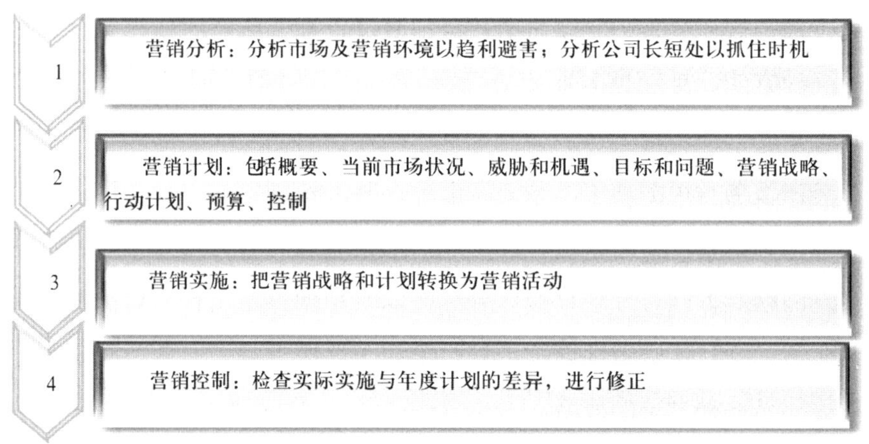

图5-1　营销管理的4个步骤

其实，一个成功的营销案例需要通过以下几个步骤才能达成：对市场进行周密的调查研究，科学地进行市场细分，有针对性地选择目标市场，找准客户需求。根据需求进行产品设计，进而确定市场价格及营销方案。构筑分营销网络并根据客户需求不断地调整、优化方案及分营销网络。显而易见，在整个营销过程中，推销或者销售这一活动并不像我们一直认为的那样重要。

营销和推销都是为了销售更多的商品，二者的目的是相同的。如果说营销是一座高楼，那么推销就是楼的最顶端。“万丈高楼平地起”，如果营销的地基打不好，下面的楼层不稳固，那么就没有办法保证顶端的稳固和高度，便无法实现推销的目标。因此，企业必须认认真真、按部就班地做好每一个营销环节，这样才有可能实现最终的目标。否则，推销的目标只会成为虚幻的海市蜃楼，没有办法变成现实。

真正的营销人员需全面把握公司的宏微观环境。宏观环境包括人口环境、经济环境、自然环境、技术环境、政治环境、文化环境等，微观环境包括公司的其他部门、供应商、中间商、用户、公众等。营销人员需要在此基础上为公司的营销活动作出决策。显而易见，营销人员与推销员的定义是大不相同的。

在市场经营活动中，营销人员需要有丰富的市场营销专业知识，能够敏锐地捕捉和识别商业机会，洞察客户需求。还要具有很好的沟通协调能力，才能在市场营销战役中实现快、稳、准地精准营销，以帮助企业更好地实现销售目标。

而推销员需要做到以下几点：微笑真诚迷人；赞美客户；注重礼仪；注重形象；倾听客户说话。推销员也有段位之分，三个段位的推销员分别为：初级段位讲产品特点；中级段位讲产品优点；高级段位讲产品利益点。推销员如何向客户推销产品利益？其应将推销的要点放在介绍客户关心的问题上，用简短的话语精准表达出客户的关注点，找准客户需求，比如，是否舒适、是否便捷、是否美观、是否实用、是否经济等等。

在推销过程中还要注意倾听客户的疑虑和诉求，并进行针对性的解答，往往那些只顾夸耀产品卖点，不考虑客户实际需求的推销员容易以失败告终，记住适当的倾听比夸夸其谈更重要。美国奥克拉荷大学企业管理博士、台湾中兴大学商学院院长郭昆漠提出了一种经典的利益推销法，即“FABE 推销法”。FABE 推销法具体内容如图 5-2 所示。

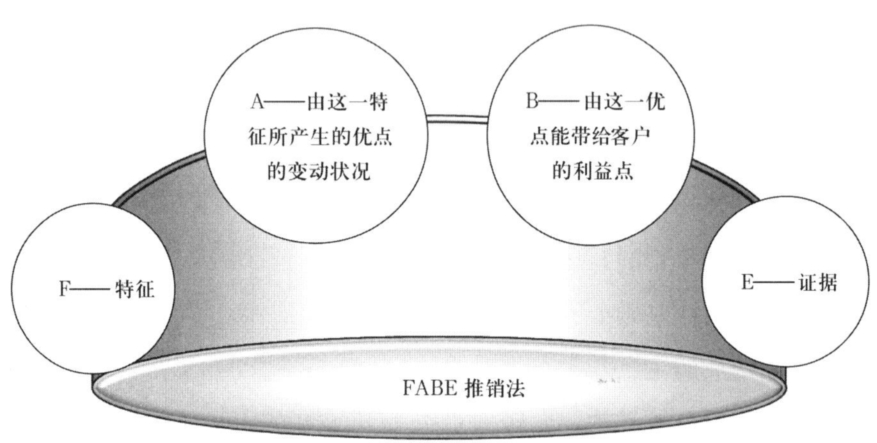

图 5-2 FABE 推销法

推销员向客户推销产品的过程需要掌握三大关键点：第一个关键点是如何介绍产品；第二个关键点是如何有效化解客户异议；第三个关键点是诱导客户成交。如图 5-3 所示。

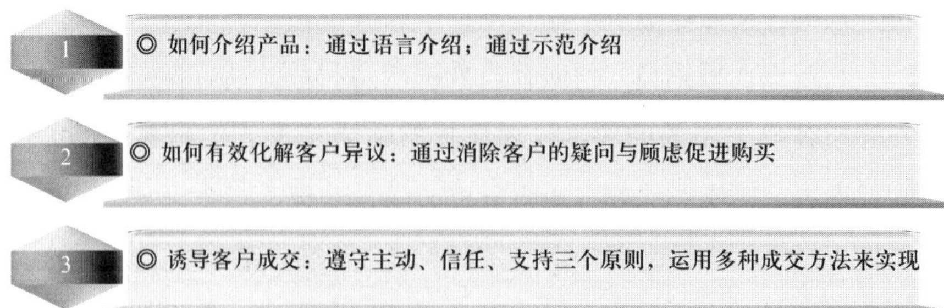

图 5-3 推销产品的三大关键点

1. 产品介绍方法

推销员可以通过语言介绍产品。如讲故事、引用例证、用数字说明、比喻、富兰克林说服法、形象描绘产品利益、ABCD 介绍法等。其中美国著名政治家富兰克林提出的富兰克林说服法是一种从理智上说服客户的方法。这种方法要求推销员把客户能够从产品中获得的益处和不购买产品的不利之处分别说明，用列举事实的方法打动客户，增强其购买的意愿。

另外，还可以通过示范的方法。所谓示范，就是将产品的性能、特色通过某种方式展示出来，使客户对产品有一个直观了解和切身感受。用来示范的销售工具可以是介绍产品的资料、道具，例如客户来信、产品宣传资料册、说明书、数据统计报表、市场调查报告、行业内专家的背书、权威机构评价、经营许可证、获奖证书、鉴定书、报纸剪贴、POP 等。其中 POP 就是指一种店头促销工具，以摆设在店头的展示物为主，如吊牌、海报、小贴纸、展示架、大招牌、实物模型、旗帜等等。目前，户外招牌、展板、橱窗海报、店内台牌等促销方式已被商家广泛应用。

2. 消除客户异议

推销活动中要牢记一条准则，即“客户是上帝，客户永远是对的”。在向客户推销产品的过程中，可以通过消除客户的疑问与顾虑，促进其下定决心购买。其实，我们可以通过事前认真准备、同意和补偿处理法、利用处理法、询问处理法等来消除客户疑虑。

“以子之矛，攻子之盾”，把客户原本的异议变成说服客户购买的理由。消除客户异议过程中用到的利用处理法，实际上就是指推销人员要学会随机应变，利用客户的异议，将其进行转化，从而间接否定客户异议的一种方法。

3. 诱导客户成交

推销员想要促成更多的交易，就要遵守推销活动的三个原则，即主动、信任、支持。除此之外还要识别客户的购买信号，例如语言信号、行为信号、表情信号等。成交方法可分为假设成交法、选择成交法、推荐法、动作诉求法等。

成功的营销不是一件容易的事情，我的一位熟知的朋友讲述了他的心路历程。

在30年前，保险行业并不如现在这般被大家了解与认可。推销员在做陌生客户拜访时，经常会碰到客户门外张贴着这样的标语“保险推销与狗不得进内”。在这样艰苦的环境中，企业能否成功捱过去并发展壮大全凭营业员的斗志。当时的保险行业并没有所谓的销售系统，推销员每天面对客户残酷的拒绝，能顽强坚持下来已经算是奇迹。

那时候他每天都不停地在问自己，这么好的产品为什么总是被客户拒绝？朋友认为这样的保险产品很好，所以他本能地把保险产品介绍给自己的亲朋好友，然而被熟知的人拒绝使他心灵受到巨大的伤害。熟知我这位朋友的人，心中一定暗自揣测，他刚入行不久，怎么可能就成了理财专家。这样看来，被拒绝也是料想之中的事。

那位朋友总结了当时的境况，保险产品面对的是陌生市场，消费者抗拒力度大，寻求突破成为当时最大的难题。后来他终于寻找到了解决问题的办法：即把焦点放在转介绍市场。首先把现有客户的服务做好，产生口碑后提出转介绍。据此产生了显而易见的效果。

两年时间内，我的这位朋友的客户从最初的几十个，上升到接近二百人。随着收入的改善，他开始关注于扩大经营业务，决定开拓销售团队，不到一年的时间团队已有20人，第二年增加到40人，这一切看似非常顺利，但背后却潜藏着危机。

事情不是我们想象的那么简单，新进场的推销员“阵亡率”非常之高，结果产生骨牌效应兵败如山倒，很快整个团队只剩下五个人。这样的失败如一盆冷水当头而下，使其意识到，“赚钱靠个人推销，赚大钱靠团队”这句话不够全面，要想成功经营团队把业务扩大，必须学会营销，从而提升企业销售额和品牌影响力。

成功的营销方案是推销业绩的N次方。没有好的营销系统就去开展团队，必定以失败收场。一个好的营销系统应包括六个方面：企业利润最大化；创造品牌；创造需求；锁定目标客户群；培训系统；售后服务系统。

首先，所有企业的最终目标都是实现利润最人化。

其次，创造品牌需要找到消费者所欲望的、企业可满足的、同时未被满足的买点来定位企业品牌，并且通过名称、标识、宣言来宣传企业的品牌。

第三，美国心理学家马斯洛将人的需求从高到低依次归纳为五个层次，如表5-1所示。当低层次的需求得到满足后，人们就会产生更高层次的需求。创造需求就是要求企业通过营销手段激发人们的潜在需求。

表5-1　马斯洛需求层次理论

需求层次	需求内容
自我实现的需求	实现个人理想、抱负，发挥个人的能力到最大程度
尊重需求	自尊和受到别人尊重的心理需求
社交需求	友谊、情感、归属、亲切感的需求

续表

需求层次	需求内容
安全需要	保险保障需求
生理需求	吃，穿，住，行需要

第四，通过锁定目标客户群，即“忠诚客”和“常客”，营销必定事半功倍。

第五，一个好的培训系统可以帮助企业快速寻找客户，提升业绩。

最后，良好的售后服务系统是企业信誉的重要因素，也是维持和扩大客户群的重要环节。

营商国际网络（CBIN）所做的就是营销活动而不是推销。CBIN是一个业务转介绍平台，它的定位是打造一流的国际商界精英人脉与业务引荐平台。CBIN 连接了国内营销策划界、文艺界、金融界及高层政界的一线资源，在各地召开业务引荐精英会、CBIN 区域大组会，使每位参与者充分得到自我展现。CBIN 通过各个分会的精细化运营，通过“口碑”传播方式，使会员对接到长期的、高素质的商务专业领域人际关系，从而增加生意机会。

管理学大师德鲁克先生曾经说过一句话：“市场营销的目标是使推销成为多余”。可以这样理解，虽然推销是市场营销的一部分，但如果能够科学地、系统性地做好营销工作，那么推销就会变成可有可无的工作，不需要去大力的推销，而通过营销就可以有自然而来的成交量。营销过程的第一步是营销调研，通过市场营销调研搞清楚该做什么。市场营销其实是以当下的市场环境为依据，对未来市场环境进行的一种推测，并在此基础上设定营销目标，制定营销方案。

由于营销方案的实施是在未来环境下进行的，而即使再科学的预测也不可能做到百分之百的准确，因此，处于市场营销活动终端的推销工作压力不可能为零。当然，前面的市场营销活动效果做得越好，推销工作的压力就越小。因此我们要考虑市场营销活动的整体性和协调性，要在战略上藐视推销工作，在战术上重视推销工作。即从战略的角度看，推销工作不是最重要的部分，必须全局性地考虑营销全过程，避免走入只重视推销工作而形成的困境。

5.2 关系营销 V+C=P

毋庸置疑，人际关系网是至关重要的。但我要告诉大家的是：不要再持续不断地发展新的关系网了。先停在原地思考一段时间，重新梳理一下你现有的关系网，对关系网做一下整合、统计，考虑一下如何利用好它们，而不是仅仅在继续我们所谓的 VCP 过程（V 代表 Visibility 可见的，C 代表 Credibility 可信的，P 代表 Profitability 盈利的）中的“V”这一个基础的步骤。而是应该在“C”和“P”的过程中投入更多的时间。信任来源于更加亲密、深厚的人际关系。盈利是人际关系交往的最终目标，它不是一蹴而就的，只能通过不断培养、维系、加深双方的关系，以达成互利共赢的局面。

我们可以通过联想的例子了解一下什么是关系营销。

著名的联想集团公司成立于 1984 年，初始启动资金仅仅为 20 万元人民币，发展到 2018 年，其营业额已高达三千多亿人民币。联想的成就举世瞩目，它成功的背后有着一批忠诚的客户与合作者构成的坚实的关系网，这张关系网不仅给联想带来丰厚的利润，更是联想构建国际集团企业大厦的基石。

探寻联想成功的原因，就要知道联想的关系网是如何构建的，其中很重要的原因是由于其成功地推行了关系营销的策略。

首先，联想在市场营销活动中引进了关系营销的理念，摒弃了原来的思维，从简单营销因素组合思维法转变为以营销为导向的思维方法，从而更深入地分析当前的市场竞争环境，明确企业的优势和劣势，机遇和挑战，在此基础上采取适宜的应对策略，并与目标市场的客户和其他的合作者建立、维持良好的关系。联想的关系营销策略如图 5-4 所示。

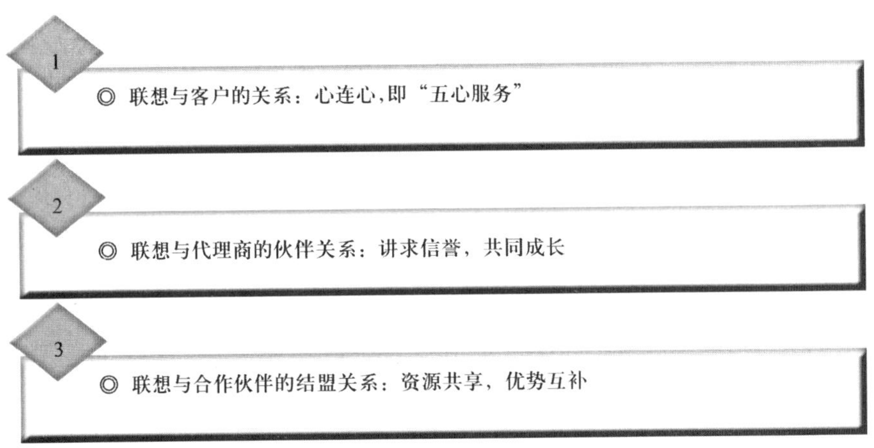

图 5-4 联想的关系营销策略

在用户关系管理方面，联想推行五心服务的承诺，即：“买得放心，用得开心，咨询后舒心，服务到家省心，联想与用户心连心”。这一口号大大拉近了用户与联想的距离，提高了用户满意度。

联想通过建立健全服务网络，使用户各个阶段的需求得到了满足。在与代理商的关系方面，联想讲求信誉，向代理商提供质量优良、技术先进的产品，并向代理商提供完善的售后保障服务。

在与合作伙伴的关系方面，联想与合作伙伴结盟。如今，联想在产品研发上采用“内联外合”的策略，“内联”即加强与国内厂商的联合，以达到资源共享，优势互补。例如，与行业领先的财务管理软件厂商用友集团达成战略合作，以应用为本，软硬件一体，合作开发与销售。“外合”是指联想将在国际上进一步加深与世界知名企业在技术、产品以及销售方面的合作。

那么关系营销究竟是指什么呢？关系营销在理论上是指买卖双方之间创造更亲密的工作关系和相互依赖的艺术。CBIN认为，关系营销的目的是在以市场环境为导向的基础上，通过与客户以及其他的合作者之间建立、保持和发展长期互惠关系，互利共赢，从而赢得忠诚的客户和合作伙伴，取得稳定的竞争优势。这句话包括了三层含义：首先，建立关系指的是企业向客户作出各种许诺；其次，保持关系的前提是企业一定要履行诺言；最后，发展关系指的是企业在履行诺言之后，继续向客户作出一系列新的许诺。

美国学者理查德·古德曼曾提到过，关系营销“不是创造购买”，而是“建立各种关系”。关系营销的关键是使客户满意。它的实质就是在买卖关系的基础上建立非交易关系，以保证交易关系能持续不断地发生。

关系营销的准则如表5-2所示。

表5-2　关系营销的准则

关系营销的准则	
准则	解释
共存共荣	双方获利
互相尊重	和谐一致，富有人情味

续表

关系营销的准则	
诚恳守信	坦诚相待
目标明确	合作关系建立前有明确目标
长期合作	不基于短期优势，基于长期机会
了解对方	深入了解对方的文化背景
最佳合作	为双方的最佳合作状态而努力
经常沟通	及时解决问题，消除误会
共同决策	不强加于人，双方自愿
长期延续	关系长期延续

在现代市场营销活动中，关系营销占有十分重要的位置，关系营销的三部曲是发现市场需求，满足市场需求，保证客户满意进而培育忠诚客户。如图 5-5 所示。

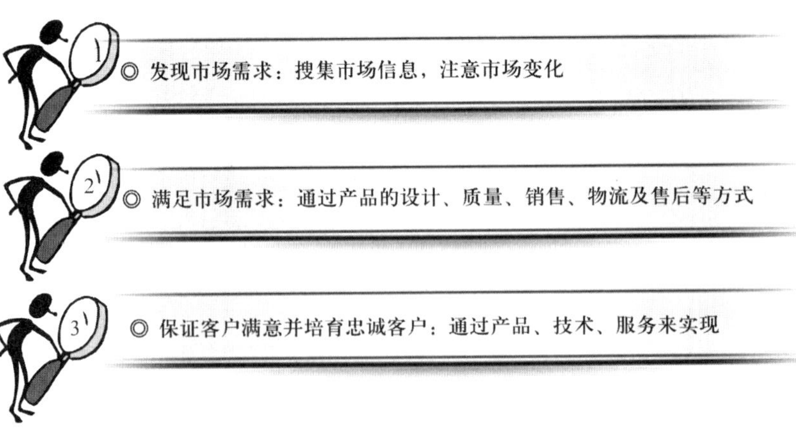

图 5-5　关系营销三部曲

如何发现市场需求？营销人员可以通过与客户交流，倾听他们内心的声音，与公司技术人员交流，通过研究公司的市场调研报告，参加行业的交流峰会，收集媒体相关信息等来发现市场需求。而下一步，通过产品的设计、质量、销售、物流及售后等一系列方式来满足市场需求。最后只有当客户满意度非常高时，忠诚度才会急剧升高，通过企业的产品、技术服务等来保证客户满意并培育忠诚客户。

市场营销的思想起源于20世纪初的美国。在研究了美国经济40年的跌宕起伏、兴衰起落的历史后，菲利普·科特勒提出了一套完整的营销理论，这套营销理论为美国大型公司培养出了一代又一代的企业家。而至今仍有很多人对营销的概念和价值缺乏理解，许多人认为它是一种广告和推销的泛滥，似乎营销就是促使不情愿的购买者购买他们不需要的商品，很多人看到营销人员便反感。这是对营销的误解。事实上，所有专业的营销人员都是值得我们尊敬的，通过营销，他们为客户提供了所需的服务，解决了客户的问题，为客户创造了价值。

菲利普·科特勒对于市场营销给出了很多独特的定义，他曾经说过“如果让我给市场下一个尽可能简洁的定义，我会说市场就是能获取利润并满足需求的场所”。

有些人认为，市场营销就是卖东西。没错，销售的确是市场营销的一部分，但是不要混淆了部分和整体。实际上，在开始销售行为之前就已经在营销了，销售时也是在营销，总结卖出去或卖不出去产品的原因时还是在营销。其实，营销是一个连续的、贯穿销售行为始终的过程。在进行市场营销时，你不需要做太多的“推销工作”，而要去“营销”。通过营销，才能实现和客户的互利共赢，问题才可以得到圆满地解决。

科特勒这样定义营销，“个人和集体通过创造并同别人交换产品和价值以获得其所需所欲之物的一种社会过程。”对于市场的定义，科特勒认为市场“由那些具有特定的需求或欲望，而且愿意并能够通过交换来满足这种需要或欲望的全部潜在客户所构成”。所以我们知道，市场营销管理就是“为了创造与目标群体的交换以满足客户及组织目标需要所进行的计划、执行、概念、价格、促销、产品分布、服务、想法的过程。”在全球生产能力过剩，由消费者主导的市场环境下，通过市场营销管理创造的价值越来越呈现出重要性。

科特勒提出过著名的“客户让渡价值”（Customer Deliverd Value），“客户让渡价值指的是总体客户价值与总体客户成本之间的差额。总体客户价值指的是客户对某一产品或某项服务的利益期望的总和。”在他的定义中，总体客户价值由产品价值、服务价值、人员价值和形象价值组成。总体客户成本则由货币价格、时间成本、精力成本和心理成本组成。二者相减产生的差额就是客户让渡价值，满足表现为沉默。如表 5-3 所示。即当你使消费者感到满足时，你就不会听到任何质疑。所以我们现在说，营销者要试着去取悦消费者，只是这样还远远不够，你应该以此为乐。

表 5-3　科特勒“客户让渡价值”关系表

概念	含义
总体客户价值	包括产品价值、服务价值、人员价值和形象价值
总体客户成本	包括货币价格、时间成本、精力成本和心理成本
客户让渡价值	=总体客户价值-总体客户成本

在如今的互联网时代，关系营销变得尤为重要。BiGMark 创始人

本·格罗斯曼说过，关系营销的核心是关系，而不是媒体。互联网为企业发展带来了前所未有的机会，企业可以通过微信、微博、邮件等各种方式宣传自身产品，客户也有了更加便利的渠道，来了解、熟悉和购买产品。并且在企业的营销活动中客户拥有更大的话语权。企业要想在竞争大潮中脱颖而出，大获全胜，不仅需要有优良品质的产品，更需要借助互联网，与每一位客户建立、维持好关系，使客户满意并培育忠诚客户。

5.3 口碑营销三步法

在前面的章节中我提到过未来只有一种营销模式那就是口碑营销，但随着市场环境的变化，互联网的快速发展，口碑营销的方式也发生了巨大的变化。传统意义上的口碑营销，是指让消费者通过朋友、亲戚的相互交流将产品或品牌传播开来。而现代的口碑营销，是指企业在调研市场需求的前提下，有针对性地为消费者提供其所需的产品和服务，并制定具体的口碑传播营销推广计划，让消费者自动传播企业的产品和服务或品牌，从而让人们通过口口相传的良好口碑而了解产品，为企业树立品牌形象、扩大市场认知度，最终达到企业销售产品和提供服务的目的。

说白了，口碑营销就是利用现今的互联网等技术和工具，如BBS论坛、APP、短视频等加上活动策划方案，让你身边的人、网红、明星或者就是普通的草根使用者，用现身说法来证明产品和服务有多好。当然，口碑营销也顺应了年轻人的习惯：买什么东西前先看看评价、先听听周边的人和网络上的人怎么说。

下面，就为大家具体谈谈口碑营销的“三步走”策略。口碑营销三步法如图5-6所示。

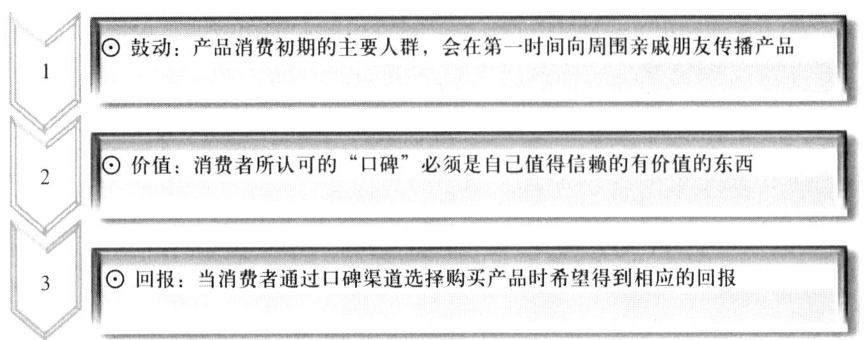

图 5-6　口碑营销 3 步法

第一步是鼓动。企业在开展口碑营销之初，应该首先找准用户定位，选择目标用户群体中那些引领潮流的人。一般而言，任何商品或服务的前期主要消费者，能够最直观地体验到产品的性能和品质，也会在第一时间向身边的亲朋好友传播产品或服务的细节信息和感受，或者把对产品或品牌服务的评价扩散出去，以此引发身边的人关注这个产品或品牌。

举例来讲，小米公司的米粉社区，就是聚集了大量小米品牌和产品的热衷用户，首先通过广告宣传引起各方关注和讨论，然后在口碑营销上做足了“势”，靠铁杆粉丝用户的鼓动和凝聚力提升了产品的认知度和好评度。小米公司同样投入了很多的时间和精力，从而实现了口碑营销的低成本策略的成功。

四海商舟（BizArk）是中国最大的海外营销整体解决方案服务商，他们深信，带动消费者意见领袖群体，使口碑组合化、扩大化，就能拉动消费，使产品极具影响力。事实上也的确如此，例如小米、联想、海底捞、喜茶等品牌企业，始终注重口碑营销的重要性，在确保商品品质和服务质量的基础上，不断地调动资源鼓动消费者的购买欲望，同时大打口碑营销组合拳，实施“一对一”、“贴身式”组合口碑营销战术，大大地降低了运营成本，有效地扩大了消费者群体。

第二步是价值。这是指产品或服务的本身要有一定的传播价值。当用户起初接触一个新品牌，他首先思考的问题是，这个品牌是不是值得去介绍给身边的人。所以当某个产品或使用体验很容易让人获得好感，那么用户就认为产品很有价值，就能自然而然地进行自发性的传播、广而告之，这也就形成了品牌的口碑。有价值才是品牌在市场上稳住脚跟的基石，只有用户自身认为值得信赖的有价值的东西才能形成口碑。

如果产品或服务体验缺乏价值和品质，那么传递信息的人就没有诚意，口碑营销必定是失败的，同时也失去了口碑传播的意义。因此，想要施行口碑营销的企业，都必须要匠心独运，专心致志的钻研、打磨其产品，不断地完善其服务体系和价值理念，才能有助于达到口碑营销的最佳效果。

第三步是回报。当用户通过各种平台、渠道了解到产品并决定消费时，他们会抱有一定的期望值，如果他们在消费后对所得到的产品体验或服务觉得物超所值，那么就会在短期内将产品或品牌服务理念自发地传播出去，推广到市场，这样一来企业就能够实现通过口碑营销低成本获利的目的。

在当今时代，科技发展日新月异，人们的生活水平与认知能力也逐渐提升，口碑营销在企业的市场营销活动中显得尤为重要。关于口碑营销，有以下三点思考，如图5-7所示。

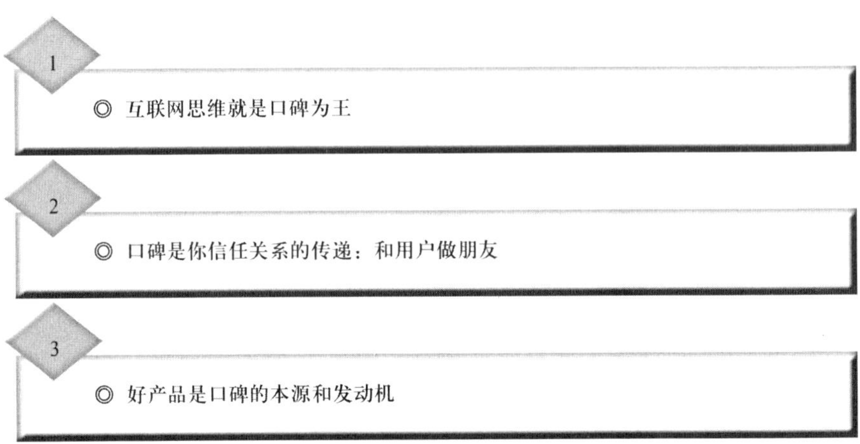

图 5-7　关于口碑营销的三点思考

1. 互联网思维就是口碑为王

在传统的市场经济环境中，市场买卖双方的信息高度不对称，这个时候市场营销的逻辑思维就是大量砸钱做广告、做公关，比谁的嗓门大，比谁吆喝的更能吸引人。但是，在互联网经济迅速发展的新时期，社会化媒体推翻了一切传统逻辑，网络的传播速度超乎想象，信息扩散的半径以百倍、千倍地增长，各种各样“一夜成名”的案例不断地刷新我们的认知。

新时期互联网市场经济下的信息对称让用户“用脚投票”的能力大大增强。一个产品或服务好不好，企业自己无论如何吹嘘都不算数了，大家说了才算。不论是正面消息还是负面消息，大家很快就可以通过社交网络分享和搜索到。信息的公平对等特性，使网络公共空间具备了极强的舆论监督和扩散能力，任何热点消息都会很快传播和引起话题。

口碑的本质是用户思维，就是让用户有参与感。互联网形式下的用户参与感，对于传统商业而言，类似科幻小说《三体》里讲的降维攻击，是不同维度世界的对决，用白话讲就是“天变了”。

这起源于消费者在市场环境影响下的购买决策心理变化。用户打算购买一件商品，从起初的功能式消费，发展到后来的品牌式消费，再到近年流行起来的体验式消费，直到现在全新的“参与式消费”。参与式消费就是开放做产品和服务的企业运营，让用户参与进来，这一举措就是为了让用户有更深入的体验，对产品有更高的认同感。

2. 口碑是信任关系的传递：和用户做朋友

“一千个读者眼中就有一千个哈姆雷特”，成千上万的用户的想法不尽相同，企业的产品想要获得用户的认同，让用户自发的进行口碑传播，这不是一件容易的事。那么做到这件事的基础就是和用户建立起信任，和用户做朋友。

我们都知道社交网络建立的基石就是人与人之间的信任关系，信息的流动实际上就是一种信任的传递。企业与用户所建立的信任度越高，口碑的传播就越优质也越广泛。通俗来讲，做企业和做人一样，只有真正的朋友才会真心地夸耀你的优点，维护你的口碑。

3. 好产品是口碑的本源和发动机

企业想要拥有好口碑，首要前提是要有好的产品，好产品是口碑的发动机，是所有市场营销活动的基础。如果说品牌的市场营销是数字，那么产品品质就是数字前面的正负号，无论营销做得多好，如果产品太差只会传播出负面的效果。而如果产品做得好，哪怕营销做得差一点，也会有很大的上升空间。

然而很多企业的逻辑是完全相反的，我接触过的一些企业，在发布新产品时往往把大部分精力用在概念和形式感上面，而对自己产品的重要参数都一知半解。他们认为把产品发布会做好，把营销声势搞上去，把产品讲的天花乱坠就算是完成了新产品发布工作了，这绝对不是正确的做法。

口碑营销传播的本源是产品。所以，基于产品的卖点和如何表达卖点的基本素材是传播的生命线。我们知道，今天的用户是最聪明的用户，他们不会再因为一句精美的广告词就购买产品。用户购买前会仔细搜索对比和评测，研究和分析产品特性，每个用户都是专家，甚至比营销人员还了解行业内产品的特点。

CBIN 认为，无论用怎样的营销策略，前提是先做好产品，挖掘用户的真正需求，解决用户的实际痛点，提炼出产品最细节的特性和核心卖点来打动用户。只有在产品上下真功夫，才能在营销上做好文章。

智慧分享：诚信是唯一的选择

诚信，是诚实无欺，信守诺言，言行相符，表里如一。诚便是真实，诚恳；信则是信任，证据。所以说，诚信可理解为以真诚之心，行信义之事。

诚信是中华民族的传统美德，已传承数千年，也是中华儿女最应遵守的良好品质之一。关公就是对中华诚信美德影响最大的代言人之一。

关公名关羽，字云长，是三国时期蜀汉的名将，一生忠义仁勇，诚信之名满天下。他以武圣之尊与文圣孔子齐名，是中华民族的道德楷模，数千年来备受华人推崇敬仰。关公身上拥有着忠义诚信品质，这些品质也是中华民族心仪向往和追求的典范，历来便是官方、民间，儒、道、释敬仰推崇的对象。通过以下“三约”的故事，便可感知关公的忠义诚信精神。

徐州兵败，关羽被困土山。曹操派张辽以“三便”劝关羽降曹：一可保甘、糜二夫人的安全；二可不背桃园之约；三可留有用之身。而关羽回答：“你有‘三便’，我有‘三约’：一、今降汉不降曹；二、请给二位嫂子俸禄，单独居住，不论何人不许入门；三、一旦知道皇叔的下落，便辞曹归刘而去。三者缺一不可。”

这一典故至今为世人称道，这三约体现了关公对汉室和刘备的忠诚，对桃园结义兄弟承诺的践约之志。

还记得好人365中讲述的“诚信老人”郝庆连的故事，拾荒捡到“巨款”寒风中等两小时终物归原主。

辽宁省葫芦岛71岁的退休老人郝庆连在寒风中捡破烂，发现路边有一个钱包，他捡起来打开看，里面有一万五千元的现金。他吓了一跳，这笔钱可以说对于一位捡破烂的老人来说，是一笔巨款！郝庆连并没有将钱私自拿走，而是选择守在原地在寒冷中苦等了两小时，没有等到失主，后来翻看钱包里面找到了失主信息。而这些钱原来是一个低保家庭过年还债的“救命钱”。2016年底，郝庆连荣登“中国好人榜”。大家都称赞郝庆连为“中国好大爷”。

生活中，此类小故事层出不穷，他们传递着正能量，传承着中华文化，为我们社会的精神文明建设添砖加瓦。也正因此，现在的企业家们也纷纷明晓，诚信是唯一的选择，是制胜的关键，更是企业应承担的社会责任。

有一次，百事可乐的总裁卡尔威勒欧普受邀到科罗拉多大学演讲，有个商人找到了卡尔想和他见面聊一聊，卡尔答应了在演讲结束后留出15分钟的时间和他交流。于是这个商人就坐在学校礼堂的外面等待演讲结束。

卡尔在礼堂内兴致勃勃地为大学生们演讲，从创业之初，讲到成功的经验，不知不觉中时间已过了与商人约定的见面时间，显然他已忘记了与别人的约定。

而此时有个人进来递给他一张名片，卡尔拿起名片一看，背面写着："您和我在下午两点半有约在先。"

卡尔猛然想起之前的约定，他没有任何迟疑地对在场的同学说："谢谢大家来听我的讲演，本来我还想和大家继续探讨一些问题的，但我之前和别人有约，而且现在已经迟到了。迟到已经是对别人的不礼貌，我不能失约，所以请大家原谅，并祝大家好运。"

卡尔走出礼堂，向正在等他的商人致歉，并和他滔滔不绝地聊起来。这一聊，便由15分钟变成了30分钟，后来，这位商人成了一个成功的企业家，他逢人遍说起这段经历，十分敬重卡尔的诚信，这也让许多人都对百事可乐有了更多的信任和好感。

所有的企业都了解诚信对于企业发展的重要性，但在具体实践中差异却很大。企业只有从理念、模式和机制上保障并发展自己的诚信，才能使整个企业自上而下坚守诚信。卡尔没有选择忽视名不见经传的向他请教的商人，只顾向大学生灌输百事可乐思想，而是在关键时候他选择了诚信。

海尔集团有一个很著名的广告语，叫作"真诚到永远"。海尔总裁张瑞敏解释说：一个企业要永续经营，首先要得到社会和用户的认可。企业对用户真诚到永远，才有用户、社会对企业的承认，才能保证企业良好、持续的发展。

张瑞敏曾经说过："不管在任何时间、任何地点、发生任何问题，错的一方永远只能是厂家，永远不是客户，不管这件事表面现象看来是不是客户的错。”

曾经有一位海尔洗衣机的用户反映洗衣机质量不好，出水口经常被堵住。经过了解，原因是他经常用洗衣机来洗红薯。技术人员感到很诧异，洗衣机怎么可以用来洗红薯呢！但海尔从这条信息中挖掘出了客户的需求。后来，海尔就推出了一款新洗衣机，它既可以洗衣服又可以洗红薯。

张瑞敏刚到海尔任职的时候，有一位朋友找到他想要买一台冰箱，结果到库房挑了很多台都有毛病，最后勉强拉走一台。在朋友走后，张瑞敏派人检查了库房里的400多台冰箱，结果检查出了76台有缺陷的冰箱。

于是，张瑞敏召集骨干和所有工人到车间，问大家怎么处理这些有缺陷的冰箱。当时许多人都表示，缺陷都是小缺陷，并不影响使用，便宜点儿处理了吧。然而张瑞敏这样说：“我要是允许把这76台冰箱卖了，就等于允许你们明天再生产760台这样的冰箱。”当场，他宣布，所有的缺陷冰箱要全部砸掉，谁干的谁来砸，并抡起大锤亲手砸了第一锤！

很多职工砸冰箱时都流下了眼泪。当时一台冰箱的价格大概800多元，相当于一名普通工人两年的收入。然后，张瑞敏告诉大家——有缺陷的产品就是废品。做企业就要以诚信为本。三年以后，海尔人捧回了中国冰箱行业的第一块国家质量金奖。“张瑞敏砸冰箱”一事也树立了海尔员工严格的品质和诚信意识，有不良就是不良品，最终达到海尔产品的“零缺陷”与“高标准”。

还有一桩被业界人士称颂为“用户小小遗憾，引发空调器服务革命”的故事。有位室内装潢设计师，选择了海尔风管式家庭中央空调进行装修，并根据经验预留了两个出风口。实际安装时才发现空调出风口与预留位置有一定差异，装修留下了小小的遗憾。海尔商用空调部听到了这个事情后，立即派出专业设计及安装人员上门服务，对原设计进行整修，最后给用户解决了这个遗憾。

这件事发生后不久，海尔集团举行新闻发布会，推出空调专业设计师服务模式。这些举动使海尔赢得了用户的信赖和更大的市场。用机制保障真诚持久，从“客户永远都是对的”到“用户打一个电话，剩下的由海尔来做”，从“真诚到永远”到“国际星级服务一条龙”，海尔一直以诚信的理念在延伸。

所谓服务是广义的，是从了解用户潜在需求到产品的设计、制造，直到送达用户的全过程。做好一个产品，做好一段时间的工作，做好一部分客户的工作并不会很难，但要天天如此，真是太难了。怎样才能达到“真诚到永远”、“客户满意到永远”呢？海尔在实践中提出并逐步完善了一些管理思路，如图 5-8 所示。

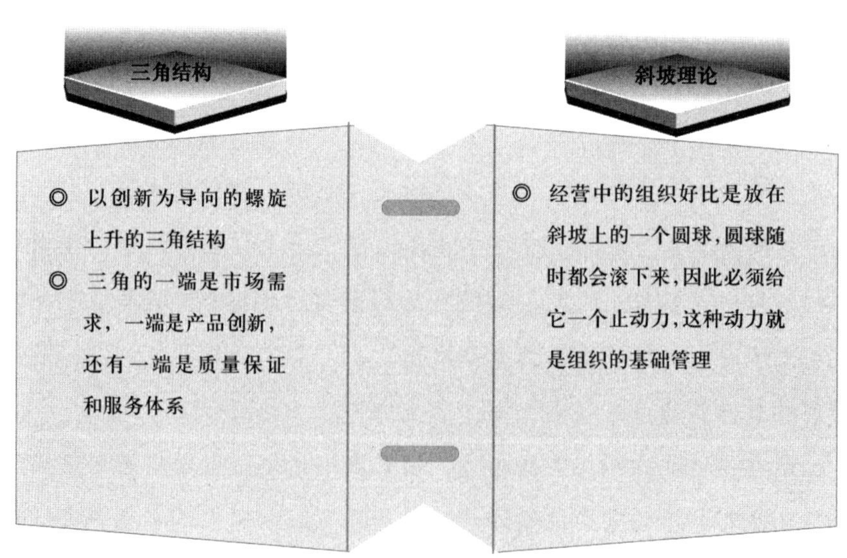

图 5-8 海尔的管理思路

1. 以创新为导向的螺旋上升的三角结构

海尔管理理论中的三角结构，指的是一端代表市场需求，一端代表产品创新，还有一端代表质量保证和服务体系。市场和用户的需求是创新的来源。因此，海尔会通过主动搜集世界各地市场的用户需求来确定创新的课题。创新课题一经确立，便被纳入到质量保证体系和服务网络，保证把产品推进市场并不断收集、反馈新的需求，就这样像一个上升的三角形一样，不断循环、螺旋提高，稳固向上发展。

2. 斜坡理论

海尔管理理论认为企业就像是放在斜坡上的一个圆球，圆球随时都会滚下来，因此必须给它一个止动力，这种动力就是组织的严格管理。张瑞敏曾经到一家日本工厂考察，企业主对他说："这里一个真正合格的贴商标的工人都需要花费两年的时间培养。"这句话给张瑞敏留下了很深的印象，贴商标是一件简单的事，然而把一个简单的事成千上万遍准确地做到位，那就是一件不简单的事。因此海尔实施严格的质量管理，严格把控冰箱生产线上的 156 道工序、545 道工位，把每项指标都落实到人，从而造就了一条标准化的、完美的生产线。

在实施国际化战略后，海尔提出了创造国际美誉度的新口号。海尔认为，除了所有的产品质量和服务都必须合乎相关法规要求，在知名度和信誉度的基础上，还要满足客户潜在的需求，要在国际市场创造美誉，创出国际名牌。

当然，当今社会也不乏缺少诚信的商家，随着人心灵的肮脏与对金钱的无原则追求，社会上"毒奶粉""毒胶囊""地沟油""瘦肉精”“工业酒精”等食品药品安全事件屡屡出现，这一切的缘由，在于人心的险恶、道德的缺失、诚信的匮乏。久而久之，社会上便没了信任，没了真诚的交流，也便真正失了商道、客户、人心。

案例分析：口碑营销的关键“消费领袖”

2009年7月初，全球著名矿泉水品牌公司——法国依云（Evian）矿泉水公司在网络中推出一段可爱的旱冰宝宝视频广告，并且迅速走红。在这段视频中，一群笑容暖暖的可爱宝贝，穿着纸尿裤，伴着录音机里轻快的音乐，跳跃着，翻上栅栏，翻着跟头，欢乐地滑着旱冰，炫酷极了。如图5-9所示。

图5-9　旱冰宝宝视频广告图

这段一分钟的视频广告在结尾处打出了“保持年轻”（Live Young）的广告语。它体现了年轻、充满活力又有无限可能的依云品牌形象。这段广告创意源自婴儿喝水，以一群可爱小宝宝作为广告片的主人公，创意是他们离开了温暖舒适的妇科产房，用滑旱冰方式开始一场环球旅行。可爱旱冰宝宝的视频广告当时仅在YouTube这一家视频网站的浏览量就高达900多万次。而全球所有网站的观看浏览次数不下千万。这段广告也为依云公司树立了更好的品牌形象，创造了更加可观的收益。

法国依云方面负责全球品牌推广的负责人 Michael Aidan 当时表示，“依云正试图向饮用者‘销售’一个梦想。”近年来，依云在很多国家的传播策略都是以强调事实为基础——重新诠释纯天然矿泉水的概念，以及说明依云是如何保护自然资源和环境的。“但是消费者期望从品牌那里获得更多情感和梦想的东西。为了迎合消费者的这种期望，我们推出了这次广告战役。”

Evian 是拉丁文，翻译成中文是“水”。依云主要是通过赞助各种运动赛事来提高自己的品牌形象，而很少投放广告。这段广告能做得如此成功，首先，得益于它良好的创意。穿着纸尿裤滑旱冰的宝宝非常可爱，而且旱冰滑的非常好，以及欢快的音乐，这便吸引了无数的观众。这其中传递的是一种乐观积极向上的情绪。其次，通过消费领袖和病毒式传播的作用，使这支广告达到空前成功的传播效果，提高了收视率。

消费领袖是信誉的象征性载体，有很强的影响力，他们会对这则广告进行二次传播。当他们看到旱冰宝宝这则广告，觉得非常有意思，并会通过微信、微博、MSN 等各种聊天软件分享给朋友们。一般人会十分乐意接受消费领袖者推广的产品。2008 年发起的一项全球调研表明，20%的受访者会因为一篇并非出自某企业自身的博客或论坛上的讨论而改变对该品牌的看法。而 2010 年的同类调查结果显示，相关数据直线上升到了 41%，接受这次调查的人中，有 65%的人是所谓的领袖消费者。

病毒式营销（Viral Marketing）是一种常用的网络营销手法，指的是传播者将营销信息传递给受传者之后，再依靠受传者主动自发的口碑进行传播。这种信息迅速传播的方式类似于病毒的传播，因此也被称为病毒式营销。

这段广告视频，因为其趣味性和观赏性非常吸引人，故成为众人关注的焦点，也是很好的口碑传播的素材。通过人们相互之间的口头传播，这种不是很正式，但是平等的交流传播途径，十分易于被人接受。通过信息传播者和信息接受者的角色转换，来实现几何级数式增长的传播效应，从而实现品牌的深度和广度传播。

在实施口碑传播的营销策略之前，营销者必须找到传播品牌信息的根源，即传播链最顶端的传播者——“消费者领袖”。消费者领袖是一个核心人物，企业可以通过使消费者领袖围绕品牌的发展需求来传播产品，聚集人气。但并不是所有的消费积极分子都可以成为消费者领袖，每一个品牌具有自己的内在特质，只有这种特质与消费积极分子的社会地位、消费观念、生活环境、工作环境、兴趣爱好等方面相适应，才容易使他们产生心理上的共鸣，从而使他们愿意向周边人群进行推荐。

对于消费者领袖的选择，不仅要深入分析自身品牌的特点和目标市场的消费特点，也要分析消费者领袖的特点，还要对每个消费者领袖能够起到的信息传递的深度和广度进行分析，找到一个口碑传播的最佳状态。

案例分享：CHERISH·L 品牌珠宝私人定制

如今，国内的珠宝产业已经集群化地形成了具有各类特色的珠宝产业基地，品牌建设培育了众多“中国珠宝行业驰名品牌”和“中国名牌”产品企业。而人们也越来越尊重产品设计，注重产品工艺，出现了拥有自己知识产权的专利产品。珠宝市场的四大痛点，如图 5-10 所示。

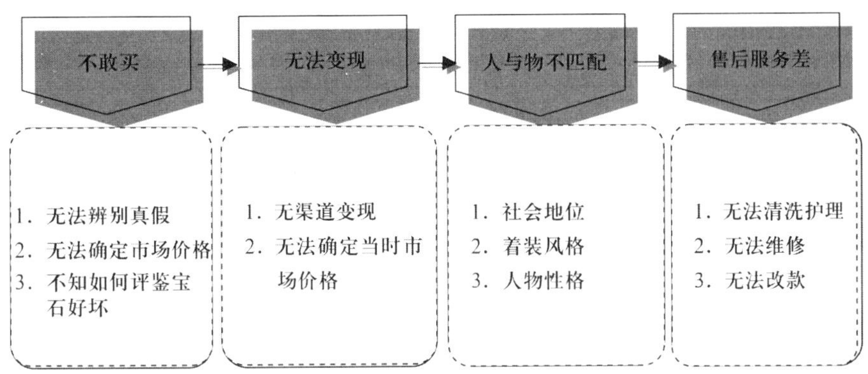

图 5-10　珠宝市场的 4 大痛点

CHERISH · L 品牌的三大优势，如图 5-11 所示。

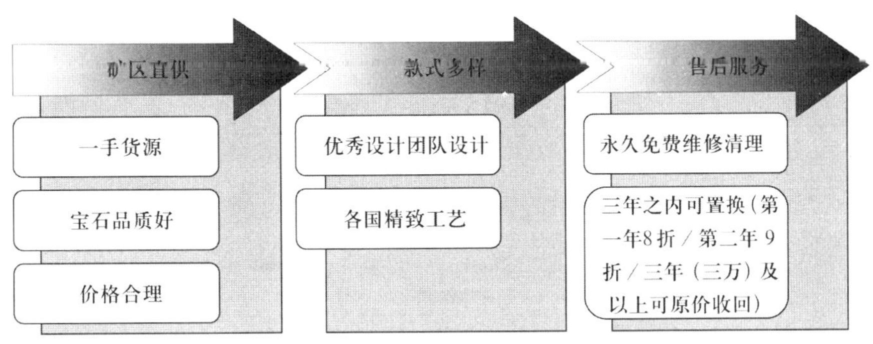

图 5-11　CHERISH · L 品牌的三大优势

CHERISH · L 品牌的创始人认为，脸形与珠宝搭配有三类技巧：

1. 鹅蛋脸与珠宝搭配

鹅蛋脸是非常标准的脸型，可以根据自己的发型选择适合的珠宝首饰，长头发的女士可以佩戴耳环、耳坠，展现柔美妩媚的一面。短发的女士佩戴耳钉会更显高雅。尽量不要佩戴圆形耳环和圆形项链，过多的圆形装饰会让鹅蛋脸在视觉上大打折扣。

2. 瓜子脸与珠宝搭配

瓜子脸的特点是额头饱满下巴尖，瓜子脸的女士适合佩戴耳钉或耳环。项链尽量选择锁骨链，修饰脸型，不会显得下巴太尖，脸型过长。

3. 方形脸与珠宝搭配

方形脸的女士尽可能选择长度长于宽度的弧形设计，比如长椭圆形、新叶型，可以帮助协调脸部长度和角度。要注意的是，方形脸不要佩戴方形的饰品，三角形、五角形的珠宝首饰也尽量避免佩戴。

CHERISH · L 品牌的服务流程也体现了标准化的定置管理，如图 5-12 所示。

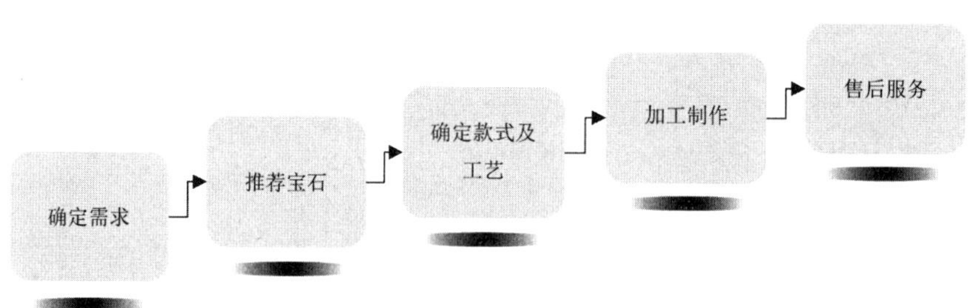

图 5-12　CHERISH · L 品牌的五步服务流程

第 6 章

六度人脉：你也可以约见巴菲特

高速发展的今天，人脉资源变得越来越重要。一个人交际圈越广，他的资源就越丰富，就越有可能或者越有机会成就自己。古语有云："多个朋友，多条路；多个冤家，多堵墙"，无疑更好地阐释了人脉的重要性。在能力相当的情况下，你拥有的人脉资源、关系资源的多少决定了你能办成多大的事情。通常，你的社交"圈子"决定了你的社会地位，而人脉的深浅、关系的大小深刻影响到个人成功、财富获取。

人脉，即人际关系、人际网络，体现的是一个人的人缘和其社会关系，也是一个人可以通过各种渠道所触及到的宽广领域。常言说得好："一个好汉三个帮，一个篱笆三个桩""一人成木，二人成林，三人成森林"，大众的"众"就是三个人的组合。

良好人脉关系的建立对于一个人能否获取成功起着至关重要的作用。人脉如若被储藏或封存将毫无价值，封存人脉往往代表最终会失去人脉，因为人们经常会在不常联络中渐行渐远，这是人之常情。所以我们需要不断用心去经营人脉，当我们在工作或创业的过程中遇到困难时，你知道应该打电话给谁，或者通过谁可以找到关键人联系到相应的资源。

人们都热衷于社交，努力建立自己的人脉，然而“假社交”跟人脉毫无关系，天天在你身边转悠的人也不一定是人脉。著名学者作家王小波在《青铜时代》中曾提到，“在我的身边，总有一股热乎乎的气氛，像桑拿浴室一样，仿佛每个人都在关心着别人。你千万别把这当真，因为如果他们不关心别人，就无事可干。”

生活不应该被利益所驱使，只有这样才可能获得更好的人脉关系，基于利益共存为基点的人脉其实就是我们常说的“塑料人脉”，经不起生活与时间的考验。生活中碰到的问题，我们既需要理性处理，但也不要拒绝感性，对朋友真诚付出、胸襟坦荡、一片赤诚才能赢得真正的友谊。一个人与世隔绝地独自努力很难成功，而借助身边的力量甚至陌生人的力量往往会在某个拐角处让你走上新的台阶。

6.1 人脉分享是分享经济的重要部分

在当今互联网世界中，我们更应该意识到“六度人脉”不等同于我们常说的“人际关系”。其实人际关系好比一个个分散的点，由“六度人脉”串联起来这些关系，结成一张大网，形成了一个无所不及的面。换言之，“人际关系”是“六度人脉”得以发展的基础，是其组成重要的一部分。从“人际关系”到“六度人脉”，往往需要一个人的才智与能力，需要一颗与世界拥抱的开放的心灵，是我们平时在工作生活中努力的方向。

当代社会，利用六度人脉获取成功的例子比比皆是，从世界首富比尔盖茨到美国总统奥巴马；从传媒巨头默多克到国际巨星麦当娜；从股神巴菲特到华人首富李嘉诚……

人脉的重要性不言可喻，恰如洛克菲勒曾说："我愿意付出比天底下得到其他本领更大的代价来获取这种与人相识相处的本领"。在美国有句流行语，"成功，不在于你知道什么或做什么，而在于你认识谁"。特别是对于那些决心成为某个行业或某一领域顶尖人物的人来说，如果你能够将人脉的威力据为己用，那么你前进途中的困难只是举手之劳而已。你越是想出名，越是想拔尖，你就越需要挖掘人脉中潜藏的巨大力量。

今天让我们一起跳出具有安全感的熟悉、狭隘的"熟人圈"，积极拥抱"六度人脉"理论，去做那些我们不敢想也不会去做的事情，去认识之前所认为的遥不可及的人物。

或许我们真的可以约见巴菲特！

斯坦福大学一项调查显示：一个人赚的钱，12. 5%来自知识，87. 5%来自人脉。这也从另一个侧面说明人脉对一个人成功与否的重要性。人脉在某些程度上客观成就了个人以及组织的发展，是当今社会发展的一个不容忽视的推动力，因此，人脉分享也是分享经济的重要组成部分。

"分享"是互联网与生俱来的重要基因，可以将海量、分散、无序、闲置的资源，以平台化方式调动、集聚、放大，进而连接供需双方进行高效资源优化配置。近些年分享经济已逐渐成为互联网发展的新风口，未来这波浪将潮席卷全球。分享经济在出行、物流、住宿、知识等各领域的深度渗透、加速融合、相互促进，塑造了全新的社会生活形态，为全球经济社会发展注入了新鲜活力和强大动能。"共享"在本书第一章已经从搭建平台的角度进行了分析，"分享"与"共享"具有一致性，关于"分享经济"下面我会再详细地展开分析，其中，人脉分享也势必会成为其中一股不可或缺的力量与因子。分享经济的主要分布领域如图 6-1 所示。

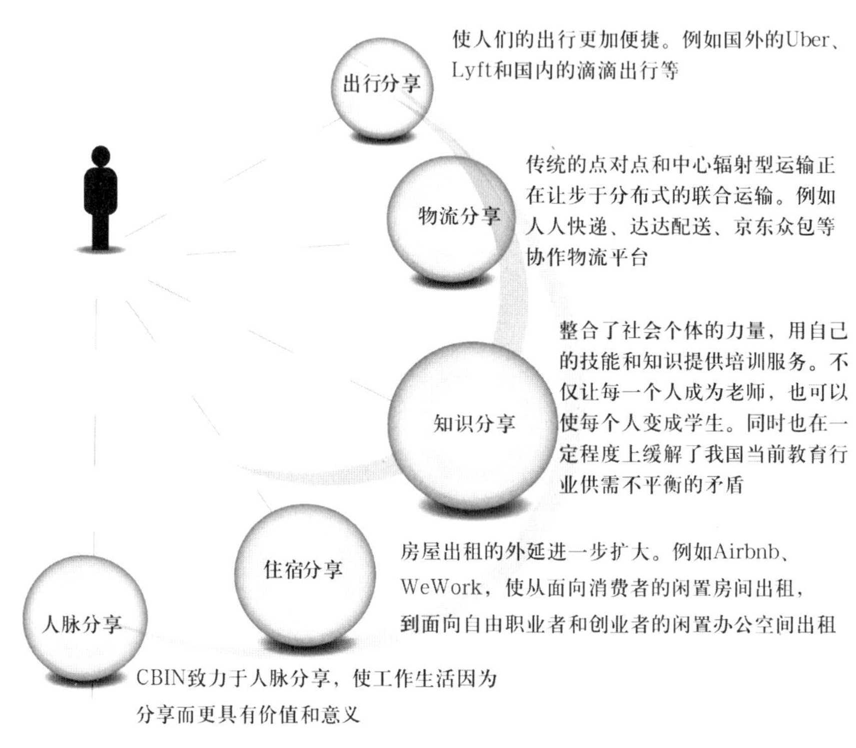

图 6-1　分享经济的五大分布领域

那么，如何准确地诠释分享经济的含义呢？在《分享经济》一书中作者提出了一种非常直观的定义："分享经济，是指公众将闲置资源通过社会化平台与他人分享，进而获得收入的经济现象。"如今分享这种新的商业模式正处于高速发展的前期阶段，最近几年尤为明显，其投资规模越来越大、投资次数快速增加，流向分享经济领域的投资足足是以前 13 年的 5 倍。

1. 分享经济的作用

分享经济主要有以下几点作用：首先是可以把社会上散乱的闲置库存资源转换成新供给。比如个人的房屋、车辆、资金、知识、经验、技能等资源，可以在全社会范围内大规模地实现供需匹配，同时还可以降低交易成本。其次是能有效地扩大消费需求。一些餐饮类分享平台以分享个人经历等方式吸引有兴趣的人前去消费，促成了很多体验型、尝鲜型消费，提升了人们对服务的购买意愿。分享经济的作用如图6-2所示。

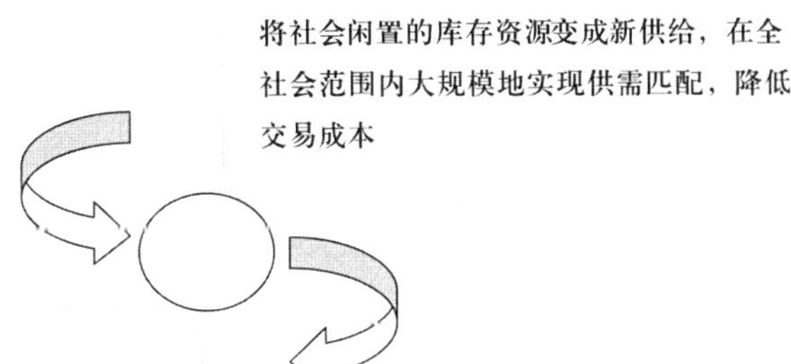

图6-2　分享经济的二大作用

2. 分享经济的类型

很多人认为个人经济剩余是基于实物的分享和基于时间的分享，这种说法不够全面，在人际关系越来越重要的今天，CBIN国际商界精英人脉与业务引荐平台的精英人士提出当代经济剩余的分享还应包括基于人脉的分享。分享经济的类型如图6-3所示。

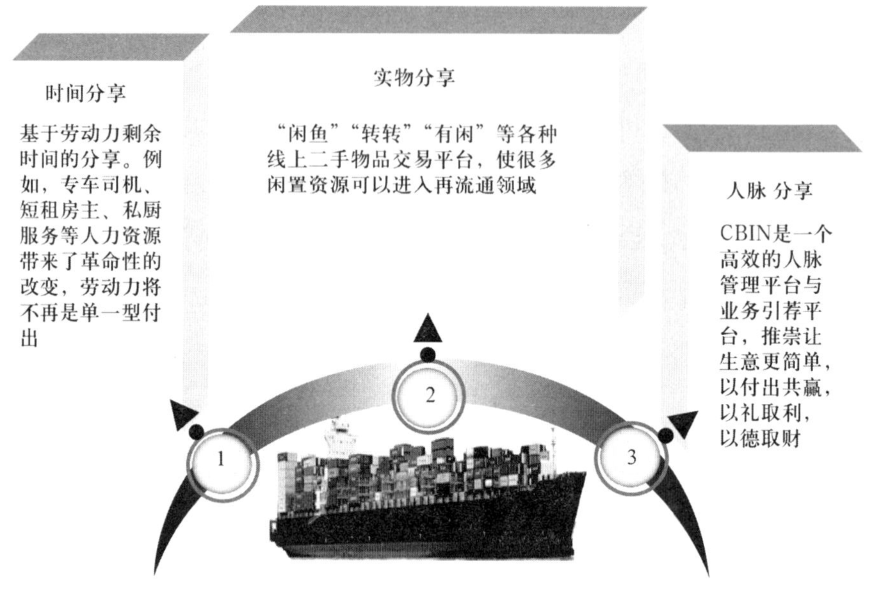

图 6-3　分享经济的三种类型

3. 分享经济的模式

我们认为分享经济其实是一种通过大规模盘活经济剩余而激发经济效益的现象，通对社会空闲资源的再利用解决经济剩余问题。那么何为经济剩余？可以从以下两个层面上看：在企业层面表现为闲置库存和闲置产能；在个人层面表现为闲置资金、物品和认知盈余，通俗地说也就是闲钱、闲物、闲工夫。

过去，经济剩余散落于社会各个领域，好比玻璃碎片一样，很难以整合且成本极高，所具有的社会效益无法体现出来，其分享只限于小规模小区域，没有很好的效果。而现在，分享经济的出现很好地决了经济剩余问题，利用互联网技术，整合所有零散的资源碎片到专业平台上，进行大规模的供需匹配，高效地利用其资源价值，有很高的经济效益价值——也就形成了新的镜面。

分享经济完美地化解了经济剩余问题，让碎玻璃碴变成了镜面。基于经济剩余的分享主要有以下四种模式。如图 6-4 所示。

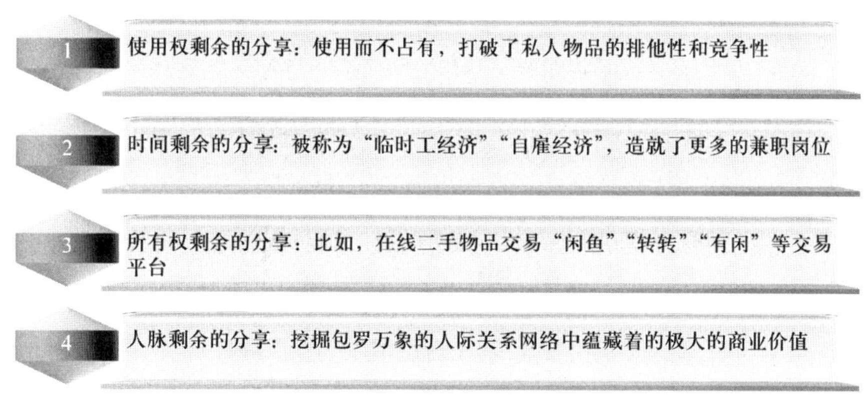

图 6-4　分享经济的四种模式

（1）使用权剩余的分享

使用权剩余的分享最明显的特点就是使用而不占有，使得私人物品也可以在消费者中以个人对个人的形式被分享，这种形式在一定程度上打破了私人物品一直以来排他性和竞争性的属性。

例如，在出行领域，分享经济产生了许多创新性的模式，除了国外的 Uber、Lyft 和国内的滴滴出行等，还衍生出多种业态。有一对一的面向高端商务车市场的专车服务、采取低价策略的快车服务及社会私家车的出租服务、还有一对一或一对二的出行线路相同的人共同搭乘的拼车服务，以及一对多的用户在既定线路上预订座位的互联网巴士服务。这些交通共享给人们的出行带来了极大的便利，体现了分享经济的极大价值。

（2）时间剩余的分享

除了物品可以分享，闲置的时间、个人劳动能力也可以分享。这是一场前所未有的革命，正悄悄地把数百万人变成兼职者，为社会创造了大量的工作机会。由此我们不得不认真思考：未来的工作，还需要朝九晚五吗，还需要固守一个工作岗位吗？

个人劳动能力分享打破了行业的进入壁垒，以较低的就业门槛释放大规模的生产能力。而这些生产能力，过去散落在社会的各个角落，被传统固化的管理体制束缚，无法参与社会化大生产，例如专车司机、短租房主、私厨服务提供者、自由快递员等。这种提供各种付费差事和办公室零碎工作的玩法也被称为“临时工经济”“自雇经济”，而这种提供时间剩余分享的人也可以称为“自由职业者”“斜杠青年”。

（3）所有权剩余的分享

所有权的转让也成为经济剩余的新兴玩法，因为很多闲置资源可以进入再流通领域，比如在线二手物品交易。准确地说，是指个体通过社会化网络平台进行二手物品所有权交易，使很多物品从闲置状态通过分享再次投入使用，提高了利用率。与第一种模式不同，这是基于使用权和所有权两权合一的分享。因此，分享经济下的二手物品交易市场“闲鱼”“转转”“有闲”等交易平台获得快速发展。

（4）人脉剩余的分享

人脉关系的分享也是经济剩余的一种模式。世界第一人脉关系专家哈维·麦凯先生说：“人脉就是钱脉”。在当今这个竞争激烈的时代，其实人脉不仅仅是钱脉，人脉更是命脉，事业兴衰的关键在于此。所以说，在我们的生活、工作中所有人都离不开建立相应的人际关系，而人际关系网越来越被商业界的人士所重视。现在人们都认可这样一种说法：人脉是一种很高深的学问，可以产生不可估量的价值。其原因就是在包罗万象的人际关系网络中蕴藏着极大的商业价值。

在这场共享经济大背景之下，基于人脉剩余分享的共享平台，CBIN国际商业精英人脉与业务引荐平台孕育而生。CBIN将注重人脉的发展作为首要宗旨，是一个高效的人脉管理平台，是一个庞大的业务引荐平台，是一个线上线下完美结合的商机平台。CBIN推崇让生意更简单，以付出共赢、以礼取利、以德取财的商业价值观为企业打造良好的生意机会。

6.2 随时抓住你身边的关系网

一个人的成功，只能来自于他所在的人群和所处的社会。在现实生活中，你和谁在一起确实很重要，它甚至能改变你的成长轨迹，决定你的人生荣辱。无论你从事什么职业，学会处理人际关系，你就在成功的路上走了85%的路程，在个人幸福的路上走了99%的路程了。也许你会发现，你最好的朋友认识在某些领域有影响力的大人物而没有告诉你，也许你合作伙伴的好朋友恰好是某行业有实力的人物，而这些领域、这些行业恰好是你当前或未来所要从事的重要工作，你需要来自这些领域资源的帮助，而他们恰恰可以向你伸出援手……甚至可以为你或你的公司提供许多重要的帮助。

因此，关系网中每个人的力量都会给我们创造价值，请不要低估任何一个人。关系，对现代人来说是成功与否的关键。一个人，要想出人头地，大有作为，就得懂得培育自己的人际关系网络，这样才能强化个人的核心竞争力，才能混出人样来。你的人际关系网或战略联盟具有多大价值，直接取决于你所拥有的人际关系数量与质量。在一个典型的20~40人的人际关系网中，所有联系人之间可建立起的推荐关系几乎是无限的。

有一位推销员准备拜访一家企业的老板，但是想要见到对方是一件困难的事情，因为如果一开始就引起对方的反感，那就注定要失败了。一个偶然的机会，推销员看到附近杂货店的伙计从老板公馆的小门里走出来，于是他急忙走过去问候。

两个人很快攀谈起来，推销员从伙计那里得知老板的衣服是哪一家洗衣店洗的，并很快找到了那家店铺。在接下来的沟通中，他又确定了这位老板西装的布料、颜色、式样等重要资料。更难得的是，店主还主动提到了老板的领带，皮鞋，以及谈吐与嗜好。这些信息太重要了，推销员喜出望外。

过了一段时间，推销员终于找到一个合适的机会，与这位老板展开了深入的沟通。由于推销员掌握了对方的有效信息，所以沟通起来非常顺畅，取得了良好的预期效果。而这一结果离不开推销员重视对方兴趣，并投其所好的策略。

这个故事告诉我们，永远不要放过认识新朋友的机会——你永远不知道和你坐在一起的会是谁，会给你带来怎样的帮助。今天，编织、经营、运用关系网是成功人士的必修课。对个人来说，专业是利刃，关系是秘密武器，如果光有专业，没有关系，你只能“一分耕耘，一分收获”，但若加上关系，个人竞争力将是“一分耕耘，数倍收获”。

在三国争霸之前，周瑜曾在袁术部下为官，但并不得志，仅被委任为一个小小的居巢长，相当于一个小县的县令。

在他的任上发生了饥荒，百姓没有粮食吃，就吃树皮、草根，活活饿死了不少人。周瑜身为父母官，看到这种悲惨情形却一筹莫展。这时，有人献计说在他的管辖界内有一个乐善好施的财主鲁肃，他家境殷实富裕，且乐善好施，不如向他去借。

无奈之下，周瑜只好亲自登门拜访鲁肃。寒暄客套完毕，周瑜直接说："不瞒老兄，小弟此次造访，就是想借点儿粮食。"

鲁肃见周瑜外貌俊朗，料定他日后必有一番作为，因此哈哈一笑说："此乃区区小事，兄当奉送。"周瑜及其手下一听他如此慷慨大方，都被深深感动了，两人至此就交上了朋友。

后来，周瑜在江东当上了将军，他牢记鲁肃的恩德，并将他推荐给孙权。日后，鲁肃终于得到机会，成就自己的人生大业。

事实不止一次证明，得人脉者得天下。随着商业的全球化进程，各行各业的竞争已经是空前的激烈和残酷，甚至已经达到了白热化的程度。而在茫茫商海中的中小型企业更是飘摇欲坠、危机四伏，为了生存与发展，为了梦想，众多的中小型企业主可谓是废寝忘食、呕心沥血，终日奔波在旅途中，辗转于商业应酬和各种交际。但往往并不能获得预期的理想效果，而依然付出身体和健康的透支，依然为订单、销量、利润等等而发愁。三高症，糖尿病，腰颈椎痛等疾病却成了这类人群的通病。

许多人还在花费大量的时间、金钱和精力，四处苦心拓展自己的人脉网络，积极参加各种行业协会、同乡会、校友会、培训会……在互联网络上夜以继日大量地抛洒广告、建立群落、发布微信、微博等等，但是经过一段时间却发现这些举措往往都收效甚微。

到底该怎么办？有什么更高效的营销手段可以不再为订单、销量、利润而发愁，可以有更多的自由时间陪伴家人四处旅行呢？CBIN可以为您解忧。

目前，CBIN 已经开始在中国进行分会复制，CBIN 这个无边界营销社群，这个高效的人脉管理平台，能够为你抓住更多的人际关系，当然，我会详细地介绍如何构建 CBIN 无边界营销社群，这会在第三部分的践行篇为您详细揭晓。

智慧案例：为什么是60至80人

有关CBIN每一个分会的人数为什么定为60至80人为最理想，很多人都不明白，人数越多越好吗？不完全是如此。一个分会的成员，是否有集体的共识，大家都进入系统，向同样的方向努力，那就确实人越多，力量越大！

根据调查，优质运作的分会，当人数从20人提升至30人时，总体业务引荐量会翻一倍；当人数从30人提升到40人时，引荐总额再翻一倍……每增加10位优质的伙伴，业务引荐的量就会翻一倍。但是，如果某些分会的伙伴各自为政，每个人都被动等着别人的商务引荐，却从不积极认识伙伴并乐于帮助别人，这就好像每个人都在随意地走，方向不一致，力量彼此抵消，这样的会，就算是1000人，也无法发挥力量！

我们说要维持每次精英会的有效性，严谨和高效是必须的。我们必须在两个半小时内完成整个流程，所以，如果人数的上限超过80人，便会令会议效果大打折扣。

CBIN分会参与方式：

1. 曝光率

很多初参加的会员不明白为什么要曝光？曝光是否就等于成功？我们不妨参考CBIN成功五大基本功。

出席只是必要的，但不是成功的保证。不然各个职场上都有全勤的工作者，他们都能成功吗？不是的。

要在CBIN取得事业上的成功，还需要许多条件的配合，包括其他会员伙伴是否了解你、认同你，才有可能帮你引荐生意机会。所以，在 CBIN 里，有五大基本功是必须持续做才会看到成效。

这五大基本功就是：出席、一对一、25 秒、带来宾、参加培训。不知你有否留意这些基本功全都与曝光相关，每一次的曝光就是给他人机会对你更了解，每一次的曝光就是给自己争取更多建立客户的机会。CBIN 五大基本功如图 6-5 所示。

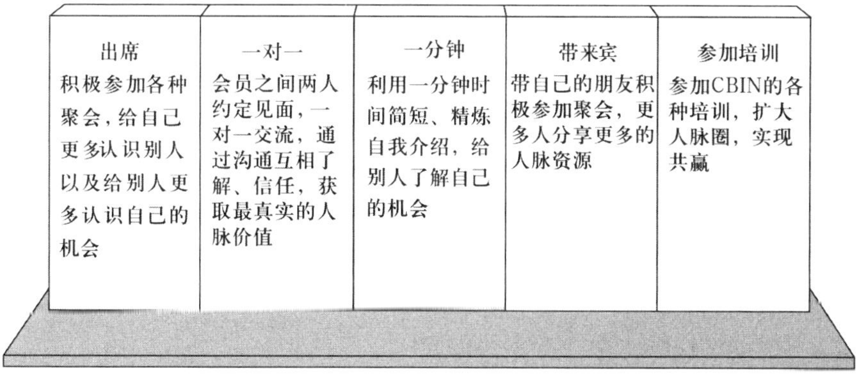

出席
积极参加各种聚会，给自己更多认识别人以及给别人更多认识自己的机会

一对一
会员之间两人约定见面，一对一交流，通过沟通互相了解、信任，获取最真实的人脉价值

一分钟
利用一分钟时间简短、精炼自我介绍，给别人了解自己的机会

带来宾
带自己的朋友积极参加聚会，更多人分享更多的人脉资源

参加培训
参加CBIN的各种培训，扩大人脉圈，实现共赢

图 6-5　CBIN 五大基本功

不论是有关产品或会员个人必须透过曝光，才能提升知名度从而获得更多机会。所以，成功争取五分钟或进入领导团队是成功的不二法门。

2. 一对一业务探访

什么是“一对一业务探访”？

五大基本功当中的“一对一”，就是指会员彼此间两人约定碰面，相互以 CBIN 的访谈流程访问彼此。目的是为了了解对方的专业以及过去的相关经历，这样，在未来有机会的时候才有可能帮伙伴顺利引荐。否则，了解不足就无从谈论信任，更不可能有所谓引荐了！

Face to face 不只是面对面的解释，在希伯来语 Face 是解作“内在”，意思就是能否作深层次的内心交流，坦诚、信任、完全没有保留的沟通。要达到这个效果我们才能无顾虑地向我们的朋友做引荐和介绍。

CBIN 分会的营运是透过团队合作，集合了不同行业成为一个大企业，进行篱笆式销售。提供一站式服务。所以对分会内每一个会员的了解，是一个绝对负责任的做法，这样做才能够突破中小企业的规模限制，瞬间把自己的单位化为一个大企业互相支持与帮助。

6.3 共生关系与更少的关系网

我们大家都知道在生物界有一种关系叫“共生关系”，就是把两种不同生物共同生活在一起的现象称为共生（Symbiosis）。这种共生关系可以细分为寄生、偏利共生和互利共生，他们之间区分的根据就是生物之间不同的利害关系。生物界共生关系如图 6-6 所示。

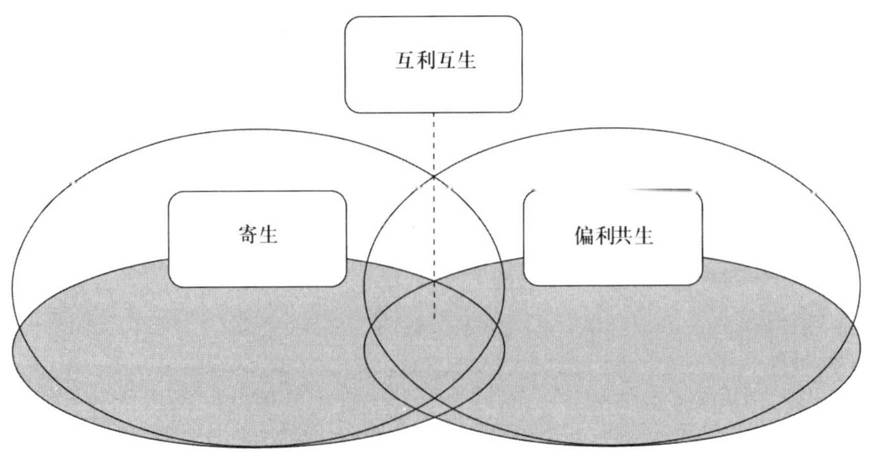

图 6-6　生物界三种类型的共生关系

1. 寄生关系（Parasitism）：生物进化经历了相当漫长的过程，最终生物之间形成了非常复杂的关系。寄生（Parasitism）关系在生物学上被描述为共同生活在一起的两种生物，其中一方从另外一方摄取自身生存需要的物质，这样就形成了一方收益、一方受害的共生关系。

2. 偏利共生（commensalism）：又可以被称为共栖关系，被描述为两种可以独立生存的生物之间以一定的关系生活在一起的现象。偏利共生关系中一方有利，另外一方没有影响。举个例子：海葵的触手可以保护色彩鲜艳的双锯鱼，若靠近海葵的是其他种类的小鱼，那就被其触手抓住且被吃掉。原始协作（protocooperation）是指生活在一起的两种能独立生存的生物间的互利协作关系。比如我们知道斑马嗅觉灵敏，鸵鸟视觉敏锐，而它们生活在一起，就非常有利于发现天敌，从而有效地保护了双方。

3. 互利共生（Mutualism）：共同生活的两种生物之间可以彼此受益，但是分开之后彼此就都无法独立生活。我们对照到商业生态系统中，在分工合作关系基础上，互利共生关系的双方可以产生新能量或新价值，之后按照一定的规则进行分配。

生物之间的关系可以对照到我们的商业生态系统中各成员之间的关系，系统地了解商业生态中各成员之间的关系对其健康发展非常有利，比如理解商业系统内的“共生关系”会对成员之间的合作演化有很好的推动作用。具体三种共生关系运用到商业生态系统中的特征、表现、影响变为以下三种关系。

1. 寄生关系。在商业生态系统中，寄生关系可以理解为双方存在一种内在的供需联系，转移能量或价值是其关键特征。例如，大型企业与整个系统的关系类似于这种寄生关系，大型企业从整个系统中汲取价值，但这种汲取取决于速度。如果大型企业汲取行业利益速度大于系统生产价值的速度时，系统将崩溃；当大型企业汲取行业利益速度小于系统生产价值速度时，则对系统会产生正向的推动和引领作用，有利于整个行业的发展，如果这种榨取速度越小，对系统越有利，能够达到互利共生。

2. 偏利共生。在商业生态系统中，要保持共生关系体系的稳定性与有效性，就需要建立一种对非获利方的补偿机制。比较典型的例子是体系中企业与其他非盈利组织之间的关系。例如，企业与政府、科研机构、行业协会等。这些组织虽然不盈利，但对整个系统中企业的发展有着重要的影响作用，作为获利方的企业提供相应的补偿机制，使其更好地长期为企业服务，从而维持这种偏利共生关系，确保其能够不断地创造出新能量或价值。

3. 互利共生。商业生态系统中企业与消费者的关系就类似于这种共生关系。企业在提供满足消费者需求的产品或服务的过程中，创造了新的价值，并且能够从中获得利润；而消费者获得了产品或服务，其需求也得到了满足，双方都是受益方。所以二者之间的沟通机制越协调，关系越融洽，对双方就越有利。

一个商业生态系统中各成员之间的关系越来越多地表现为互利共生关系。共生关系不论是在现代商业领域内，还是在未来的商业蓝图里都是不可或缺的一部分。

CBIN 平台就是这样一个打造互利共生体系的平台。在未来，CBIN 平台将通过为生意的共生牵线搭桥，使企业生态系统的共生关系的获取变得更为简捷方便，更少的关系网获取了更多的合作平台与机会！未来众多的企业将会通过这个平台找到与自己企业共生互利的企业长期协作发展。

6.4 社群管理的五项修炼

社群可以广义的理解为某些地区、领域、边界线等一定范围之内发生作用的所有社会关系。例如我们实际的某些地域空间发生的社会关系，或是比较抽象、思想方面的关系。

社群可以被解释为区域性的社会关系，即社区；存在相互关联关系的一个网络；社群也可指一种特殊的社会关系，例如社群精神或社群情感等。

社群的五项修炼包括自我超越、改善心智模式、建立共同愿景、团体学习、系统思考五项修炼。只有经过这五项修炼，才能成为可持续发展的学习型经营组织。学习性经营组织的五项修炼如图 6-7 所示。

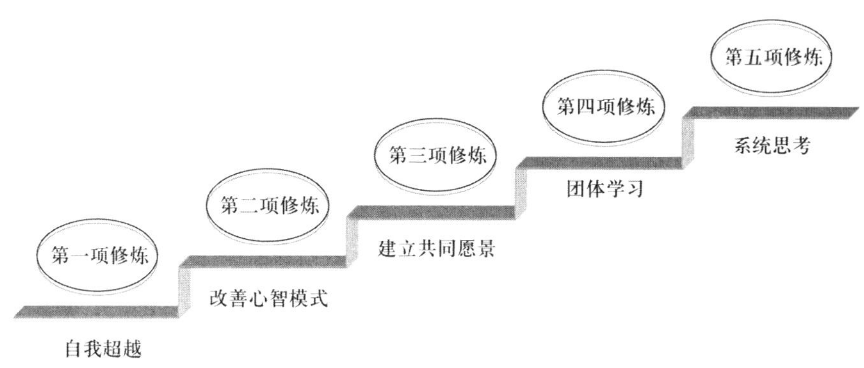

图 6-7　学习型经营组织的五项修炼

1. 自我超越：个人学习是组织学习的基础，如果没有个人学习，组织学习就无法展开。

自我超越是对自己个人成长的学习与修炼，需要我们在面对工作生活时不断的创造。自我超越的修炼过程中，我们需要做到两点，首先要知道我们真正的目标是什么，时刻提醒自己什么对我们最重要。如果花费太多的精力去应付沿路上无关紧要的问题，而忘了我们为什么要走这条路的初衷，真正的目标会变得越来越不清晰。

其次是持续学习如何更好地了解当前情况的方法。很多时候我们遇到一些非常糟糕的状况后会自欺欺人地假装认为没有太大问题，最后往往是以失败而告终。真正了解自身的处境对我们达到目标非常重要。自我超越的两项动作如图 6-8 所示。

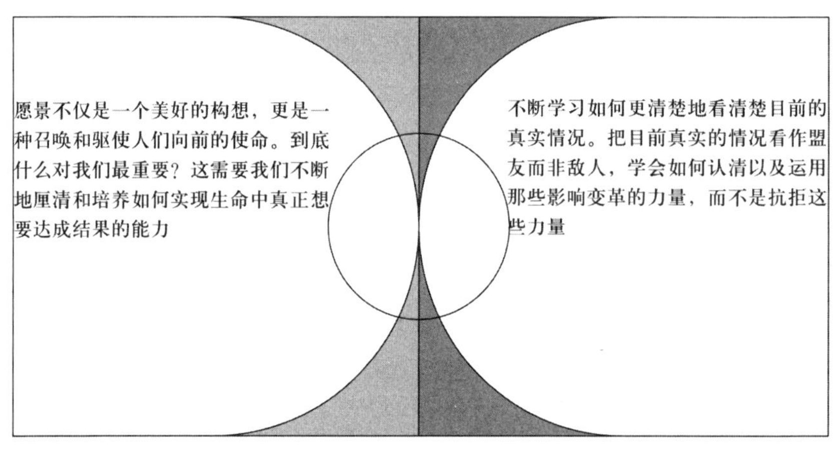

图 6-8　自我超越的两项动作

2. 改善心智模式：心智模式很不容易改变，根深蒂固于心中。它影响着我们了解这个世界的方式，以及我们做出的假设、判断、成见，甚至是图像和印象等。平时的生活中，我们一般感觉不到自己的心智模式及其影响。

对于社群，改善心智模式有着非常重要的作用，是一个社群合作成功的重要保证。改善心智模式就是要求社群中个人要有一种开放的心智，容易接受别人的想法，同时也要很好地表达自己的想法。总之，在社群中，每个人的思想都是不一样的，一个社群的成功合作，就需要我们打开自己的心扉的同时，也要接受别人的想法和意见。只有这样，我们才能更快地打开成功之门。

心智模式的影响可以体现在我们平时看见的事物上。例如具有不同心智的多个人观察相同的事件，会有多种不同的描述。因为每个人做了选择性的观察，导致看到的重点不同。因此需要我们不断地去反思和总结。

如何改善心智模式的修炼，需要我们不断地去检视自己的内心，去反思与探询。反思可以让我们放慢思考的速度，使我们更容易了解自己心智模式的形成过程，以及如何影响我们平时的行动。探询让我们更好地与别人互动，处理各种复杂的问题。改善心智模式的修炼如图 6-9 所示。

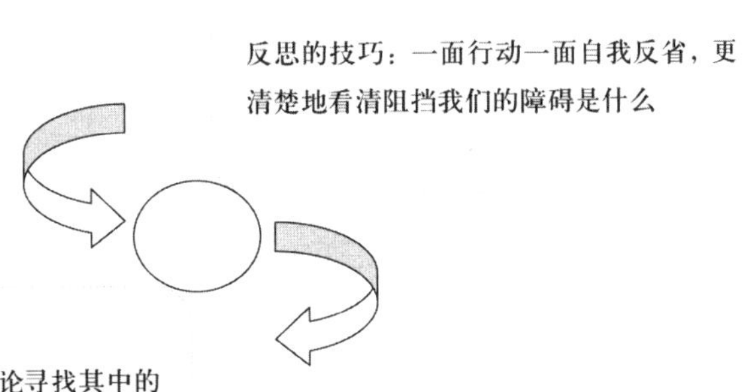

6-9　改善心智模式的两项修炼

3. 建立共同愿景：你也许还记得一部取材于罗马奴隶斗士的名叫《斯巴达克斯》的电影中的一个情节：当罗马大军的克拉斯对几千

名被俘的斯巴达克斯部队的战士说："你们曾经是奴隶，将来还是奴隶。但是罗马军队慈悲为怀，只要你们把斯巴达克斯交给我，就不会受到钉死在十字架上的刑罚。"

一段沉默过后，斯巴达克斯站起来说："我是斯巴达克斯。"他身边的人接连站起来说"我才是斯巴达克斯。"最后，所有被俘军队的人全都站了起来。

这个故事给我们带来这样的启示：他们所有人站起来不是为了斯巴达克斯个人，他们之所以不惧怕死亡是因为他们忠于斯巴达克斯激发出来的获取自由的"共同愿景"。这个愿景对于他们是难以放弃的。

"共同愿景"对于团体或者组织非常重要，它不是一个简单的设想，而是在每个人心中深受感召的力量。共同愿景可以召唤出人们共同的希望，企业的共同愿景影响着成员和组织之间的关系，让企业变成"我们所有人的公司"。建立共同愿景的修炼如图 6-10 所示。

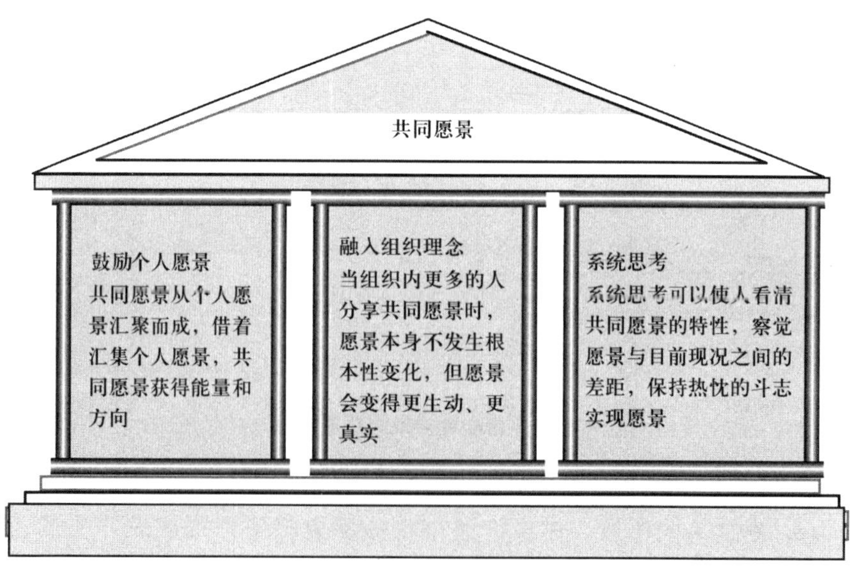

6-10　建立共同愿景的修炼模型

4. 团体学习：“团体学习”是发展社群成员整体搭配与实现共同目标能力的过程。它是建立在发展“共同愿景”这一修炼上，也是建立在“自我超越”上，因为有结果的群体是由有才能的个人组成的。但只有共同愿景和才能还不够，世界上不乏由有才能之士组成的团体，其成员虽暂时共有一个愿景，却无法共同学习。

对于一个伟大的爵士乐团成功的因素，其最主要的不是要拥有才能出众和共同愿景的团员，而是这个团体如何协作一起演奏的方式。组织经过团体学习之后在每个细节方面都会比个人做得更好，团体的智商远高于个人的智商。因此团体学习非常重要，具有很大的潜力。

团体学习的修炼通常包括两种不同的交谈方式，“深度汇谈”与“讨论”。其中深度汇谈是指带有自由性和创造性灵感的不断探索和研究非常复杂且重要的议题，彼此不带有自己的主观思维的用心聆听。讨论则正好相反，提出并辩护自己主观的不同想法。两者是互补的，组织内的成员只有深入应用这两种交流技巧，才能实现团体学习。团体学习的修炼过程如图 6-11 所示。

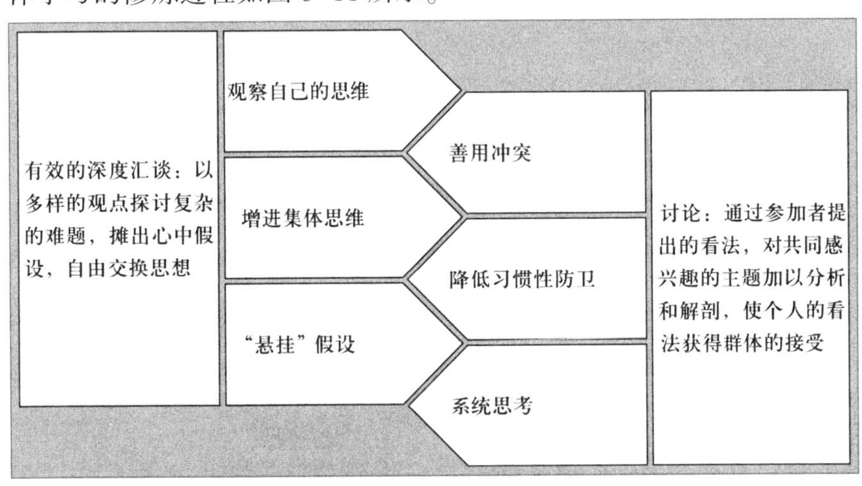

6-11 团体学习的修炼过程

5. 系统思考：我们都知道快要下雨前，一般会乌云密布、天色昏暗。暴风雨过后道路会有大量的积水，天空逐渐放晴……这一切的现象事实上都相互关联着，各个环节互相影响，这就是自然界暴风雨的系统。

其实，组织和人类的活动也会受到一些细小的行动的影响，他们之间相互关联着，需要经过长时间的积累才会显现出来。对于置身其中的我们如果可以做到"系统思考"，就能够看清整体的变化。

系统思考非常重要，它能够重新构建我们的思考方式。系统思考让我们由看片段到看整体，从对现状做被动反应转为创造未来，从迷失复杂的细节到掌握动态的均衡搭配。系统思考的微妙法则如图 6-12 所示。

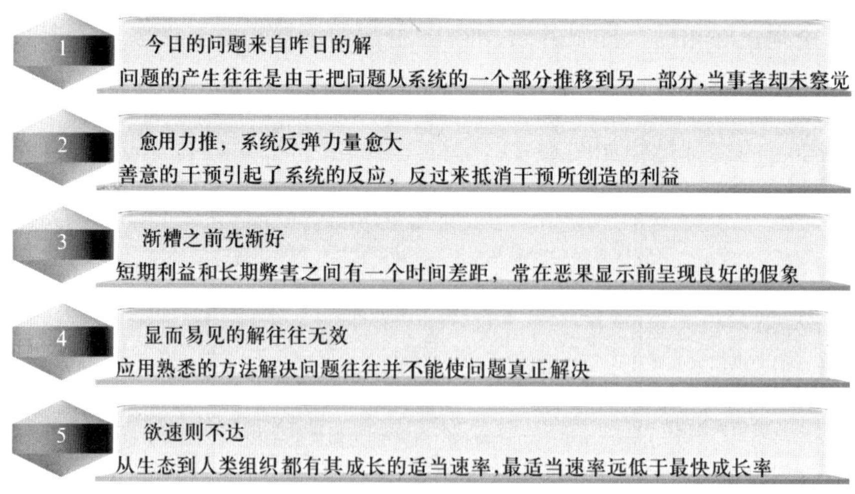

6-12 系统思考的微妙法则

以上五项修炼，听起来很抽象，但当单独明白每一项修炼内容后，便会对五项修炼进行整体思考。或许这五项修炼可以理解为：个人在目标（自我超越）的影响与激励下，与社群文化（共同愿景）相结合，形成一个共同学习、提高的社群（团队学习），去打破原有的思维定式（心智模式），进而完善自我的世界观、价值观以及对事件整体的思考能力（系统思考），最终形成一个学习型的组织，去实现个人和组织的最终目标。

时代在进步，我们更要紧紧抓住时代的特点，正如CBIN现在从事以及将来一直会奉行的，组成多个分会的形式，分会中不同企业互惠互利、共享资源，在这个社群中，我们不断地加强对这五项修炼的理解与学习，并会一直严格遵行，让生意更简单，让社群更富有生机！

第7章

业务引荐：不再设置互斥缓冲期

在共生社群的形成和发展过程中，群体之间的业务引荐过程必不可少。在以往的商业活动中，业务引荐其实也时有发生，只是没有像今天这样被重视和研究。传统的业务引荐一般都会经历互斥缓冲期，给引荐的业务蒙上了一层阴影。回顾过往，我们会发现，由于互斥缓冲期的存在，让很多业务被客户搁置甚至被遗忘。

所谓互斥缓冲期，是指在业务推荐过程中，从被推荐人收到系统发送的推荐信息到他回复信息接受推荐的时间。在互斥缓冲期间，被推荐人会拒绝接受同一类型业务的推荐信息。与以往最大的不同在于，今天是信息爆炸的时代，也是速度决胜的时代。我们想最快速地打通与客户的联系，就要为客户提供更能够打动客户的服务。

在当今的市场环境下，我们能做的最好的客户服务就是为客户引荐业务。当我们赢得一个客户的时候，当签下一笔大单的时候，我们不仅会收获经济上的收入，同时，也会为我们带来巨大的自我价值感。

在激烈的市场竞争中，如果我们能够更好地满足客户这种价值感，我们就能赢得客户的忠诚，给自己带来源源不断的订单。那么，我们就要思考如何利用我们的人脉和资源帮助客户去做业务推荐和成交，来满足客户不同的、深层次的需求。只有这样才能不断地被客户认可，那么我们的业务才能有被推荐和不断成交的机会。

7.1 有业务、有人脉、有资源

在这个信息大爆炸的时代，每个人几乎都在被大量的信息包围。如果我们的业务信息不能在短时间内迅速到达潜在客户，恐怕就会有对手的关键信息进入或者客户被干扰信息吸引了注意力，而人的注意力是有限的。对于我们要推荐的客户而言，也是如此。一旦我们的引荐不到位，我们和客户的合作恐怕就要打上大大的问号。

同时，人的时间也是有限的，今天如何在最短时间内确认客户对合作的承诺，成为大家非常关注的问题。对我们来说，尽快帮客户赢得承诺，就是赢得了业务，赢得了生存和发展的机会。同时，也大大降低甚至彻底消除了我们与客户的互斥缓冲期。也就能保证我们的业务开展能够更加的顺利和长久。

但是，在越是需要速度的时候，稳妥性也要进入大家思考的范围。潜在客户可能会担心速度太快带来的弊端，如何降低弊端，提升双方的优势和价值呢？接下来，我们就此细节来一一探讨。

在业务引荐的活动中，首先要有充分认识业务内容，归根结底我们要推荐的业务能满足潜在客户的需求，合作才有基础，被推荐的业务价值才能实现，同时，引荐的风险才能被控制，引荐才有可能。

有了适合的业务，要把业务更多地推广出去，人脉的丰富程度和质量高低也在很大程度上决定了业务的推荐广度和成功的可能性。拥有更好的人脉，推荐业务的广度会更广泛，推荐给客户的决策层级会更高，决策速度和推荐的影响力会更大。

当然，我们具备的其他资源也都在不同方面支持着业务推荐活动的成功。拥有更丰富的资源，在整个业务推荐过程中就有能力发挥更多的优势，把握更大的优势，来获得推荐的成功。业务、人脉和资源的关系如图 7-1 所示。

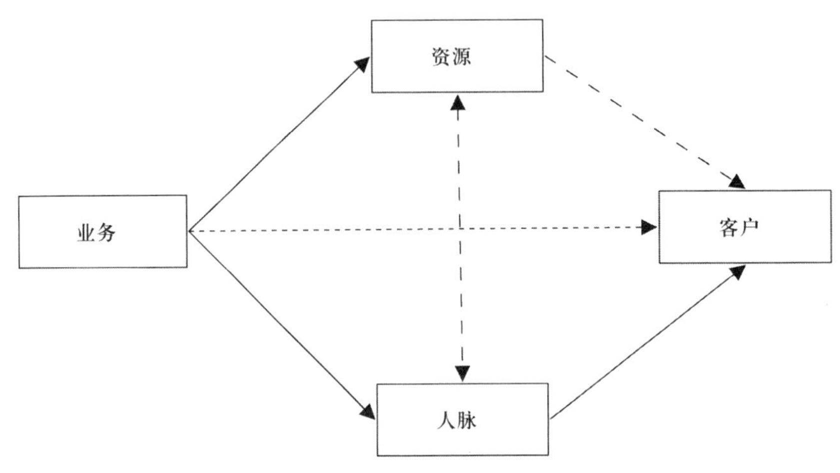

图 7-1　业务、人脉和资源的关系

1. 业务是基础

业务活动是社群存在的基础。无论什么样的社群互动和体验，抓住群体成员的关键点还是成员之间的业务活动。没有业务活动，社群就难以维系，对于想要建立共生社群的想法也无异于痴人说梦。

我们都知道，购买同样产品和服务的人往往在很多方面都具有同一性，这也为社群活动和社群营销提供了可能性。

业务内容是推荐过程的出发点，也是最终的诉求点，决定了业务推荐最终结果的大概走向。在内容上我们要认知业务与什么样的潜在客户有更高的契合度以及认知业务的价值。当我们认知到业务价值被认可的潜在客户画像，推荐才更可能发生和成功。

例如，保险代理在很多人看来是非常难做的一个行业，而且竞争非常激烈。可是我们会发现依然有人把它做的风生水起。在新人刚开始进入这一行业的时候，公司会安排很多有经验的行业前辈对新人进行各种心得和经验的分享与培训。

最初，行业内做得比较好的人员都认识到在产品层面很难和同行业的竞争者有所区分，特别是在大量的竞争对手都与同一客户进行过产品交流，客户就很难区分每个公司产品的不同。

所以，能做好销售的很多人都是因为实现了自我的销售。在和客户沟通和提供服务的过程中，要更注重搞好与客户之间的个人关系，用一些增进客户关系的方法，打好感情牌。比如说，在客户生日当天送上一份精心挑选或制作的礼物，给客户寄感谢信和贺卡等。总之就是要给客户留下与众不同的形象，来增加客户对自己的了解和认可，试图当客户需要的时候第一个能想到的是我们。

但是当今天新入行的人员再使用类似的方式去与客户互动的时候，却发现再也得不到和以往同样的效果。因为时代在变化，过去感动客户的手段和方法在今天都变成了常用策略或者说基本的策略，做了并不能让你显得与众不同，相反，如果没做到就显得标新立异了。

今天的客户需求已经进入了更深层次，我们也要重新考虑自己的定位。很多时候，客户选择不合作可能是因为他受到了其他事件的干扰。举个例子，有一位一直由某保险公司服务的客户，突然要断保，可能并不是他们的服务有什么问题，而可能只是他需要在银行贷一笔款来买房，或者只是由于某个亲属或者同学开始销售保险了。

在市场竞争越来越激烈的今天，所有企业和销售人员都在拼命地吆喝和推广自己的产品或服务，但是收效却很难满意。这是因为他们一成不变的服务已经不能满足客户更深层次的需求，或者说单单只是满足客户的表层需求是远远不够的。当下在服务客户的时候，谁能够更好地帮助客户事业的成长，谁就能跟客户保持更好的关系，这不是简单的个人情感上的朋友关系或亲属关系所能比拟的。

只有充分地了解业务，认知到业务活动的价值，看到潜在的目标客户，同时把握业务和潜在客户需求，才能够更好地实现业务推荐，帮助客户赢得他的客户，同时我们也赢得了客户。有的时候，也许需要我们完成一些和本职工作完全不相关的活动来满足客户需求，依靠迂回策略达到我们的目标。客户的需求与业务活动价值的对应关系如表 7-1 所示。

表 7-1　客户的需求与业务活动的对应关系

序号	需求类型	有价值的业务活动
1	亲密需求（ Need for Affiliation）	建立亲善、友好的人际关系
2	爱好需求（ Need for Interest）	满足爱好并展示不凡的场景
3	权力需求（Need for Power）	获得更大的定制空间的可能
4	爱的需求（Need for Love）	被别人爱和爱别人的机会和群体加入
5	归属需求（Need for Ascription）	进入渴望的圈子并被接纳
6	成就需求（Need for Achievement）	完成梦想的关键步骤和标志成就的仪式
7	价值实现需求（Need for Value realization）	直观看到成就和当中表达的机会

业务活动不仅是我们帮助客户推荐业务的基础，这个逻辑对我们同样适用。怎样才能让客户充分认识到我们的业务价值所在。在这个过程中，我们还能做哪些有益处的行为，这些都值得我们去认真思考。

2. 人脉是关键

从业务活动、人脉和资源的关系图中，我们可以清晰地看到把业务推荐给客户的路径上，经过人脉的路线是实线，其实这也就代表这条路线在实现业务推荐的过程中的重要性。

在一个商业氛围浓厚，又讲究人际关系的环境中，人脉会在很大程度上决定了业务推荐的成败。想在帮助客户推荐业务的过程中实现更好的效果。首先，要建立人脉意识。很多人在社会活动中都不喜欢自己欠别人人情，同时也担心别人对自己在人际交往中的负面评价。大家在与别人的交往中都希望自己变成强者，能够帮助别人，对于别人的人情总是希望尽快找机会给对方回报。

这个时候我们就可以利用人们的普遍心理，来增加人脉的互动。尝试着将我们的客户群进行分析，他们的行业、能提供的价值以及各自的需求。当一部分客户群体有需求，而恰好有客户能满足的时候，就可以进行业务推荐。比如说，我有一个客户是做房产经纪的，当我有其他客户要买房，我就会介绍给他认识；我还有一个客户是做展会策划的，当我的任何客户有展会策划的需求时，我就会找机会把业务介绍给他。

其次，多进入不同圈子，多结识各个行业、各种性格的人，尝试和不同类型的人成为朋友。这样一来我们就有机会能为更多的人提供更多的业务推荐机会，从而帮助更多的人增加业务。在这个过程中，随着与客户互动的深入，更多的接触和互动加深了彼此的了解，逐渐的互相融合，内心的关系更加紧密，我们通过客户去进行业务推荐也变得顺理成章并能够取得更好的效果。

再次，根据六度人脉关系理论，每个客户身后都隐藏着一座待开发的金矿，只有挖掘人脉背后的人脉，建立起属于自己的人脉网络，才能找到这座金矿。善于挖掘不同的人脉，就会看到不同的价值和渠道，对于我们现有的社群成员的业务推荐和为他们推荐相关的业务活动就变得更加丰富，也会更加容易。

对于大多数人来说，在建立自己的人脉之初会面临比较难的起步。可能我们身边原有的人脉和我们所要推广的业务完全不相关；可能我们所做的业务不是他们目前所需要的；或者可能他们背后的人脉中也没有更多的潜在客户；甚至还存在比这更糟糕的情形。那么这个时候我们就要在人脉的建设上付出更多来给自己机会，要从这些看起来没什么机会的困境中不断互动去发现机会。

一旦我们打开一个有效的接口，后面的人脉建立活动和业务推荐就会变得容易。有优质人脉的推荐对于客户的影响力会大大提升。比如，我们的业务由一个商会的会长推荐给会员和一个普通会员去推荐影响力完全不同。在面对私营企业的销售过程中，我们只能接触到采购人员，或者使用人员与能够直接面对企业老总，决策的速度和他们的态度对采购的影响可能会有天壤之别。

而当我们打开一个或几个较高级别的人脉后，推荐就变得更容易实现，无论是为他推荐还是请他帮忙推荐。如图 7-2 所示，为我们揭示了不同人脉的关键作用。

在维护和使用人脉中需要注意的是，与客户交往的过程中切不可操之过急，否则，会令人感到过于急切，反而会产生抵触心理。长远来看，在交往以及业务引荐上会受到很大的影响。有人说，客户是衣食父母；有人说，客户是上帝；还有人说，客户是伴侣……我认为，首先要把客户当成自己的朋友。

当然，要让客户真正把我们当成朋友，并不是一朝一夕就可以实现的，这需要一个过程。因为，我知道很多时候自己做的很多事情不一定能在当场或者很快创造价值，却总能为以后的合作做铺垫。

一言九鼎，被推荐者直接采纳建议

被别人推荐成功，用事实和数据推荐，令人信服的接纳

对趋势把握准确，内部信息更了解，是后辈眼中权威，具有强大的影响力

理论性更强，理性分析得出结论，实战性有待验证，具有一定的影响力

掌握更多显性信息，对核心的具体情况把握未必准确，可信服程度和影响力一般

不掌握具体情况，只是出于热心传递信息，有时建议的动机被怀疑，影响力较弱

图 7–2　不同层次的人脉在业务推荐过程中的不同作用

平时多和客户交流，无论有无业务来往都要保持联系、增进沟通，不断拉近与客户的距离。定期或不定期的，拜访一下客户，或约出来聚一聚、聊一聊，喝喝咖啡，交流一下最近的收获，增进一下感情。有业务交往的时候，除了业务往来也要做一些工作和业务以外的事情。一项业务做完了，来个精彩的结束，对推荐业务的人表示一下感谢，把这次的结束作为创造下次合作的最好时机。无论有事没事，平时多联系，不谈工作，和客户像朋友一样相处，长此以往，客户也会把你当成朋友，成了朋友关系，也就会把你的事当成是他的事了。

切记不可以长时间不联系，遇到事情就到处求人，事情办完就像没有经历过一样将人抛之脑后，这肯定会给别人留下薄情寡义的印象。长此以往就会丧失在群体中的位置，更不用想怎么建立和利用社群了。

3. 资源是催化剂

在业务推荐的过程中，资源所起到的作用更像是一种催化剂，它以一种筹码的方式对推荐过程产生着不同程度的影响。当我们能够更好地展示和合理地使用资源的时候，它就能发挥很大的作用，相反，如果运用的不合理或者展示的不当，在推荐的过程中，即便有非常好的人脉在中间起到很大的作用，也很难保证资源发挥最大的作用。

资源和人脉就像是业务推荐的两根支柱，资源相当于一根辅助支柱，更多的是配合人脉来发挥作用。关键在于我们怎么样让人脉充分认识到资源的价值，通过人脉更好地展现给要推荐的客户。

一方面，是我们的资源如何能够结合人脉被更好的利用。另外一方面，人脉如何发挥自身的资源帮助实现业务的推荐，把两部分资源更好地整合在一起，让资源的价值最大化。这样两条线共同作用，通过人脉的推动和资源价值的拉动，最终实现成功的业务推荐。

当然，也可能会有其他的各种资源起到重要的作用。当资源独特或者有足够大的显现价值，能够保持对潜在客户的吸引。这个时候，只需要人脉恰到好处的推动，就可以实现成功的业务推荐。我们会遇到有这样的情境，虽然没有绝对的人脉，但是资源足够有吸引力或者更能帮助潜在客户实现价值，在竞争中依然会脱颖而出。

如果我们希望能够建立以自己为中心的共生社群，这就需要对自己的资源了如指掌，才能在使用中得心应手，让资源充分发挥作用。表 7-2 所示为我们展示了盘点资源的方法。

表7-2　人脉资源以外的资源盘点

可能的资源	对潜在客户的价值点进行提问
时间	在时间上如何安排才能为潜在客户提供更好的服务？潜在客户的工作节奏是什么样的
空间	我们有什么样的空间可以提供给潜在客户使用
现金	我们的现金能帮助潜在客户解决哪些问题？如何保障现金安全
资源	我们有哪些资源？这些资源在什么情况下能对潜在客户有最大的帮助
信息	我们掌握的哪些信息是对潜在客户有价值的？我们如何获得最新信息
知识	我们掌握哪些对潜在客户有价值的知识？这些知识的获取渠道
机会	我们有哪些机会能了解潜在客户的需求，并能够帮助他们解决问题
荣誉	我们有没有能够帮助潜在客户获得他们感兴趣的那些荣誉的机会
资质	我们有哪些资质是潜在客户需要的？如何去获得这些资质

7.2 高效、直接、不啰嗦

随着互联网经济的深入发展，整个世界的发展速度将越来越快。科技不断创新，信息大爆炸，经济模式不断发展，市场竞争越来越激烈。这一点在中国展现的尤其明显，进入互联网时代，整个社会财富的增长超过过去改革开放40年的成绩。

曾经被人质疑的“快餐文化”，如今已经没人再提起，整个世界都在加速，哪里有时间和你在概念上啰嗦。简单、直接是今天“快餐时代”在速度上必须具备的条件，未来还要加入更高效的标签。时代正在以前所未有的速度狂奔，任何跟不上节奏的和企图扯住时代步伐的行为都将被时代碾压，成为历史。

同样，我们的引荐业务也要做到高效、直接、不啰嗦。因为，速度决定成败，时间是一道无法越过的鸿沟，新生代社会拒绝七弯八绕。

1. 速度决定成败

这是一个速度决胜的时代，今天的商业竞争可以用类似大鱼吃小鱼的游戏来恰如其分的表现。如图 7-3 所示。

图 7-3　不同层次的人脉（大鱼/小鱼）在业务推荐过程中的不同作用

在游戏中，我们能够控制的鱼像极了一个企业，在不断吃掉其他鱼的过程中不断长大。作为企业，同样是在残酷的市场竞争中要不断躲避风险、抓住机会占据先机，求得生存，获得长足的发展。规则上都是大鱼可以吃掉小鱼，这也是过往多年的商业事实。大企业都有比小企业更多的资源、品牌价值、特别是规模上的优势，往往都是大企业通过兼并等手段不断“吃掉”行业中的小企业来壮大自己。

但是，这只是游戏中的一般情况，在现实中也更多地发生在过去的时代里。在这个游戏中，我们有机会手动控制我们的鱼，让它在行动中更灵活和迅速，虽然游戏的规则不允许吃掉更大的鱼，但是手动控制的灵活性还是为我们带来了巨大的优势，而与现实环境非常像的地方，大鱼是非常少的，而且它们的出现都有规律可循。

这样的情况也和现实中企业的竞争非常相像。尤其是在如今激烈的市场竞争中，企业的反应速度和灵活性越来越变得至关重要。正如游戏中玩家对鱼的控制越灵活，就能更顺利地实现不断的成长，就能吃掉越来越多的鱼，不断壮大。

过往的时代，科技不够发达，企业间的竞争优劣对比往往就在于谁的规模更大。而当今时代科学技术的发展进步，给了中小企业更多发展的可能。面对日新月异的变化，大企业正面临更大的不适应感，而小企业船小好调头的优势在更狭窄的市场空间内自由穿梭、游刃有余。

我们的业务推荐，更愿意为中小企业的发展添加助力，插上翅膀。在今天流行的圈子文化中，能够在中小企业老板的圈子里做的业务推荐，成功率要更高，执行业务活动的效率也会更快、更直接。在竞争中就更有可能占据时间上的主动，从而让企业占据更多竞争优势乃至胜势。

2. 时间是一道无法越过的鸿沟

时代高速发展的今天，科技向我们展示了越来越强大的力量。很多过去让我们感到力不从心的缺陷和人类的弱势方面，已经逐渐被改变。但当我们今天重新审视这个世界和我们自己，我们会发现始终无法改变，或者说对我们体现价值最大的障碍就是时间限度。对很多渴望让自己变得与众不同，创造历史，实现伟大人生的人来说，最终限制了他们的梦想是时间。

其实不仅是对于这些渴望有所成就的人，对于每个人来说，直到人类的寿命能实现大跨度的增长之前，我们都是在和时间抗争，但很多时候，却显得无能为力。所以，高效是人们都看到的更好实现价值的必然选择。

在社群中的业务推荐，能更快地打通双方的关系，直接获取信任，大大减少了互斥缓冲期，为双方节省了大量的犹豫和判断时间。如果我们无法跨越时间的长度，那么就要增加时间的厚度。通过有效的推荐，加快彼此熟悉的过程，让寒暄和了解在推荐时就已经完成，最高效的完成谈判的关键环节，迅速决定是合作还是下一个。

正如互联网上曾经流传的段子：我们只找对的人，我们没有时间把你变成对的人。见面聊天直奔主题，如果你的思维还在原始时代，说了三句话你两句半没听懂，直接下一个。这个年代，赚钱的速度就像抢，晚了就来不及了，哪有时间浪费在你的身上。快节奏带来的压迫感让每个人都处在高速的运转之中，而且不能犯错误。

图 7-4　再强大的人也摆脱不了时间的枷锁

正如上面图 7-4 所示的一样，无论一个人多强大，生命总归是有时限的，对于一个人来说，时间的宝贵用再美好的词语来形容都不为过。对于一个企业来说，这样的道理同样适用，因为这是一群人付出时间在做的事情，在渴望被认可和实现一群人的价值。

所以，今天对于想要玩转社群营销的人，特别是企业老板们，更应该感受到时间的压力。社群的建立和活跃，如果不能为社群成员带来业务上的增长，不能让玩社群的人在推荐别人业务和自己的业务被别人推荐中产生真正的价值，都是在浪费大家的生命。甚至可以说，这是最奢侈的社群活动。

3. 新生代社会拒绝七弯八绕

也许是因为科技的光芒太过耀眼，以至于很多人都忽略了不同时代间人的差异。只有当我们吐槽看不懂这个时代的时候，才会关注到一个老掉牙的词：代沟。如今，九零后逐渐成长为社会的中坚力量，而零零后也即将走入社会、崭露头角。这个时代的年轻人沟通和做事更直接、更简单。传统观念中视为美德的中庸和含蓄，甚至被有些人视为虚伪。显然这些年轻人的方式更高效，这也注定会是未来的发展趋势。

新生代的社会主力军的方式就决定了社会未来的方式，当他们不喜欢七弯八绕地去表现问题和生活的时候，我们只有跟上时代的步伐，才不会被淘汰。今天共生社群的生存和发展也向我们提出了这样的要求。这种要求与年轻人的普遍世界观如出一辙。如表 7-3 所示，为我们揭示了当代年轻人代表的社群需要的方式。

表 7-3　年轻人想要的互动方式

面对的问题	想要的互动方式
关于金钱	别和我谈钱，因为我不在乎

续表

面对的问题	想要的互动方式
关于情感	懂很多道理，做不到很多事情
关于个性	喜欢标新立异，个性张扬
关于自我	我要呈现与众不同的价值
关于成长	不管你是谁，别和我说教
关于人际关系	合得来就一起玩，合不来就离我远点

我们通过研究发现，今天的年轻人，在意识层面显得很成熟，但是在现实面前又显得很幼稚。之所以意识层面成熟，一方面现代社会知识获取非常容易，另一方面由于独特的成长环境造成过于自我的心理状态。而在现实面前，毕竟人生的经历和对社会的阅历要浅一些，真正遇到事情的时候还是比较盲目。

这给了我们建立社群以及社群营销提供了线索，要在精神上满足他们的需求和口味，但是在业务推荐过程中要各个单独应对，就能在心理上突破，在用事实说话，会更容易促成推荐的成功。在社群的互动中，则更加开放和注重人文的关怀，引领但是不控制，让成员自己嗨起来。

智慧案例：业务引荐精英会

业务引荐，可以非常有效地减少双方的互斥缓冲期，让业务的开展更加高效和精准。那么，如何才能让业务引荐实现更加的高效呢？下面我们就和大家分享一下 CBIN 的业务引荐精英会。

业务引荐精英会的重要环节就是如何组织使会议高效。我们会按照会前准备、会中控制和会后跟踪来开展整个会议过程，让会议开得具有价值，同时更加高效。

会前准备的内容和标准如表 7-4 所示。

表 7-4　业务引荐精英会的会前准备工作

准备的内容	准备的标准和方法
会议主题	有明确的业务、流程、时间安排、标准和典范，确保符合主题
参会人员	会员和嘉宾，为他们以及邀约嘉宾的环节服务，确保会议召开
会议时间	根据经验，例如 CBIN 早餐会，1. 5 小时~2 小时效果最佳
参会嘉宾	会前一天最后确认，确保参加，提示正装和多带名片
资料和环节准备	业务介绍环节和感恩环节重点准备，准备好宣传品和名片

会中控制的要求如表 7-5 所示。

表 7-5　业务引荐精英会的会中控制工作

准备的内容	准备的标准和方法
开会准备	所有参会人员必须当天提前 2 小时到达，做最后会议准备
准时开始	准时开会，不能拖延，树立良好纪律性
每一环节时间控制	把控时间准确，确保每位参会人士能有足够机会曝光产品及业务
发言时间控制	CBIN 会员曝光要严格控制时间，超时立即停止，以免超时
结束会议	准时结束，让会员嘉宾们有足够的时间做业务洽谈申请入会

会议结束后，并不是说所有工作就都告一段落了，相反，很多工作才刚刚开始。会议结束后，最重要的一件事就是要做好会议纪要，以便于后期的需要。同时总结会议工作的好的部分和有待提升的部分，为以后的会议积累经验。同时跟进嘉宾和会员之间的业务对接，为双方带来实际价值。

最后，为大家介绍 CBIN 高效会议的五大原则，如图 7-5 所示。

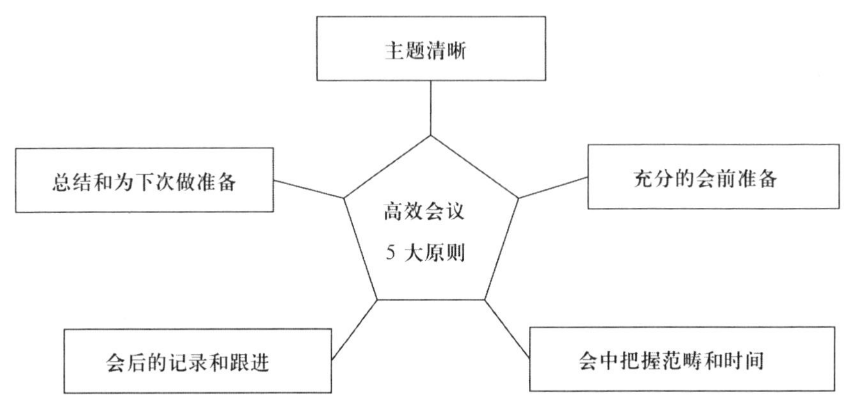

图 7-5　CBIN 高效会议的 5 大原则

对会议总结的部分，磨砺出完整有效的流程、话术和标准规范，可以形成高效的模板。把这个模板复制到不同的城市，就造就了不同分会的标准模式。

7.3 先舍后得高磁场

每个人成长过程中都会经常听到这样的话，“某某家的孩子特别聪明，这次考试又得了满分。”“某某人真聪明，才几年的功夫，就赚了那么多钱。”我们似乎习惯了用“聪明”这个词夸奖别人，这在一定程度上引导了一部分人在生活和工作中都想做更聪明的人。如果有人在生活中，特别是在商业活动中，没有表现出“聪明”，或者表现出“老实”和“愚钝”，则会被人笑话。

就在很多人被教育要学聪明点的时候，我们在社会上生存的真实经历却好像不是这样的。一方面，我们似乎总是会遇到比我们更聪明的家伙，而且这样的人很多。另一方面，很多大家都觉得很聪明的人未必有多大作为，甚至“聪明反被聪明误”，而看起来没那么聪明的人却被很多人更认可，取得了不错的成就。下面，我们就来说一说，我们传统的“大智若愚”的聪明智慧。

1. 舍得，不舍不得

舍得，最早出于《易经》。这部中国古代智慧的结晶，经典之处不需我们赘言，单单出自其中一个词语，也能看到大智慧。“舍得”一词，字面来看有舍有得，舍在前，得在后，就让人感到不同于一般聪明的大智慧。无论社会的商业程度如何加深，商业的性质是很难改变的。市场上的商业购买行为，从本质上来说就是一种物质交换，就是一个舍与得的过程。而先舍还是先得，则在考验着企业和个人在商业活动中的智慧和胸怀。如图 7-6 所示。

图 7-6　舍得智慧

从古至今，虽然有些人在先舍的道路上吃了亏，我们还是可以看到，大凡有大作为者，都不是在利益上斤斤计较的“聪明人”。吃过亏的可能是舍的智慧不够，经验和能力是可以后天锻炼和培养的。如果处处“机关算尽太聪明”，这样自以为聪明的人是永远不会有心胸成就大事的，可能只会“聪明反被聪明误”。聪明不是获得多大成就的决定性因素，胸怀才决定了舞台的宽度。

三国时期有一个典故，董卓在汉朝末年奉诏进京护驾，认为自己建立基业的机会终于来了。面对丁原、吕布等人，苦于没有办法制衡。李儒提出说降吕布。董卓一掷千金，把无价之宝赤兔宝马送给吕布，收服了吕布这员大将，吕布投靠董卓，使董卓实力大增。

本来董卓有机会灭掉汉朝取而代之，但是在后来的貂蝉身上又表现出目光短浅的狭窄心胸。凤仪亭事件之后，同吕布矛盾不断升级，最后兵败被杀。如果董卓有智慧和心胸来处理吕布的事件，恐怕历史就要换个写法了。

近代史上上海滩大佬杜月笙，在他还只是帮派中一个小头目的时候，有一次整个帮派开会，他晚到了两个小时。当帮派大佬得知他之所以迟到这么久，是因为他仗义疏财，把身上所有的钱都赠与别人，而自己没钱坐车，是一路走过来的时候，精准地预见到：“上海滩以后就是他的，别人都不是对手”。

舍得，先舍后得。在现代的很多商业案例中，我们都能找到类似的情形。我们常提到的长尾效应简单地说就是一种先舍后得的模式。我们的社群构建和社群营销同样有舍得的影子，要让社群成员愿意体验、参与和互动，不先舍是很难成功的。只有先舍掉一些利润或者投入一些成本，吸引了成员的参与和持续互动，才有机会赚取后面的长尾利润。

商业氛围越来越浓，商业思维让人们越来越懂得游戏的规则，大家都知道我们在后期会赚取利润。即便如此，当我们在构建社群的时候通过先舍的手段，还是能够吸引潜在的客户参与和互动，因为最终客户还是为价值买单。只要我们的业务足够吸引客户，一定会取得不错的业绩，无论你“舍”的手段多老套，总会有客户登门，毕竟客户要的是占便宜的感觉。

2. 你凭什么玩转业务推荐

业务推荐是一种销售活动的新玩法。社群中的推荐给业务方在迎合时代上提供了更好的方式。在业务被推荐之前，做足内功自不必说，同时也要从人的角度出发，更了解推荐人对于可能的推荐方向有预判、有准备，成功可能性就要更大。

在社群中，要充分了解社群成员的特点，划分成员类别。成员不同的过往经历和角色，导致他们在社群活动中参与的程度必然不同，自然有人非常活跃，也有人相对低调。但是表现出来的状态不一定是一种常态。社群的创建和发展必然是基于一个相同的IP。人们参加社群可能是出于各种原因，在社群中的表现也不能拿来直接判断成员实际的能力和真实画像。

所以，如果我们的业务是与IP联系密切的，我们就要判断成员中哪些是同我们一样的，一般来说这样的成员都会表现的比较活跃，我们要多接触、多合作。相反，表现的不是很活跃的，我们就不能在这些成员身上花太多精力，但也不是一刀切掉。要简化了解沟通，对于同样与IP联系密切，只是表现不活跃的，也要多多互动；而对于其他的，没必要消耗关注度。

在互动过程中，要把握好互动的关系和注意给别人的感受，虽然大家都知道社群成员的互动都是为了实现自己的利益。但是，在活动中一味只想让别人帮自己引荐业务，会给人以自私自利的感觉，那么在社群的路就会越走越窄。我们在社群活动中真正帮别人引荐业务或者哪怕只有引荐的动作，都会被人感知，将来推荐你的业务也就不在话下了。

在互相认知的基础上，为推荐人做好服务，同时感受其他成员的服务，准备好为对方做业务上的推荐，才能实现社群最好的结果——互相满足。只有这样，社群才能更加良性的运转，逐渐发展成为真正的共生社群，社群成员才能够在社群中获得直接收益。

3. 打造高磁场五大“法宝”

社群，说透了靠的就是磁场吸引力。无论你的 IP 是什么，都要有足够的力量吸引人们加入。而在社群中，自然有人能玩的风生水起，也有人走在边缘。在这里，跟大家分享打造高磁场的五大“法宝”，如图 7-7 所示。

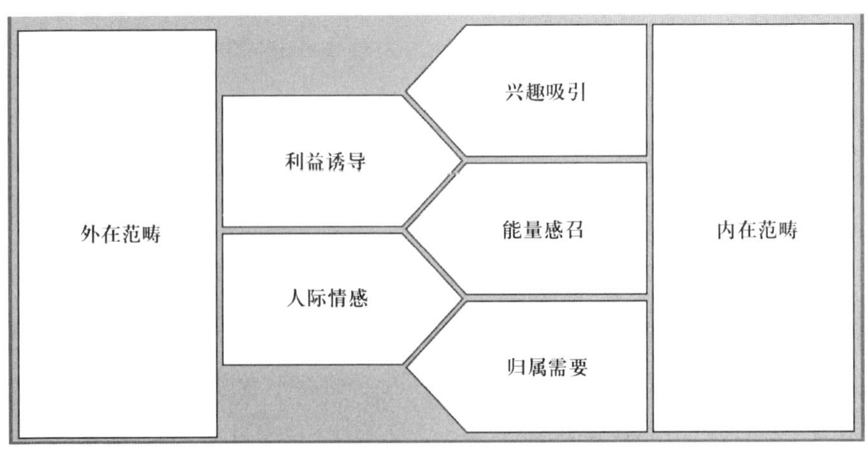

图 7-7　打造高磁场的五大“法宝”

打造高磁场，可以从内外两维度来实现。首先说外在，利益永远是绕不开的一个话题，当我们能给别人带来利益的时候，自然就能吸引别人靠近我们。当一个社群能够为他的成员带来更多的直接利益，那么自然就会吸引更多的人加入社群。所以，我们能提供客户什么样的利益，客户对什么样的利益感兴趣，就是我们要不断思考的问题。

关于外在范畴，人际关系也能够起到至关重要的作用。无论是什么样的人，都离不开社交，他一定有自己人际交往的圈子。当我们吸引不了客户的时候，我们不妨思考一下如何吸引他身边的人来迂回实现吸引力。

兴趣是一个必然的焦点，什么样的 IP，什么样的社群文化，能吸引什么样的客户。我们怎么了解客户的兴趣，如何通过客户的兴趣构建与客户的关系，如果能明确这些问题的答案，我们就能更加吸引潜在的客户了。

社会发展的节奏越来越快，不断有新的事物产生，旧的事物被淘汰。在这样的节奏中，很多人都表现出能量不足。在社会生活中，负能量随处可见。如果我们不断给自己赋能，在客户眼中是正能量的“代言人”，自然吸引力会大大增加，毕竟每个人都喜欢和正能量满满的人交往，因为这能给他们带去积极和活力。

最后，更重要的是营造一种归属感。人是社会性动物，在人群中有自己的位置，才能感到安全。所以，我们的社群建设也好、客户管理系统建设也好，能不能给客户归属感，以什么样的形式给客户怎么样的归属感，这都需要我们花费心思去做。有时候，形式比内容更重要。

7.4 耕耘而不是捕猎

在原始社会里，人类还食不果腹、衣不蔽体，过着茹毛饮血的狩猎生活，每天饥寒度日。到了农耕时代。“春耕、夏耘、秋收、冬藏”人类开始开荒耕种，使得“五谷不绝而百姓有余食也”。历史的车轮滚滚向前，充分地证明了耕耘对于人类的重要作用和意义。

在移动互联网时代，我们不仅要有耕耘的思想，更要有深度耕耘的思想，才能在激烈竞争中生存下来。同时《荀子》王制篇中也有这样的话，“力不若牛，走不若马，而牛马为用，何也？曰：人能群，而彼不能群也”。这也是社群的主要思想，如果我们抱着耕耘的思想而不是捕猎的思想去经营社群，我们未来的经营才会事半功倍。

1. 捕猎的时代一去不返

翻开当代的经济发展史，我们依然能找到“捕猎”的影子，在原始时代，捕猎为人类提供了生存的必需品。改革开放初期的中国，大部分企业走的都是“捕猎”的道路。那个时候企业的发展方式以粗放发展为主，追逐短期利益，规模红利。很多大企业都能找到当年疯狂开疆扩土的影子。但那个时代已经一去不返了。因为，现如今，这是一个猎人比猎物多的时代，如图 7-8 所示。

如今，随着互联网的飞速发展，新行业、新趋势不断涌现。市场竞争日益加剧，市场环境朝夕之间，千变万化。每家企业的生存空间不断被分割，市场份额不断被压缩，要想获得生存，必须在自己的领域深耕细作，才能挖掘企业自身更大的价值去满足和获取客户，赢得生存的机会。曾经的猎人去打猎，猎物到处都是，而今猎人在猎场里看见的都是猎人。还用捕猎的方式，就只有死路一条。

图7-8　这是一个猎人比猎物多的时代

市场竞争的不断升级，不仅加快了经济的发展，也加剧了企业生存的难度。但这并不是唯一影响我们今天选择如何与客户互动的因素。很多企业家感叹，更多的危机感来自于读不懂如今的消费者。个性化日益加深的今天，虽然商品和服务价值的成交永远是商品社会的本质，但是没有足够的理由，客户就是不买单。如何更好地了解和满足客户也是对市场深耕必须面临的问题。

未来，一方面需要我们不断深度耕耘自己的业务，给客户更大的价值体验。另一方面，也要不断关注世界发展的趋势，不断调整我们与客户互动的方式，根据新的趋势设计客户价值的体现形式。我们要深入思考如何利用好新的形式，更加吸引客户，在社区构建过程中更好地跟客户互动，建设更高效的共生社群。

2. 不懂耕耘就没有收获

随着竞争的不断加剧，这个时代要求我们深耕市场，收获生存和发展。曾经传统的、粗放式的发展方式已经脱离了这个时代。如果不能够精准挖掘客户需求，与时俱进，满足客户个性化定制需求的产品和服务将逐渐被市场所淘汰。

信息大爆炸的时代我们充分享受了高效、高度信息化所带来的便利。大数据为我们提供了更精准的认知，未来人工智能的发展以及物联网的不断深化，让生产力不断攀升，未来是不缺少供给的，卖方市场将会进一步扩大。

不懂得耕耘的人和企业都将很难在社会中找到属于自己的位置。如果企业自身模糊了精准的客户定位，那么企业也终将会在客户心中丧失精准的形象和定位。

从前是做营业收入，到后来管控利润，未来只有耕耘客户，不懂得这个道理必将游离于商业活动核心地带之外，结果就只能是勉强度日。技术的进步和客户认知的不断提升，将导致未来的竞争中要么强大到一骑绝尘，要么就是被甩得无影无踪，没有中间路可走。

做产品就要深入耕耘产品，做服务就要精细化完善服务，这是价值实现的核心，只有做好产品和服务才能谈发展。同时，也要深挖我们的资源，深挖资源的价值，使得资源能够最大限度地支持业务拓展。在这个过程中，人脉资源尤其重要，酒香也怕巷子深，有好的产品还有人帮我们吆喝，才能让生意更好。当然，帮忙是相互的，我们要时刻发掘对方的需求，更好的彼此配合，实现共同的利益，让社群充分发挥作用，成为真正的共生社群。

当然，最终需要的还是要不断深耕客户，投入大量的时间和经历研究客户的需求及变化趋势。使我们掌握的一切资源，都要有效地为客户服务。没有客户需求，就没有这一切，当客户需求改变，一切都要重新梳理。耕耘的好，成功有迹可循，耕耘不好或者干脆不去耕耘，注定无法逃脱失败的命运。

延伸思考：如何让老板们帮你跑业务

对于今天大多数企业来说，无论规模怎样，最大的业务员都是企业老板。一方面是老板的身份让他在业务活动中更容易调动更多资源，谈起来效率更高；另一方面老板掌控决策权，最有权力下决定，很多业务活动都是找到了有决策权的人才真正开始。

而且有很多中小企业的老板，都是做业务出身，他们的业务能力很强。面对激烈竞争、生存和发展的压力，总是身先士卒、冲锋陷阵，而效果往往很好。

所以，在这样的现实下，如果能调动身边的老板们，来帮我们跑业务，那我们的业务就容易得多了。如表 7-6 所示，提供了让老板们帮我们跑业务的关键。

表 7-6　让老板帮我们跑业务的关键问题

序号	要解决的关键问题
1	加入什么样老板的社群和如何加入老板的社群
2	社群中老板的共性需求和个性需求是什么
3	在社群中如何表现价值
4	用什么样的方式与老板们互动更加能被接纳
5	怎么样让老板们介绍我们加入新的高价值社群

首先，我们要选择加入什么样的老板所在的社群，也就是选择目标社群。选择好以后确定加入社群的方式，怎么样能成功加入。进入社群之后怎么样的互动方式能更好地发掘这些老板们的需求，行动中既要考虑共性的需求，照顾大部分人，同时当有合适的人选可以深入交流的，还要注重个性需求的把握。

然后根据社群的性质，特别是 IP 属性，确定我们怎么样在社群中表现价值，让更多的人关注到，当我们在社群中有一定的知名度，我们就能具备一定的影响力。还要考虑在具体与每个老板互动的过程中，什么样的方式更容易被他们接纳。被接纳就会有逐步更深入的互动，未来更容易成为朋友，一旦成为朋友，后面就会有更多合作的可能性。

最后，当我们在一个社群中取得成功后，我们要有目的地选择方式让老板们帮我们进入其他的高净值含量的社群，然后就重复面对上面的问题并去解决，让更多的老板加入为我们跑业务的行列，我们的业务就能开花结果了。面对自己所处不同的行业，都有着不同的属性，老板也有着不同的群体特征。如何在你的行业里实现老板们帮你跑业务，就需要你去深入研究和思考了。

第3篇　践行篇

构建无边界共生社群的方案

第 8 章

标杆模式：拿来即用或稍改即用

在人脉和资源充足的基础上，我们要学会利用行业共生关系，打造成功的社群系统。我们提供了共生社群构建的可以参照的模式，那就是可以拿来即用或稍改即用的标杆模式。

下面我们从共生社群的构建原则、共生社群营销趋势、共生社群品牌传播以及共生社群落地执行几个方面来进行详细的说明。

8.1 共生社群的道、法、术、势

构建共生社群主要有五个原则，分别是同好、结构、输出、运营、复制，简称“ISOOC 原则”，具体如下。

（1）同好（Interest），决定了社群的成立。同好定义为对某种事物的共同认可或行为。基于产品，比如小米手机的粉丝统称为米粉；基于行为，比如旅游爱好者统称为“驴友”；基于标签，比如同一星座的人；基于空间，比如同一个小区的业主；基于情感，比如同一学校的校友；有共同的爱好是找到同一类人的基础。

（2）结构（Structure），决定了社群的发展。结构包括组织成员、交流平台、加入原则、管理规范四个要素，社群结构组成的四要素具体如图8-1所示。这四个组成结构做得越好，社群就会发展的越健康、越壮大。

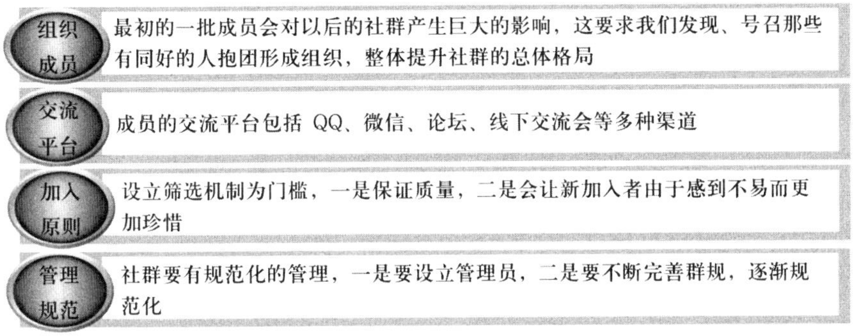

最初的一批成员会对以后的社群产生巨大的影响，这要求我们发现、号召那些有同好的人抱团形成组织，整体提升社群的总体格局

成员的交流平台包括QQ、微信、论坛、线下交流会等多种渠道

设立筛选机制为门槛，一是保证质量，二是会让新加入者由于感到不易而更加珍惜

社群要有规范化的管理，一是要设立管理员，二是要不断完善群规，逐渐规范化

图8-1 社群结构组成的4要素

（3）输出（Output），决定了社群的价值。没有足够价值的社群迟早会成为“鸡肋”。高品质的社群就像一个持续不断的充电站，能够给社员定期做干货分享、咨询答疑，提供信息资讯，使得社员能够在社群中获得利益回报。

（4）运营（Operate），运营决定了社群的寿命。良好的运营能够使社群获得长期可持续性的发展，通过运营要使社群成员获得以下四种感觉：

仪式感。比如入群要申请，要有行为准则，有奖惩措施规定等。

参与感。比如通过不定期的组织活动、一起进行学习、分享等，保证社群内部的活力，提高社群的活跃度。

组织感。比如设置社群内部的组织结构，划分各项工作的职责，通过成员的分工合作完成各项事务，以此保证社群的组织性。

归属感。比如通过有意义的活动组织、沟通交流等，营造团结和谐的氛围，保证社群的向心力、凝聚力。

（5）复制（Copy），复制决定了社群的规模。复制社群的前提首先要考虑以下三点：

第一，是否已经有充足的准备？是否具备足够的人力、财力、物力；

第二，是否已经组织了核心群？要有一定量的核心成员，他们可以作为社群的种子用户加入，引导社群向着良性的方向发展；

第三，是否已经形成社群文化？社群大多数的成员是否认可，并能够自然的、无意识地按照共同的价值观去做事，是否整个社群已经形成同样的心理契约，对社群文化有了基本的共识，形成了社群自有的文化。

共生社群的构建只有遵循以上五个原则，才能做好共生社群的构建、发展和平行复制，使社群发挥出更大的作用。

1. 共生社群营销的四个维度

共生社群营销真正流行并受到较大的关注度，是因为各类移动互联工具层出不穷，社群营销的广泛应用，不仅实现了人与人之间的有效连接，让社交变得更加简单、直接、高效；更重要的是让企业与企业、企业与用户之间的距离缩短，将传统的营销带入了一个全新的时代。

（1）社群之道

在社群经济发展如火如荼的今天，小米异军突起吸引了一大批忠实粉丝，成功实现了上市；逻辑思维引领知识变现潮流；社群组织的大量出现，开启了社群经济盛行的新时代。社群是当今社会资源的重组和整合，集中数据、信息、资源实现共享，由社群经济演变而来的粉丝经济、共享经济等模式，也随着社群经济模式的不断精进和创新发展，形成雏形。

（2）社群之法

社群之法指的是包括产品升级、结构升级、需求升级以及形式升级的全方位升级。这里所说的法并不是方法，而是原则。社群是一种新选择，也是一种放弃。社群建立的原则不但要明确做什么，更要明确不做什么，我们总结了一些社群经营失败的案例，他们失败的共同点是仍旧停留在传统的经营模式，认为社群是一种销售渠道。

社群的目的是先影响一小部分人，再通过小群体的口碑传播、扩散营销等逐步影响大部分人，从而构建逐步壮大的社群群体。传统的市场经济时代，靠单一化的产品满足所有人需求的时代已经一去不复返了，现在的消费者群体个性化需求明显，他们更倾向于定制化的产品或服务，因此社群之法也要根据群体的需求升级，不断扩散和吸收新鲜血液，形成新型的、多样化的群体。

（3）社群之术

社群之术是社群之根本，在社群创始初期，探索出一套落地的方法论是社群实现营销的目的。CBIN 总结了社群发展经营的一套方法论，具体步骤如下：

首先，先聚拢一批核心人员，即优秀员工；

然后，在社群运营中总结实践规律，得出方法论；

最后，根据方法论指导实践，在实践中改进和总结更多的方法。

社群是一项新生事物，还处在摸索发展阶段，我们要积极探索出一套理论指导实践的方法论，根据市场环境变化不断地总结得出规律，形成自己的社群发展之术。

（4）社群之势

人际交往需求是人们在满足生理安全需求之后的精神层面的需求，是一种情感和和归属感的需求。在过去的年代，人们相互沟通只能通过见面或者书信传达；而在现代社会，信息传播迅速，各种社交媒介的广泛应用能够让信息和人际交往打破空间的局限性和六度人脉关系的桎梏，快速形成人与人之间社交关系网络，因此社群经济有着巨大的发展空间和无限的可能性。

2. 共生社群的品牌传播

了解共生社群的营销趋势之后，可以最大限度地运用社群营销的趋势进行品牌传播，社群营销对于品牌传播的作用主要体现在以下三个方面。

（1）形成共同理念

社群的核心首先是共同理念，其前提是具有相同的价值观和行为准则，没有共同理念的社群只是一个团伙，没有向心力，就没有办法“心往一处想、劲儿往一处使”，产生如同原子弹爆发般的同频共振的力量。因此，形成共同理念是社群形成的关键所在。

（2）聚合消费群体

形成共同理念之后就要聚合用户群体。小米手机初期通过“论坛”聚合用户，让所有小米手机的粉丝加入到论坛当中，参与讨论、提出意见，使他们有一种对小米手机生产研发全过程的参与感。传统的产品研发逻辑是先做出产品，再销售给用户。但如今，我们通过社群聚合消费群体，就可以先行一步接触到用户群体，在产品研发之前就可以先挖掘用户的痛点，汇集他们的意见和建议，先有用户需求再有产品。这样一来生产出来的产品才能更加符合用户的需求，获得良好的口碑。

（3）让营销顺理成章

我们以前做推销，做销售，太过于注重销量，注重企业收益和短期利益。而社群运营的兴起，让我们越来越关注用户，关注用户体验和口碑，关注企业长期的品牌效应。社群营销让我们从以前的客户思维转变成了现在的用户思维，有客户未必有用户，而有用户就一定有客户，用户思维已成为社群营销的核心思维。

3. 共生社群落地执行

我们知道了营销品牌如何传播，掌握了核心的用户思维，但只有把思维转化为具体的行动指南才是社群落地执行的关键。想要将社群营销真正落地，必须充分地借助互联网平台，具体来说，共生社群的落地执行关键有以下几点：

（1）制造营销效果。通过各种营销方式，选准渠道吸引关注量，推广产品，对用户进行产品特征的认知教育，寻找有认同感的用户，步步为营，扩大产品的影响力。

（2）汇聚粉丝群体。做社群要做到质量与推广口碑并重，社群的关键词是同好、好玩、流行。汇聚粉丝群体的方法需要有针对性的实施，根据粉丝类型的不同可以分为四类，即投资型、传播型、迭代型和反向型，不同类型粉丝的聚粉方法具体如表 8-1 所示。

表 8-1　不同类型粉丝的聚粉方法

粉丝类型	粉丝特征	聚粉方法
投资型粉丝	有势能、高消费、传播具有一定的威信	相应地给更多政策和红利，建场景、吸引他们的参与和购买
传播型粉丝	有群体，传播速度快且积极，是主要的中层消费者，乐于追赶新趋势、新潮流，而且在群体内比较活跃	借群体，即邀请消费者参与评测，吸引传播型粉丝。群体影响力很重要，可以带来很多发展粉丝的机会

续表

粉丝类型	粉丝特征	聚粉方法
迭代型粉丝	比较理性、消费稳定，忠诚度比较高，可以作为重点培养对象，积极邀请他们参与	主要采取品牌认同等方式吸引
反向型粉丝	有一定的群体，这类消费者思想比较传统，自尊心强、认品牌，但一旦获得他们的认同，将有意想不到的效果	多品鉴、传播新观念、挖掘其潜能，传播正确的知识，多宣传自身产品的优势，逐步转变传统思想

汇聚粉丝之后要建立起社群，通过社群交流来传播和沟通感情，加强社群黏性。在群内最好能做到每日交流，共享信息，建立友好、和谐的社群。还可以不定期的组织、开展一些线下活动，实现社群的落地。

（3）建立共生社群平台。最终我们要建立共生社群平台，超越营销的意义，实现联合、整合、互利共赢。通过共生社群平台的建立，可以形成联盟，将资源整合再放大。整合力量，采取区域成功的放大效应，做高一丈，做深一尺，做宽一寸，形成杠杆。放大资源、构建生态，形成上联厂家、中通资源，下益客户的价值圈。

8.2 如何利用行业共生关系

1879 年，德国生物学家德贝里首先提出了共生概念，他提出，共生不仅存在于生物界，也存在于社会中以及市场经济领域。经济学认为："共生"是经济发展的过程和手段，"共享"是经济发展的结果，"共赢"是经济发展的方向。我们认为，生产者和消费者之间也是一种互利共生的关系，共生经济将是未来经济的发展方向。

1. 共生关系营销

共生关系，也被称为共生模式，是共生单元之间相互作用或相互结合的形式。共生单元指的是构成共生关系的基本能量生产和交换单位。比如，在企业共生体中，每一个企业都是一个共生单元。

在商业生态系统中，各构成成员之间的关系越多表现为互利共生的关系，那么这一商业生态系统就越健康。当今市场经济体制下，市场竞争异常残酷，如果只是靠企业自身单打独斗、在夹缝中求生存，那么企业的处境只会越来越艰难。企业只有与其营销共生关系成员之间建立起相互合作和信任的关系，开展有效的联合关系营销才能应对复杂的市场环境与残酷的竞争与挑战。

2. 行业共生的优势

每个企业都有其优势和短板，在企业运营过程中，存在某些资源不足或某种资源缺位，阻碍企业的快速发展。在如今的市场环境中，仅仅是单打独斗、想要靠竞争取胜已经越来越难以实现，市场环境已经进入了竞争合作的新阶段，只有增强业内以及跨界的合作交流，利用行业共生，消减资源短板的限制，整合不同企业个体的资源，构成行业共生关系网，形成企业共生体，才能开创互利共赢的新局面。

利用行业共生关系，就是利用各行业形成的共生社群系统。举例来说，不论是小型企业还是大型企业，它们都在创业，可能是二次创业、三次创业、甚至是多次创业。对于大型企业而言，转型或者改革的成本较高，而中小型企业却有着这方面的优势。所以，当大型企业有拓展新领域或业务转型的打算时，完全可以与中小型企业合作，从而降低企业内部的摸索、试错成本，也能缩短研发、生产的周期。而合作的小型企业也能够从中获得经济利益和市场份额。这样一来，市场恶性竞争就会逐渐减少，我们的市场环境会越来越健康，从而产生更多的投资机会，同时具有创新和核心竞争力的企业也会越来越多，经济发展也会更加稳健。

8.3 共生关系需要承诺

在行业共生体系中，成员之间的关系需要靠相互信任来维系，这其中，承诺就是一个至关重要的影响因素，共生关系的建立和维系是为了实现共同的目标和利益，但如果只注重利益，不注重承诺，那么共生关系并不会走得长远。因此我们说，承诺，是共生体系成员关系确立、发展的前提和基础。共生关系的发展只有基于承诺才能实现。

1. 共生关系中承诺的作用

共生关系中的成员只有建立起长期持久的关系，才能应对当今激烈竞争的市场竞争环境，而维持长期合作关系的前提就是建立良好的关系承诺。

关系承诺可以认为是一种维持稳定关系的意愿，并对关系的稳定有足够的信心，能够为保持这种关系而愿意牺牲短期的利益。所以说，关系承诺实际上是共生关系成员之间期望维持稳定关系的一种态度。

关系承诺对于共生关系的双方利益都有着极其重要的作用。比如说，当双方建立起有效的关系承诺后，出于对上游厂商的信任，经销商不需要再囤积大量的存货以防断货，这样就可以节省下大笔资金，投入运营当中，提升自身的竞争力。共生关系承诺主要是通过三种途径来使共生关系成员双方获益，如图 8-2 所示。

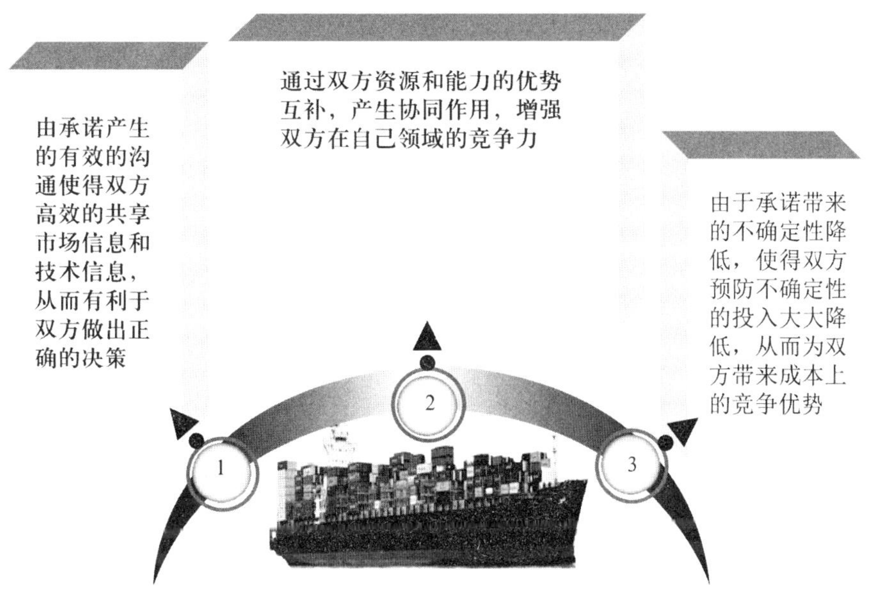

图 8-2　共生关系承诺互利的三种途径

2. 共生关系承诺的影响因素

共生关系承诺并不是一开始就能够产生的，而是由一系列因素共同作用的结果，影响共生关系承诺形成的主要因素包括以下几项：沟通、信任、资源权力、依存关系、专项投资、产品卖点、产品的易售性等。

（1）沟通

沟通包括正式沟通和非正式沟通，沟通是对信息和意见的一种共享，沟通有助于解决争议、统一意见，有时，及时而有效的沟通能够产生意想不到的效果，沟通对于人际关系和商业经济关系的建立都有着很重要的影响。共生关系的成员之间可以通过有效的沟通来提高双方的收益。

沟通对关系承诺构成的影响还体现在情感因素上，关系双方的有效沟通能够增进企业双方的相互了解，这对于加强企业层面和个人层面上的关系和情感交流是至关重要的。虽然说沟通并不是建立共生关系的唯一决定因素，但是有效的沟通对于双方信任的建立，共生关系的形成，能够起到非常重要的作用。此外，共生关系成员之间沟通的频繁程度和沟通深度，影响着他们对双方目标的理解和共同达成目标的可能性。

（2）信任

共生关系中双方的信任包括两层含义，一层是对对方信守承诺的愿意的信任，另一层是对对方具有信守承诺的能力的信任。信任是共生关系中最重要的构成，它体现了共生关系中的社会性特点。

共生关系中的信任深深影响着关系承诺的建立，不论是企业还是个人，如果对对方的能力十分信任，对关系的发展充满信心，可以预见到做出承诺后就会得到对方相应的回报，那么这必然会直接促成双方关系承诺的建立和稳定发展。

（3）资源权力

资源权力是共生关系中一个成员对于同一层次上另一个成员的控制力和影响力。资源权力大致可以分成强制性权力和非强制性权力两类，强制权力是指一方掌握着另一方所需要的资源，而另一方出于对资源的需求，需要审时度势地对资源拥有方做出承诺。非强制权利则往往不依赖于资源的倾斜。不同类型资源权力的运用对共生关系的进一步发展具有极大的影响力，具体如图 8-3 所示。

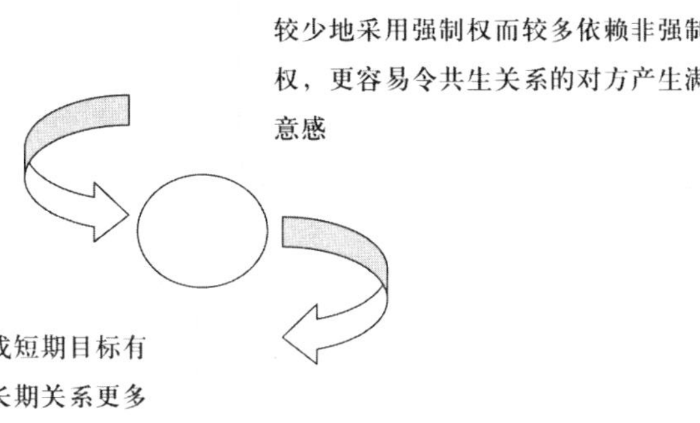

图 8-3　资源权力对共生关系的影响

（4）依存关系

共生关系间的依存关系定义为：假如共生关系的一方得不到另一方的资源支持时，就会面临不同程度的困难，这就可以确定为对对方存在依存关系，依存的程度取决于可能发生的困难的程度。共生关系成员对另一方的依存程度受对方提供的资源对自身的重要程度、能够选择的备选数目、以及更换合作方所需要付出的代价等因素影响。

无论依存关系产生的根源是什么，当共生关系的一方感受到自己对对方的依存关系时，他们就会向对方做出关系承诺，但基于依存关系而做出的关系承诺更重要的因素是出于对自身利益的考虑，因此这样的承诺属于一种强制性承诺。比如说，在供货商和经销商的关系中，经销商对供货商的依存关系越来越强，也就越来越可能向供货商做出关系承诺。

（5）专项投资

专项投资是指专门为某一共生关系的建立而进行的专项性投资，专项投资具体而言包括时间、精力上的投入，资金、人员方面的投入，以及生产、营销方面的投入等。一定数量的专项投资能够促使双方维持和提高彼此的共生关系。专项投资的投入能够使共生关系双方有意识投入资源来维持共生承诺，不断加深共生关系。

（6）产品卖点

产品卖点实质上讲，就是产品的实用性、使用价值、便捷性等具有吸引力的优质特点。共生关系构建的最终目的就是要通过共生体系将产品更好地送达给更多的消费者，因此我们在构建共生关系，发展共生承诺时，就要充分考虑产品本身的卖点。

显而易见，如果产品具有竞争力、可靠性、全面的服务支持等优质的卖点，可以预料到这样的产品更容易在市场上获得更多用户的支持和口碑，更容易立足甚至占领更多的市场份额，那么基于这一产品的共生关系承诺就会更加容易建立。

（7）产品的易售性

产品的易售性指的是最终向用户推销产品的难易程度，具体而言，产品的易售性可以具体划分为购买决策的难易程度、产品的被接受程度、产品信息传递的难易程度以及产品获得的便利程度等。产品的易售性主要影响因素分为产品本身的内在因素以及外部环境因素两方面，如图 8-4 所示。

共生关系的建立和发展，其最终的目标是获得更多的经济利益，而产品的易售性对于所有共生关系成员的经济利益都有直接的影响，如果说产品的卖点是我们获得经济利益的前提的话，产品的易售性就是获得经济利益的重要保证。所以说产品的易售性越高的产品，成员之间在共生关系上的投入就会越大，也就越容易产生共生关系承诺。

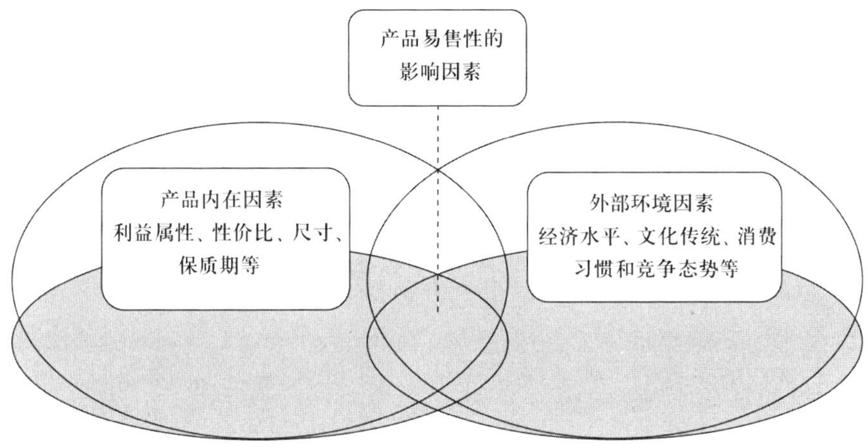

图 8-4　产品易售性的影响因素

共生承诺的形成对于共生关系各方维持和发展积极有效的共生关系有着至关重要的作用，能够引导着整个共生体系的良性发展。因此，明确关系承诺的形成因素，加以正确的利用，不仅对于共生关系，甚至对于市场经济环境都有着重大意义。

行业案例：20 步教你打造成功社群系统

常言道，“物以类聚，人以群分”，在当今的互联网社会中，社群已经成为人们生活中不可或缺的一部分，而社群经济的兴起更是奠定了社群在未来社会中不可磨灭的地位。打造一个成功的社群平台是现阶段很多人都在追求的事情。首先我们先来分享一下在今天社会上利用社群来进行商业活动成功的案例。

1. 罗辑思维

罗辑思维引领知识变现的潮流，通过知识分享吸引力大批粉丝，其最大的价值所在，就是构建了一个超级微信社群。那么罗辑思维是如何构建社群的呢？可以归纳为三个步骤：

（1）找准用户群体。罗辑思维所定位的用户画像主要是85后“爱读书的人”，这群人有共同的价值观和爱好，热爱知识类产品；加入会员要充值，通过资金的投入，来确保它的会员能够真正付出行动。

（2）培养社群习惯。培养社群中人员的共同习惯，能够加强和固化会员的“社群思维”。比如，罗辑思维每天固定在清晨推送微信语音消息，帮助所有社群成员养成良好的阅读习惯。

（3）加强社群互动。社群互动尤其是线下的互动更能激发人与人之间的情感沟通，增强社群的凝聚力和对社群的认同感，罗辑思维就曾举办过很多线下活动和游戏等，聚集了大批的忠实粉丝。

2. 小米

小米的飞速崛起，社群营销起到了决定性的作用。小米的社群营销方式主要有以下几点：

（1）维护用户群体。小米主要通过三个方式维护用户群体：利用微博获取新粉丝；利用微信做客服解决用户问题；利用论坛维护粉丝活跃度。

（2）增强用户参与感。小米在开发新系统、新产品时，乐于让米粉参与其中，提出建议和需求，由工程师改进。这大大地增强了用户的参与感和融入感。

（3）增加用户认同感。小米通过论坛、米粉节、同城会等活动，让用户感受到小米“以用户为中心”的主旨，产生对品牌的认同感。

（4）小米全员客服。小米从领导到员工全民皆客服，都能够和粉丝持续对话，时刻解决问题。

3. 星巴克

星巴克对社群营销的操作，可谓炉火纯青。在各大社交媒体平台上，都可以看到星巴克出没的身影。星巴克的社群营销玩法包括：

（1）借助社交平台推广新产品。星巴克曾为了促销黄金烘培豆咖啡，而推出 Facebook APP，以便于客户了解新品资讯、优惠福利等。而在 Twitter 上，星巴克也发推文宣传实现引流。

（2）紧跟热点，贴近生活。美国曾遭遇 Nemo 大风雪，当时星巴克紧跟着在 Twitter 上发出了在寒冬中握着星巴克热饮广告；并且利用#Nemo#的标签紧跟热点话题，贴合客户的生活。

（3）参加慈善活动。星巴克曾与 Foursquare 合作，推出捐助慈善活动，如果你到星巴克消费，并在 Foursquare 上打卡，星巴克就会捐出 1 美元用于慈善。

4. 现阶段社群平台问题

在看过以上品牌的成功后会不会有人思考过这些问题，我为什么不会成功呢？或者说如果我建立社群利用它来营销会不会成功呢？首先，在社群经济中要想成功必须有一个优质的社群平台或者说是社群系统来支撑，至于后期的运营就看个人的想法了。说到平台，现在很多人都建立过社群平台，但是现阶段很多社群平台都出现了以下几个问题：

（1）社群创始人不明白“社群”的重要性，但仅靠一时冲动创建社群，缺乏持续性。

（2）社群创始人过于自我为中心，试图以强调自身的权威性，打消社群成员积极性。

（3）社群创始人过于注重短期利益，不能着眼于社群长期的发展。

（4）社群活动质量低，没有高品质的分享，没有产生价值。

（5）缺少准入门槛，社群人员没有共同属性。

5. CBIN 社群系统打造步骤

针对以上这些问题，CBIN 推出了 20 步打造成功的社群系统。CBIN 打造成功社群系统主要通过以下 20 个步骤。

（1）细分人群；

（2）选择登陆区域；

（3）确定最终用户；

（4）估算登陆区域规模；

（5）刻画会员形象；

（6）量化价值定位；

（7）找到 10 位前期创会会员；

（8）定义你的核心价值；

（9）描述你的竞争地位；

（10）绘制获取付费的流程；

（11）估算后续社群规模；

（12）设计商业模式；

（13）确定定价策略；

（14）估算会员终身价值；

（15）绘制销售流程图；

（16）估算会员获取成本；

（17）确定重要假设条件；

（18）测试假设条件；

（19）验证会员会付费使用产品；

（20）定制社群产品方案。

CBIN商会的任务是通过分会的精细化运营，以诚信的“口碑”方式传播，帮助会员增加生意机会，并能够让会员对接到长期的、高素质的商务专业领域人际关系。只要你加入CBIN，就意味着拥有众多业务销售人员会全天候地为你工作，所有CBIN会员均随身携带商会会员的电子名片。当遇到潜在客户时，他们就会拿出相关商会会员的电子名片进行推荐。

CBIN提供一个有组织的人际关系志愿平台，能够针对会员的引荐和业务对接，并对接优秀专业人士发展人际关系。在与其它人建立这种“制式”的人际关系过程中，将大大增加生意机会。

8.4 项目：如何开始创会

创办分会的目的在于城市或区域的商圈，提升企业整体的竞争力，同时帮助所有加入的会员能够有更好的发展，打造合作共赢的商业交流平台，推动行业集群和产业集群的发展，同时推进共生社群文化的传承和创新。

1. 创会发起人

创办分会的核心基础在于有共同的理念：合作共赢的思想，传帮带的精神，乐于助人和无私奉献的精神。分会发起人最佳人选需要具备以下条件，如图8-5所示。

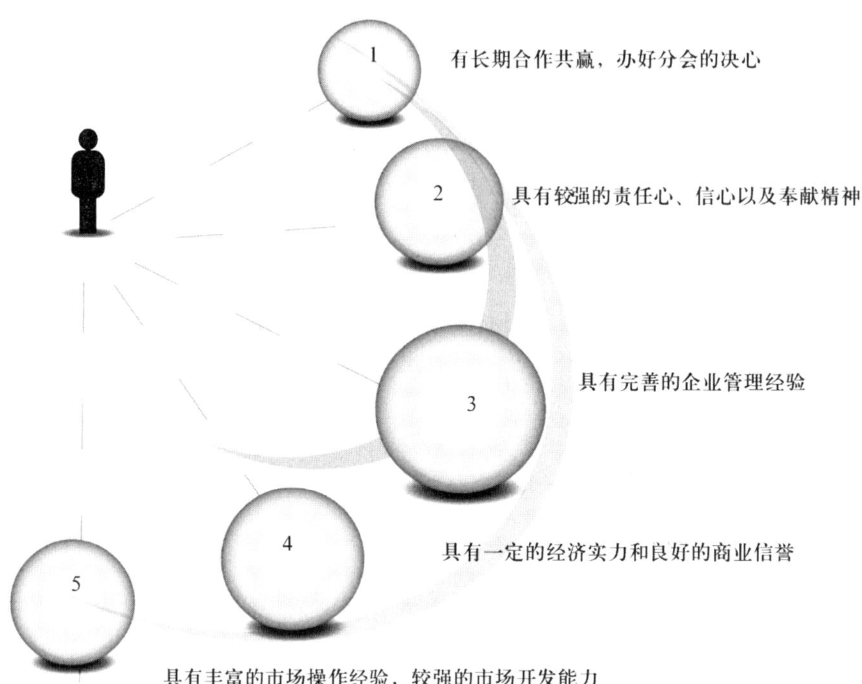

图 8-5 创会发起人最佳人选

总而言之，一个愿意为企业家贡献，很看重承诺的人；一个有一些人脉背景，且有很多愿意跟他一起合作的人便是合适人选。

2. 创会发起流程

找到合适的分会发起人，就可以开始创会了，具体的启动流程如下。

(1) 发起申请。首先向 CBIN 商务部申请成为当地城市发起人，成为 CBIN 城市发起人并开始启动精英会。

(2) 深入培训。通过培训了解 CBIN 的理念、CBIN 对会员的审核标准、CBIN 的积分考核制度、怎样发展分会、怎样让 CBIN 会员利用 CBIN 平台去发展他们的业务与人脉等等。

（3）制定行动计划。先跟一些合适的人沟通，找核心成员共建分会，可通过核心成员号召、说明会等形式，把一些符合审核标准的准会员动员起来。

（4）预备启动日。开始邀约嘉宾参与，熟练他们的曝光话术，让自己以最佳状态去迎接新分会的成立。

3. 分会发起人权益

在 CBIN，如果你成为城市或分会发起人，那么你除了能够获得事业的发展、个人能力的提升，增强领导力及快速处理负载问题的能力，还能够利用 CBIN 的系统发展自己的人脉网络，利用人脉网络为自己的事业提供资源，成为区内业界的领袖。同时还能培养更多区内企业领袖，增加自己在区内企业界的影响力。而且自己企业的爆款产品也可供全国会员入会时选购，并获得当地分会收益分成。

同时总部将为发起人提供以下强大的品牌运营保障。

（1）专业的品牌运营体系，领先的 Vis 系统导入。

（2）强大的培训师资团队，标准化流程化的操作。

（3）合作区域个性化支持，更好服务好参会会员。

（4）网络与媒体持续对接，做到家人极致的口碑。

8.5 活动：嘉宾及大型嘉宾日

大型嘉宾日宴请活动是商会活动中不可缺少的重要组成部分。会员通过大型嘉宾日活动可以与商务对象增进了解和信任，从而促进商务活动良好的发展。活动的组织者和出席嘉宾都必须要遵守正式的宴请礼仪。

1. 活动嘉宾的确定

首先要根据活动的主要目的确定需要宴请嘉宾的范围，既不能遗漏，也要避免把毫不相干的两拨客人凑在一起宴请。在确定宴请嘉宾的名单时，首先要确定主宾，其次是陪宾。在确定宴会陪宾时，一定要请与主宾相识或同行业的人做宴会陪宾。陪宾最好也要请有一定声望的人，但声望不宜高于主宾。

在确定了嘉宾名单及时间、地点后，就要提前向嘉宾发出邀请。正式宴会的邀请不宜口头或电话通知，更不能让别人代为转告，最合乎礼仪的做法就是发送请柬，请柬一般应提前一至两周发出。要注意发送请柬的顺序，一般应先给主宾发请柬，这样可以避免因主宾有特殊原因不能参加而需要改变宴会活动时间甚至取消的情况。

在宴会前夕，应以电话再次联系确认嘉宾们是否收到请柬、是否能出席宴会，如发现嘉宾不能接受邀请，可以及早考虑候补嘉宾。

2. 嘉宾日活动准备

一个正式嘉宾活动的成功举办，需要全力做好组织准备工作。宴请者要掌握好宴会的进程，提前确定宴请嘉宾名单、时间、地点和菜单，及时发出请柬，做好充足的准备。

（1）确定宴会时间

宴会时间原则上以适合大多数嘉宾方便参与的时间来确定，但必须要首先考虑主嘉宾的时间来安排。优先确定主嘉宾的可参会时间段，以确保主嘉宾的参与。

（2）确定宴会地点

宴会的地点需要根据不同的嘉宾日主题、宴请的目的、宴请嘉宾的不同来选定，再加上宴会场地的环境、卫生情况、菜品口味、价格等综合考虑进行确定。宴请比较尊贵的嘉宾，要到档次较高的或比较有特色的宴会场地。如果是宴会中有少数民族或国外的客人，要充分考虑他们的民族习惯，避免触犯其饮食忌讳。

（3）确定菜单

宴会的时间地点和人数确定后，就要确定宴会的菜单，这就要根据宴会的目的、规格、档次和嘉宾的身份来确定，菜品的选择上要特别照顾主宾的饮食习惯。选定菜品时有一些菜品应避免选择，比如：

一是触犯宗教或民族禁忌的菜品。例如，穆斯林不吃猪肉；佛教徒忌荤食；印度教徒忌食牛肉；藏民不吃鲑；俄罗斯人不吃海参、海蜇、墨鱼；英美人不吃宠物、稀有动物和动物内脏、头、爪等。

二是触犯职业禁忌的菜品。比如，国家公务人员在执行公务时或公务宴请时不准大吃大喝；司机或飞行员在即将工作的时间不能饮酒等。

三是触犯个人禁忌的菜品。有的人可能对某种食材过敏，比如，有的人不能吃海鲜，有的人不能吃鸡蛋，有的人不能喝牛奶等等；对于个人禁忌尤其是食物过敏的情况一定要在宴请之前充分了解，不能造成对个人身体健康的影响。

3. 嘉宾日活动接待

嘉宾日活动主办方组织者的接待流程大致分为迎宾入席、开席、致辞、席间交流、送客话别五个阶段，宴请礼仪应贯穿于宴会接待的全过程。

（1）迎宾入席

活动开始前，活动组者和接待人员要提前到达宴会场地门口，做好迎宾准备。在嘉宾到场时，宾主相互握手问候，随即安排专门的接待引导人员将嘉宾带入宴会厅指定的位置落座；一般是先引女宾，后引男宾；如果宴会的规模较大，先把一般宾客引入宴会厅就座，再引主宾进入宴会厅。主宾到达时，主人要在进场时全程陪同，一起步入宴会厅与已经到达的宾客见面，并给宾客间相互介绍，增进宴会的交流和沟通。

在引导入座时，接待人员应先将椅子从桌下抽出，扶好后请宾客落座。如果发现宾客坐错了位置，如无大碍可不做调整；有必要调整时，应以礼貌相告。

（2）开席

主嘉宾落座后可开席，如果主嘉宾迟迟未到，应尽快弄清楚原因，不要让多数宾客长时间等待。宴会开始上菜时应从主宾左侧上菜，右侧上饮料，鸡头、鱼头等应对准主宾或客人。每当上菜时，上菜的服务人员都应主动报一下菜名。菜品上到三分之二时，主人应主动举筷邀请大家共同品尝，宴会即开席。

（3）致辞

宴会开始时，主人要先致辞，致辞内容一定要简练，不要占用过多时间。也可视情况请主嘉宾致答谢词。在宾客致辞时接待人员和服务人员应停止一切活动，找一个不会遮挡他人视线的位置站好，等待致辞结束。

（4）席间交流

主人或主持人在宴会期间要不时地提出一些大家都感兴趣的话题，引导大家畅所欲言，使宴会能够始终处于热烈、友好的氛围之中。宾主频频举杯，互相敬意，气氛就会更热烈。席间不要谈论政治话题或一些询问别人年龄、收入等敏感话题。

（5）送客话别

当宾客酒足饭饱之时，宴会时间差不多结束了，这时主嘉宾起立离席，大家可以随之陆续离开，宴会便可进入结束阶段。主嘉宾离席时，主人应送至门口，握手话别。

第9章

跨界融合：工具、方法与实践

网络的普及，使得信息传递的方式、速度均发生了改变。

目前，传统媒体如报纸报刊、电视电台等依旧存在，尽管它们依然具有一定的影响力，但是其影响范围远远小于网络。事实上，有了电脑手机，人们已经越来越疏远电视机了，有了网站、社交媒体、微博、视频网站等新媒体，提供了即时的新闻访问、传播、评论及反馈，人们已经越来越关注每日的新闻联播了。

互联网在人们的生活中扮演了重要的角色，同时互联网的信息传播方式，也存在着极大的危机，如何管理这些危机，使得互联网良性地生存和发展下去是非常关键的。

9.1 互联网时代的危机管理

互联网时代的危机管理，具体来说包括以下六个方面，如下表9-1所示。

总的来说危机产生的环境和结构并没有因为互联网的出现而发生改变，改变的只是信息的传播方式以及危机扩散的渠道。所以说，在互联网时代，应对危机更应该注意信息的传播渠道以及方式。

表 9-1　互联网时代危机管理的难点

序号	难点	说明
1	危机诱发因素复杂化	在网络环境中，表达自己言论更加自由化。很多时候，为了博得关注量，一些人经常会发表一些个性化言论。这些言论虽然不一定能够代表大众的想法，却也可以吸引公众的注意、聚拢人气，煽动公众，通过网络传播左右公众的思想，最终影响舆论的导向
2	大众意见表达庞杂化	网络的迅速发展，使得公众的意见可以通过多种途径表达、发布和传播。信息传播成本低、速度快、范围广
3	信息获取方式多样化	受众获取信息的方式越来越多样化，既可以通过传统媒体，也可以通过网络渠道，比如搜索引擎、自媒体、社交媒体、视频网站等等。传播迅速的网络渠道甚至可以引导舆论导向
4	信息传播速度裂变化	网络传播的时效性远远大于传统媒体，网络传播可以通过用户之间的互动实现几何级数的裂变，迅速扩散出去。存留时间也更长而且可以反复传播
5	信息可信程度差异化	网络降低了信息传播的门槛，但同时也扩大了虚假信息的传播渠道，加上监管不严，个人素质高低不同，在互联网上传播信息的可信度就大大降低了
6	网络传播内容碎片化	网络传播的往往是重新排列组合的信息碎片，这种非线性的信息传播结构，虽然方便了观众获取信息的效率，但也具有强烈的主观性，容易受传播者的主观倾向影响而变得片面性

危机管理大师伯特·希斯在其著作《危机管理》一书中提出了应对危机的4R理论，即缩减力（Reduction）、预备力（Readiness）、反

应力（Response）、恢复力（Recovery）。如图 9-1 所示。

1.缩减力	2.预备力
危机缩减管理是危机管理的核心内容。因为降低风险、避免浪费时间、摊薄不善的资源管理，可以大大缩减危机的发生及冲击力。就缩减危机管理策略，主要从环境、结构、系统和人员几个方面去着手。互联网时代对加快危机反应速度提出了更高要求	预警和监视系统在危机管理中是一个整体。它们监视一个特定的环境，从而对每个细节的不良变化都会有所反应，并发出信号给其他系统或者负责人
4.恢复力	**3.反应力**
一是指在危机发生并得到控制后着手后续形象恢复和提升；二是指在危机管理结束后的总结阶段，为今后的危机管理提供经验和支持，避免重蹈历史覆辙	即强调在危机已经来临的时候，企业应该做出什么样的反应以策略性地解决危机？危机反应管理所涵盖的范围极为广泛，如危机的沟通、媒体管理、决策的制定、与利益相关者进行沟通等，都属于危机反应管理的范畴

图 9-1　危机管理的 4R 模型

互联网的特点增加了危机管理的难度，但 4R 模型却为危机管理提供了较好的理论和实践的保护，尤其是互联网线下的危机确认、隔离、处理，并未发生本质的改变。

但是，针对互联网自身的特点，企业也应更多地结合自身的实际情况，有针对性地改良 4R 模型，提高互联网环境下的危机管理，从而最大化减少损失。

模块一：缩减阶段

互联危机管理“缩减”模块应贯彻的原则具体来说，如下图 9-2 所示。

✓ 建立针对网络的危机管理机制：针对互联网特点建立舆情监控系统并持续跟进、监控舆情发展，信息传播渠道等，以便寻找有效的应对措施

✓ 组建跨部门的危机管理团队：没有哪个部门可以单独处理危机，应对危机需要多部门联合行动，需要各个部门提供专业的理论和技术支持，包括法务、新媒体技术、公关等等。这样才可以全面有效地遏制危机扩散

✓ 迅速公开地反应：危机出现之后，要迅速做出反应，即便还没有完全了解危机状况，也需要进行阶段性公关，因为缄默在互联网时代只会让舆情进一步扩散，时态也会越发不可收拾

✓ 多渠道信息发布和应对：互联网时代，信息传播渠道多样化，应对危机也应该多方面着手，发布信息，应对谣言、谴责和攻击，并给予公众承诺，稳定公众情绪

图 9-2 互联危机管理“缩减”模块应贯彻的原则

模块二：预备阶段

互联网危机的管理团队不仅需要跨部门，还要根据危机特征做出相应的改变。通常情况下，团队的成员都要经过系统的培训，例如：网络及社交媒体发言人通常会担任团队骨干的角色，并经常进行实战演练，从而锻炼其应对危机的能力。

在应对网络危机的过程中，管理人员首先需要制定出相应的管理计划，这个计划最初可以是一个大纲，不用太详细，但要包括危机发生时的联络人信息、应对要点及应记录的文档。事实上，危机管理计划也主要是通过预先分配角色、任务和收集信息等一系列准备工作，来节省危机管理的时间。

危机管理培训，其主要目的是为了增强危机管理团队应对、监

控、识别危机的能力，其核心人员，例如发言人的培训，则专注于危机发生后对外发表言论，与外界沟通的工作。危机管理团队应提前准备针对危机的公开发言模板，形式如新闻发布会、记者招待会等等。

另外，针对危机后的公开言论发表工作，应建立相应的机制，具体操作中应着眼于以下四个注意事项，如图 9-3 所示。

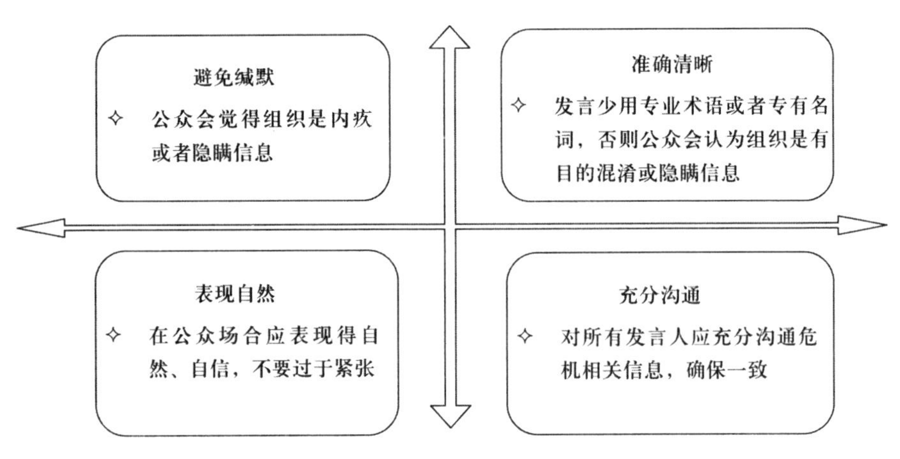

图 9-3　危机公关发言的 4 个关键点

当然，互联网时代的危机更应该充分利用互联网这一工具，互联网具有即时性、传播速度快的特点，在一些社交媒体、论坛、视频网站上发布自己的言论，可以有效抵消谣言等造成的负面影响。

模块三：反应阶段

在互联网时代，人们可以通过各种途径获取相关信息，较传统危机管理模式效率高了很多。因此，组织更应该采取的是全方面的互动反应模式，在反应阶段的主要工作可以分为以下三部分：

第一步，迅速回应。

危机发生后，组织要在最短的时间里作出行动，并向公众提供相关信息。这个环节是非常必要的，让一些不了解情况的公众了解危机发生的原因，事情的真相。如果没有足够的信息，那么，相关人员也要在第一时间里，对外发表自身对这场危机的看法和解读以及相关的处理。

第二步，对话沟通。

危机发生后，在迅速回应后还应该及时组织与外界的对话沟通，如利用发布、作答等新闻发布制度，建立与公众对话的途径，具体的对话渠道包括论坛、社交媒体等多种渠道。

第三步 声誉补救。

对于在危机已经受损的声誉，要尽可能地采取一定的补救措施。常见的声誉补救策略如下：

否认：公开否认发生了危机，稳定公众。

质疑：质疑那些谴责组织的个人或者组织是别有用心。

转移：转移公众视线，指出其他人或者组织才是危机的根源。

推卸：推卸导致危机的责任，强调非主观因素以此来减少公众对危机本身的关注。

善意：组织的本意是好的，只是结果不太好。

提醒：多说组织以往的功绩和风险。

补偿：向受危机影响的人提供一些补偿（金钱或者物质）。

道歉：宣称会承担责任，并希望得到谅解。

模块四：恢复阶段

在反应阶段之后，组织的声誉可能已经受到损害，接下来需要进入恢复阶段。管理团队通常会在反应阶段向公众作出一些承诺，而在恢复阶段就是要完成承诺。这个过程非常重要，可以说是最后的机会，一旦把握不住，将会彻底失去公众信任。

组织需要及时公布恢复工作、补救措施或危机的调查结果。从危机中总结经验是恢复模块的另一个重点。危机管理团队需要评估哪些措施是需要进一步提高的，同时应在后期作出相应的改善。

互联网的普及，极大地增加了危机管理的难度。因此，在这里，我们很难用一种标准化的流程来分析、管理互联网时代的危机。但是，我们也需要看到，一些基于网络的新技术对应对危机提供了新的支持。

事实上，危机的另一面就是机遇，危机处理的好，很有可能成为提升企业品牌的好契机。这就看企业或个人应对危机的能力了。

9.2 系统管理

社群就是一个小小的生态系统。社群的运营也需要进行系统化的管理。

在互联网时代里，社群运营的系统管理包括人、信息、交互、机制、载体这五维体系。如下图 9-4 所示。

一维：人

人是社群系统的核心，社群系统所有运营管理都是围绕人来展开的。记得这样一联“庙小无僧风扫地，天高有月佛前灯”，就是说庙里没有和尚了，只能靠风来扫地；高天上有佛，总是把明月当作灯火。这句话充分指出了人的作用。因此，对于社群的运营，需要有合理的人员管理机制，来确保成员的良性循环。

二维：信息

纵观目前国内做的比较好的社群，它们都是一些能够提供优质信息的社群，例如：

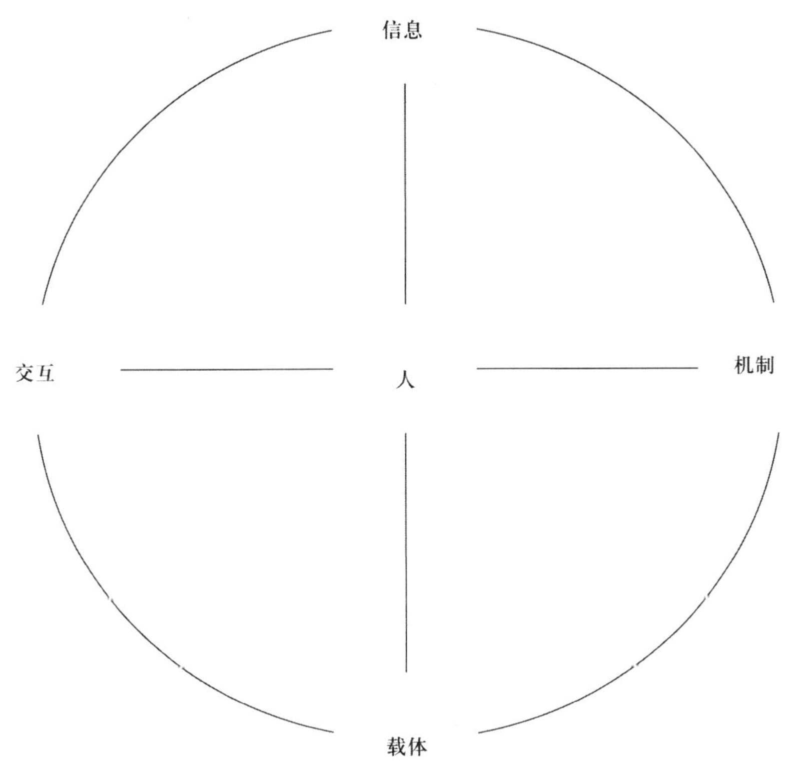

图 9-4 社群运营系统化管理的五维体系

"互联网+"，它是一个向企业家提供学习机会的培训机构，通常每周一三五都有专题系列课程分享；

还有大学的一些研究社，这些社群同样会为公众提供一些最新信息，比如求职信息、出国留学信息、交流会信息、运营资源对接等信息。

因此，好的社群一定要有丰富的信息来源。这些信息的范围没有具体的要求，可以是专业知识，也可以是机会、消息、人脉信息、产品信息、渠道信息等等。

三维：交互

社群运转的关键在于交互，即人与人、人与信息、人与商品等的交互。试想，如果一个社群建立起来之后，没有任何交流，死气沉沉的，那么这个社群其实已然失去了存在的意义。

四维：机制

社群是由人构成的，但是并非有了人，社群就是成功的。当社群成立之后，还需要一系列的机制来确保社群的活跃度，以便产生价值并实现转化。这是社群机制需要考虑的问题，也是社群运营的核心，通常包含门槛、约束、激励、淘汰这四项内容。具体如下图 9-5 所示。

付费：付费加入社群，是最直接的方式
定向邀请：比如采用邀请码，好友互相邀请等等
条件过滤：必须符合一定条件才能加入社群，比如身份、学历等等
等级特权：比如账户等级或者会员等级到达一定条件才可以加入
产品购买：购买一定额度的产品即可加入，典型的如酣客公社

约束

任何群体、组织都应该有规则和制度约束，约束群体成员的行为规范，社群也不例外

激励

逐利是人的特性，社群运营中适当的激励可以更好地激发成员的活跃度，让社群更有活力

有进就有出，淘汰那些沉默的用户引进活跃用户，才能保证社群的活跃和延长社群的生命周期

图 9-5　社群运营系统化管理的四大机制

五维：载体

载体比较简单，就是保证社群正常运营的阵地和需要的工具。

9.3 工具：倍增器

一个社群的影响力和价值体现在成员聚集、渠道裂变直至资源对接变现，这也是社群平台的主流发展模式，是社群运营管理的关键。为了更好地满足社群成员的需求，提升社群运营能力，在互联网时代跨界融合的基础上，我们往往要学会使用以下七个工具，它们被统称为社群运营影响“倍增器”，在网络社群中可以说是被运用的风生水起。

倍增器一：思考——表达——互动

社群在提供互动时，可以提出一些问题，让客户思考，表达自己的观点，从而建立良性互动。例如：每天可以让客户思考一些日常小诀窍的原理，对于那些回答正确的客户要给出一些奖励，以此鼓励客户多思考。

倍增器二：每日精选

每日推送最精选的内容，这样可以调动用户的积极性。现在是懒人经济，最精彩的环节需要放在最显而易见的位置上，大家一眼就可以看到。这样一来，用户即便不是主社群的成员，但依然可以通过推送的内容对社群产生好感。

倍增器三：原创+新鲜

现在，很多社群用户，尤其是垂直类社群的用户，几乎都是半个专家，已经在互联网上多次被传播的文章，他们几乎都已经看过。所以，必须提供原创新鲜的内容，才能增强社群吸引力。那么，作为社群运营方就应该邀请相应的专家成为社群顾问与签约作者，定期发布独家内容，甚至建立专门的研究分析和原创团队来定制内容，吸引社群用户的关注。

倍增器四：形式多样

随着互联网时代的到来，社群的内容要用丰富多彩的表现形式表现出来，绝对不能只限于枯燥的文字和数据，可以是一个小故事，一张图画，一首歌等等。这些形式，对于表达的效果，有着意想不到的作用。

倍增器五：互动

社群其实不怕争吵，只要有了激烈的争论，社群才有活跃度。

当然在争吵的过程中，社群要尽可能地给每一位用户足够的空间，但是也要杜绝恶意争论。任何事物、道理的得出都需要经历争论的过程，这原本很正常，但是如果正常的争论上升到了恶意的吵架，那么这样的互动需要被及时中断。

倍增器六：高质量

社群在为公众提供信息时，一定要提供含金量高的内容。通常来说要满足“三个有”，即有数据、有图标、有思考。让所有看到的人，切实感受到有的收获，这样一来，他们才愿意加入社群。例如一个企业社群，如果成员们每天看到的只是“今天鞋子卖了多少双，公司赚了多少钱之类的，或是“小妙招给你高薪”之类的内容，那么客户必然会厌恶这个社群，进而选择离开它。

倍增器七：关注高价值评论

很多社群都非常关注评论，其实评论的过程也就是互动的过程。企业通过评论来了解产品是不是适合社会，了解客户的真实想法。对于那些经常点赞的客户，企业更要大力维护，因为他们才是真正的铁粉，是企业发展的动力和财力。

9.4 指标：曝光率

一个成功的社群必定会有一群活跃的忠实的粉丝，如何吸引这样的粉丝，就需要社群有一定的曝光率，社群的管理者就需要通过各种渠道来推广社群。在互联网时代，推广社群的渠道有很多，如果运用得当可以快速打造出一个活跃的社群。

1. 品牌基础推广

品牌简单地讲是指消费者对产品及产品系列或服务的认知程度。优秀的品牌甚至是企业的代言，对社群而言，品牌同样重要。社群品牌的推广，是让成员和用户广泛认同社群的一个系列过程。品牌的推广一般包括两个方面。一是树立良好的形象，也就是社群的形象，这就需要不断提高社群的知名度、不断突出社群的特色，提高社群的曝光度，提高社群在搜索引擎中的排名；二是通过品牌推广推动社群走出去，就像产品销售出去一样。网络常用的品牌基础推广主要有三种类型，如下图9-6所示。

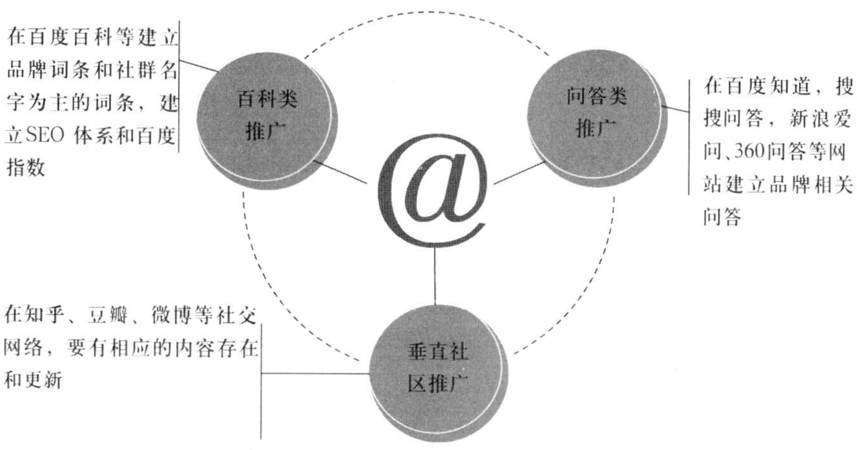

图9-6 网络常用的品牌基础推广的三大类型

2. 论坛、贴吧推广

论坛、贴吧推广有很强的针对性，对于社群的目标用户和潜在成员，可以建立专门的论坛或贴吧，也可以直接到目标用户经常去的贴吧进行推广。在这两个板块进行推广一般有官方贴和用户贴两种方式。在论坛和贴吧发出招募贴之后会吸引目标用户和潜在用户的注意。当然，如果话题度够贴切则会更迅速地聚集目标成员参与进来成为社群的用户。这样的推广对于树立社群的形象、提高社群的知名度、凸显社群的特色很有帮助。论坛和贴吧的推广可以极大地增加社群网站的访问量，也可以增加社群 APP 的下载量。在运用论坛和贴吧推广上，明星社群做的比较成功，而且大多明星社群都采用这种推广方式。

3. 微博推广

微博推广是一种运行比较成熟的推广方式，而且也非常受欢迎。以微博作为平台，将粉丝作为潜在的营销对象，企业、社群等利用更新微博向网友传播本社群，从而树立本社群的形象，以吸引用户参与进来。微博推广一般有两种方式。一是官方活动信息发布，二是将产品拟人化，讲故事，坚持原创内容的产出，在微博上抓住当周或当天的热点跟进，保持一定的持续创新力。在微博推广中，发的微博一定要有质量，只有高质量的微博才能激发用户的兴趣，才能吸引用户。

互动：关注业内相关微博账号，保持互动，提高品牌曝光率；

活动：必要时候可以策划活动，微博转发等。

4. 微信推广

微信公众号的推广需要积累一定的用户之后才会有效果，总的来说可以参考以下几步（如图 9-7 所示），构成社群微信推广五部曲。

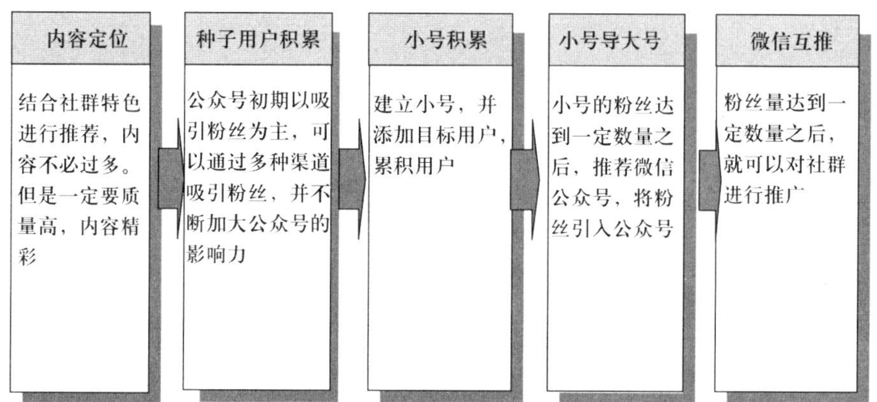

图 9-7　社群微信推广五部曲

5. 博客推广

博客营销是利用博客这种网络应用形式开展网络营销的工具，是公司、企业、社群以及个人利用博客这种网络交互性平台，发布并更新企业、公司、社群以及个人的相关概况及信息。同时要密切关注并及时回复平台上客户对于企业或个人的相关疑问以及咨询，并通过较强的博客平台帮助社群零成本获得搜索引擎的较前排位，以达到宣传目的的营销手段。

博客推广通常选用权重较高和用户量较大的博客，如新浪、网易、凤凰、豆瓣、中金博客、和讯网等。而推广内容以原创文章为主，带上网站链接，推广微信公众号和 APP 可带上微信二维码或下载链接。

6. 社群推广

社群推广就是通过其他社群对自己的社群进行宣传推广，这种宣传推广一般比较直接，只是直观地把品牌宣传出去，或者做一些软性广告。社群推广用的比较多的是 QQ 群、微信群以及朋友圈等社交工具。

辣妈帮就是如此，它的第一批用户来自 QQ 群，方式也很简单，就是直接打小广告。辣妈帮上线之初，推广人员申请了许多 QQ 号，疯狂地加入一些妈妈群，在里边不停地打小广告。慢慢地，一些妈妈用户加入了他们并形成了第一批忠实的粉丝。当然，有了忠实的粉丝还需要维护起来，辣妈帮于是用了大量的活动带动用户启动 APP，这才使得辣妈帮逐渐活跃起来。当然，还有一些手游媒体，也是通过在 QQ 群里的狂轰滥炸来收集用户，对于这种情形，相信大多数 QQ 用户都遇到过。

案例分享：曝光率最高的五大社群平台盘点

众所周知，社群营销凭借其低价、回报率高的特点，已经成为企业发展、运营、传播、商品销售的重要平台。很多企业纷纷搭建了自己的社群平台，但是成功的为数不多，大多社群平台皆以腰折，下面介绍五个经典案例。

小米：让用户深度参与

小米是最早打造出社群的经典案例，它的成长过程，值得大家借鉴。

在创立之初，小米的营销定位就在于“公众”，即通过消费者的真实感受，打造出了“100 个梦想的赞助商”，并借助社会化媒体引发小米的整体营销计划。

雷军说：“要不花钱将 MIUI 做到 100 万用户。”于是，黎万强就想到了口碑营销。即满世界泡论坛，找资深用户，最后选了 100 位超级用户，参与 MIUI 的设计、研发、反馈，也就是小米所谓的“100 个梦想的赞助商”。

雷军和每个小米的工程师，每天都要抽出一些时间来回复网络上的评论和帖子。他们的这种态度，让客户产生了一种被重视的感觉。

到了中期，小米已经和很多铁粉成了朋友。值得一提的是，客服人员的权限非常大，对于那些投诉的客户，他们有权赠送一些小礼物，例如，赠送贴膜或其他小配件，来缓和与客户的关系。

除此之外，小米还成立了“荣誉开发组”，它们让客户免费试用一些还未发布的产品，或者让客户直接参与研发环节。这让客户对小米产生了深厚的兴趣。

事实胜于雄辩，2016 米粉节，小米网总销售额突破 18.7 亿元。其实，小米也有自己的店铺和合作商，它的营销模式并不能算单纯意义上的社群营销，但其早期与用户的互动环节，确实是一部创建社群模式的教科书。

罗辑思维：让用户成为商业节点

很多人认为罗辑思维是靠信息分化，靠媒体宣传变现的网络平台，但罗振宇却不这样认为，他认为微信微博里的活跃度才是最重要的。

从建立社群，成员之间就开始互换信息、嫁接资源、共享商机，罗振宇希望每个人都能将自己的社群平台变成一个无形的商业资产。

罗振宇非常喜欢用视频的形式作为社群的招牌和名片。通过大量的视频吸引有着相同价值观的人，他们在社群中尽情地发表言论。同时，罗振宇还进行了两种互动体验：

首先是内部聚餐。让会员寻找几个愿意提供食物的餐饮店老板，通过免费让大家品尝的形式，宣传自己。第二种则是推广。比如宣传一些商业活动，推销一些产品，从中收取一些费用。如此一来，用户既能得到实惠，社群又能赚到钱，同时还提高了社群的活跃度。

事实上，每个人都有一个社交圈，每个人都是一个商业节点，只要我们打通这些节点，那么等待我们的就是一个庞大的商业帝国。当然，在这个过程中，企业需要付出一些成本，提供一些免费的项目，与收费的项目混合在一切，借此达到传播的目的。

大V店：让用户赚钱

大V店社群的营销模式可以说是给模仿者制造了很多障碍，它用自运营系统战胜了成员迅速增加带来的危机，通过强沟通拉近与客户的关系，用高频高质的内容传播促进了销售的提升，无疑是社群平台中的佼佼者。

作为一家新兴的电商企业，大V店成功了。它以亲子阅读为门牌，吸引了大量目标客户，形成了独特的社群的管理运营体系化。帮妈妈创业赚钱开店获取佣金的模式，几近成长为一个自给自足的社群平台。

短短的时间里，大V店获得了洪泰基金天使轮、金沙江创投A轮、光速安振B轮投资，并获得了迪斯尼旗下思伟投资领投的B+轮数千万美元融资。目前大V店的注册用户500万，妈妈店主就将近70万，月销售额超过1.5亿元人民币。

吴晓波频道：让用户更专业

吴晓波作为国内最出色的财经作家，曾被评为“中国青年领袖”。吴晓波频道最重视的是持续性、高品质、专业化的内容生产能力。2014年5月8日，吴晓波频道上线，每周二、周日各一篇财经专栏，周四在爱奇艺播出三十分钟左右的视频脱口秀。其最大的创举是建立了一个有刚需的细分市场，树立自己的风格、快速积累用户。2016 年 11 月 9 日，“吴晓波频道”公众号的粉丝突破了 200 万。而随着用户基数和黏性达到一定的程度，内容本身变现或者嫁接商业价值就水到渠成了。

“这个时候其实投机取巧的办法没有意义，还是扎扎实实把内容做好，做一个可持续供给的内容的人。”吴晓波在财经爱好者群体中具有极强的号召力。吴晓波认为，社群人数的增长和付费比例的提升，极度依赖内容品质。

“这就是新的可能性发生，在任何一个圈层中，我始终认为有好的内容，只要能够产生，一定会可以找到喜欢你内容的人，哪怕他非常的小众，只要找到他们就有价值，或者找到本身就实现了价值。”后来吴晓波频道推出了一个叫大头思想课的内容产品。这个产品的初衷就是帮助那些想了解军事、历史、政治、人文、哲学的财富人群，给他们传输对应的高品质内容。

2015 年 6 月 18 日，吴晓波决定尝试一下电商变现。于是，他们在拥有百万粉丝的“吴晓波频道”公众号里，进行了第一次的“吴酒”限购。效果超乎所有人的意料，短短 33 个小时竟然卖掉了 5000 瓶，变现金额高达 100 万元。

吴晓波认为中国正处于一个从大众传播进入到小众传播的时代，道理非常简单，社群运营过度集中于小众领域，难以形成快速复制的规模效应。曾经一段时间，吴晓波频道旗下“美好的店”传出关店的消息，着实令人吃惊。原因就是吴晓波认为，电商变现的尝试因为内容影响力和商业品牌之间缺乏直接的逻辑关联，背书效应极度受限。

9.5 项目：见证

社群是网络时代新兴的产物，可以说是人脉资源的价值最大化，通过社群人们可以实现各种信息的交流，人脉资源的无限扩大，还可以最大化实现各自的合作与发展，尤其在互联网飞速发展，跨界融合成了必然的趋势，社群营销的发展势不可当。作为新时代的我们，也搭上了时代发展的快车，设计多样的项目见证活动，提高社群服务体验，实现自身的隐形价值。

具体来说，社群见证活动可以从以下几个维度进行策划展开。如下表 9-2 所示。

表 9-2　社群见证的五大维度

维度	目的	形式
见证人脉连接	通过各式活动链接社群用户，为用户创造各种机会，也为社群造势，推广	·线上交流 ·线下互动 ·社群自动匹配
见证思维碰撞	社群的线上交流、线下互动可以让社群成员发表自己的观点，实现思维碰撞，创造更多的合作机会	·社群话题引导 ·线上观点讨论 ·线下头脑风暴会
见证业务引荐	通过社群活动，有针对性地引荐有合作意向的用户，给他们创造合作机会	·社群内部匹配 ·建立不同分会 ·举办业务引荐会
见证项目落地	对于通过社群引导达成的合作项目，举办项目见证活动，使得用户见证社群的力量，巩固社群的用户，并吸引新的用户	·线上宣传活动 ·项目落地见证会 ·项目感恩会
见证社群共赢	对于社群的成就举办见证会，让用户共同分享成果	·线上社群纪念活动 ·线下社群聚会

案例分享：CBIN 社群平台的四大亮点见证

1. 现场传授灵性思维心法、商场动态博弈之道

如何挖掘人脉资源，如何整合人脉资源？导师将现场传授灵性思维心法、商场动态博弈之道，帮您管理好自己的社群。

导师亲自上阵，为会员们进行跨行业、跨地域战略规划，揭秘电商时代的“秘密”。

现场量身，制定合适的赢利模式、零距离亲诊问题，现场直击病灶。

2. 带着问题来，带着答案走

经验置换：组织数百位业内精英人士，畅谈实战经验，相互交流指导，沟通心得。

脑力风暴：分享成功的经验，带着问题来，带着答案走。

3. 构建新的关系模型，搭建新的资源平台

放下自己的思维模式，去了解和接触一些不一样的商业神话和商业故事，让自己不再拥有一个人的思想，而是一群人的思想。

4. 开启文化之旅，凝聚心灵力量，探寻生命意义，建构精神家园

邀请著名哲学家、音乐家、画家、雕塑家、作家、舞蹈家等等，让文化大儒带领我们感悟文化的真谛，品味文化的韵味，让我们与文化心连心地交流，让文化融入到我们的生命中，提升生命本身的价值。让我们一起开启文化之旅，凝聚心灵力量，探寻生命意义，建构精神家园。

案例分享：中国兄弟连越拓越宽

中国兄弟连是由退伍军人组建成立，其组建的初心是为了解决退伍军人的就业问题，向退伍军人提供一些职业培训，并推荐安排对口工作。

目前，中国兄弟连已经成为全国最先进的体验式培训管理机构，与国内外多家知名协会达成战略合作伙伴，客户群涵盖国内外众多知名企业。中国兄弟连，以全军事化管理的模式赢得了高认同度。

中国兄弟连（香港）野战俱乐部正式授权北京劲拓体育发展有限公司在大陆使用品牌经营。创始人，北京劲拓体育发展有限公司法人代表、CEO，马宏波在思考“企业为什么这么重视拓展训练呢?”，找到了三个维度：

1. 战斗力：为团队获得更高昂的士气和战斗力

采用全军事化管理的模式。在拓展训练中，面对那些高难度的动作时，每个受训者都无法仅依靠自身的能力来完成，必须依靠团队的力量来完成全部课程训练的。在这个过程中，团队成员之间的关系逐渐转变为战友的关系。所有的动力都来自战友的支持。

每个参训人员成功完成训练科目时，都会油然而生一种前所未有的团队精神和战友情谊。每个人都会从心底喜欢团队，感谢队友的关怀。这种团队协同合作的经历，是任何一间办公室里都不曾有过的。

2. 流失率：减少员工的流动率和流失率

归宿感是人的一种精神需求。艰苦的户外训练，会让每一位参与者产生一种强烈的归宿感。这种感觉，来自于团队的支持、队友的鼓励和帮助。当团队赢得荣誉时，当队友赢得荣誉时，其他人会由衷地为之喝彩。这样一个有归属感的团队，其员工的流动率和流失率均会大大降低。

3. 沟通：进行更和谐的沟通

在培训的过程中，成员之间难免会有身体上的接触。事实上，人与人之间的距离其实并不遥远，经过了身体的接触之后，彼此之间的距离会被大幅度拉近，他们的心灵会产生无距离感，思想上会引起共鸣，达成默契。这个过程就像交际舞，男女双方随着音乐的旋律翩翩起舞，这时你会发现，他们在没有接触时竟然如此陌生，可是一旦身体有了接触，就非常容易达到步调的一致，共同营造出美丽浪漫的感觉。这就是拓展培训的终极目的，让每一位成员都感受到沟通的重要性。

体验式拓展训练的五大主要特点，如图 9-8 所示。

如果一个人或者一个企业出现以下问题，那就值得注意了：

1. 企业涣散，没有凝聚力；
2. 员工工作态度懒散，不够积极；
3. 不能把知识有效运用到实践中；
4. 觉得自己的能力不能完全发挥；
5. 思维开始僵化，无法进行创造性思维；
6. 长期紧张工作，不敢有丝毫放松；
7. 新员工无法融入；
8. 没有企业文化，或者员工不认可企业文化；
9. 员工执行力不够，流动性太大；

1 综合活动性
拓展训练的项目应以体能项目为主，以此来引发学员在认知、情感、意志和社交等方面的成长。当然，这些体能活动要求学员全身心投入，而且有明确的操作规程

2 挑战极限性
拓展训练的项目在难度上可以略微调高，以让学员打破自己的能力极限为目的，跨越自己的“心理极限”

3 集体中表现个性
拓展训练是集体活动，需要学员相互配合、相互协作，这样可以让学员认识到集体的重要性。同时，在合作过程中，学员的个性也可以得到很好的表现，让其他学员能更清楚地认识自己

4 高峰体验性
拓展训练往往带有突破自我的意味，学员通过努力克服困难，完成项目。能够体会到发自内心的胜利感、荣誉感和自豪感，也可以激发团队的成就感

5 自我教育性
在拓展训练过程中，学员的主体地位和主观能动性会得到很好的发挥，在活动过程中，学员自己会寻找问题的症结所在，然后通过与其他学员的交流找到解决方法。通过拓展训练，学员一般会在认识自身潜力、增强自信心、改善形象上有不同程度的进步。同时，拓展训练可以磨炼学员意志，让他们克服惰性，改变拖延的习惯，在面对困难时敢于坚持；想象力、创造力、创新性思维也可以得到很好的锻炼；对人际关系的改善也很有帮助……

图 9-8　体验式拓展训练的五大主要特点

10. 会议效率不高；

11. 横向之间、纵向之间沟通不畅；

12. 员工彼此不信任；

13. 老员工失去工作热情。

马宏波认为团建与拓展不同，二者的区别在于：

国内拓展的含义：发现问题，解决问题。团队整体参加拓展训练，激发团队合作意识，解决团队问题。

国内团建的含义：

第一种：团队建设是指为了实现团队绩效或者其他目标而进行的一系列结构设计及人员激励等团队优化行为。

第二种：团队活动指的是广泛的活动，在一个商业环境中，用来提高团队绩效。

从以上可以看出在国内拓展和团建两个概念区别细微，甚至是混淆的。

关于拓展还有一些其他的定义：

户外拓展、素质拓展、拓展训练、拓展培训等，其实意思都差不多。

国际和国内对团建和拓展的定义，虽然有些不同，但是国际上和国内对团建和拓展的本质认识还是一致的，即：

拓展的本质——激发人的潜能

团建的本质——解决人际关系

综上所述，拓展培训的模式主要是：

1. 拓展培训不同于旅游，是以户外活动为主，以游戏的形式呈现，以训练的方式，触发学员的心理。和传统的课堂传授不同，拓展培训是通过游戏的形式，在活动中让学员主动体验、感悟。所以，拓展培训往往选择在户外，尤其是一些靠近山水的地方，一方面是环境好，另一方面也可以让学员的心情更舒畅。然后通过一些活动，让学员们彼此合作，建立人际关系，思考人与人之间的关系，使学员受到启发。

2. 当然，拓展培训不像军营里的训练，虽然也涉及到体能方面，但是主要的训练项目还是与企业文化理念相结合，注重改善员工的认知。拓展培训的主要目的是让学员重新找回自信，找回工作的激情，找回曾经的荣誉感。在拓展培训过程中，训练的学员的积极心态，重新审视自我、认识自我、挖掘自我潜力、增强协作意识，从而提高员工之间的凝聚力，激发员工的工作热情。

3. 拓展培训在一定程度上也锻炼了学员的身体，提高了学员的身体素质，更重要的是可以释放学员的潜能，让学员做到以前认为做不到的事情。拓展培训可以让学员暂时摆脱了平日颓废的工作状态，认真的思考、反思，如何将自己有限的知识和能力释放出最大的能量；如何开发出自身上潜伏的、自己一直没有发觉的巨大的能量和情趣；如何与其他人良好的沟通，并搞清楚沟通到底可以深入到什么程度；如何消除自我意识，改变自己和他人之间的关系，这些都是拓展培训的意义所在。

4. 拓展培训在国内已经有了很大的市场，也成为众多企业认可的有效的培训方法之一。拓展培训可以让学员们在培训的过程中体验到团队精神的重要性，体验到学习的乐趣，分享的喜悦，也可以学会如何将枯燥的理论知识运用到实践中去。从而让企业的凝聚力进一步提升，团队协作能力进一步提升，也可以增加员工之间的信赖感，让彼此更真诚，合作更顺畅。

用三句话解释就是：**“拓展培训是一种培训，是震撼下的理念，体验下的感悟。”**

拓展培训是通过游戏、运动达到培训目的，其实是一项心理挑战活动，目的是让受训学员挖掘出自身潜能，提高自信心；控制惰性和拖延心理，增强意志力，启发创新思维，提高学员的工作效率、团队协作能力，让学员能够重新认识自我，在工作、生活、学习等各方面都有不同程度的成长。

9.6 活动：感恩

社群运营，尤其是互联网时代的社群平台运营，有一个核心思想就是——要分享、要感恩、要舍得，用无我有他的方式去探讨跨界合作。正如某个网络社群大佬演讲时的一句话“一个不懂得分享的人，没有人愿意一直跟他在一起；一个不懂得感恩的人，也不可能留住身边有用的人。”

因此，社群运营管理者一定要注重社群内部的情感交流和氛围营造，活动策划特别是感恩活动策划必不可少。

1. 社群感恩活动的三大形式

根据社群的规模，日常运营管理模式，组织举办社群感恩活动一般有以下四种形式。如下表9-3所示。

表9-3　社群感恩活动的四种形式

感恩活动形式	适用情形	具体说明
核心群大型聚会	·针对社群核心成员 ·社群规模大、经济基础稳定 ·一般为年度或规律性周期	组织形式比较常见，类似于企业年会、团建活动等
核心团队小范围聚会	·针对联系紧密成员，情感共鸣较强 ·更适用于分会或社群某小区域 ·适用于日常活动，或不规律周期	组织形式比较轻松、随意，环节简单、私密性强
核心+外围社群成员聚会	·适用于社群运营管理成熟、感恩活动规律的情况 ·线上线下连接已稳定形成	组织形式包括线上和线下两部分，分不同阶段或模块可以自由选择
无限制公开聚会或会议	·适用于社群宣传、新成员吸纳、社群变现	组织形式比较正式、影响力大，类似于论坛、晚会、发布会等

2. 社群感恩活动的“四众”思维协作模式

感恩是一种美好的情感，每个人都应该有一颗感恩的心。社群的成员之间也应该互相感恩，这样才能增强社群内部的情感交流、增强社群的凝聚力。社群感恩活动举办的成功与否很大程度上体现了社群管理者的运营能力，也关系到社群未来的发展趋势。

社群感恩活动其实也是一个推广社群的活动，可以提高社群的知名度，也可以提升社群的活跃度和影响力。当然，社群感恩活动也可以增强社群成员之间的亲密度。

那么，社群感恩活动的组织模式就至关重要了，不同与传统的组织活动方式，应发挥群策群力增加社群成员的参与度，采用“四众”思维协作模式。具体如下图 9-9 所示。

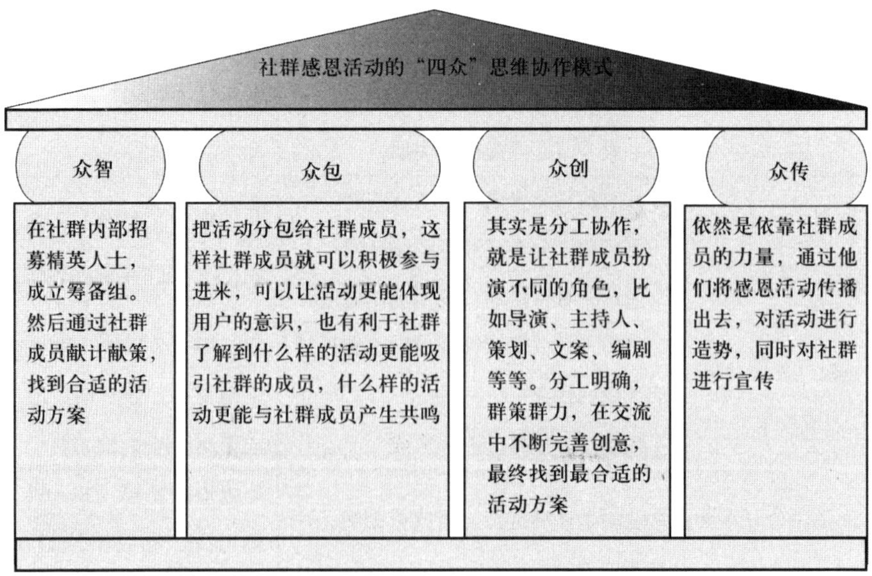

图 9-9　社群感恩活动的“四众”思维协作模式

9.7 指标：分会KPI

1. 社群运营要不要设置KPI？

首先，要考虑社群的规模。

规模太小的社群不适合采用KPI制度，因为规模较小的社群有太多不确定性。

有一定规模的社群，尤其是有了分社群的社群，则需要KPI，因为如果没有目标考核，社群的运营将会逐渐涣散，最终解散。

当然，社群是否设置KPI，还要考虑社群发展的阶段和特点。

在社群建立初期，主要是吸引用户，发展黏性用户，以及尽快扩大社群规模，并建立自由的传播渠道，这个时候无法设置KPI，因为在这个时候设置KPI，很有可能会抑制社群的快速壮大。当然，这个时候还是要做好前期的数据记录和分析，以便为以后利用KPI来运营和管理打下基础。

社群不断发展壮大，达到一定规模之后，就会出现杂乱无章、效率低下、信息更新缓慢等情况，这个时候就需要引进一些管理机制，比如KPI，用一些目标管理制度来规范社群，提高社群运行的流畅，并控制成本。

当然，有的社群不需要实行KPI，因为他们有另外的目标管理方法。比如以项目为驱动的社群，社群及社群成员清楚自己需要做什么样的行动，来维持社群运转。

2. 社群分会常用的KPI有哪些？

社群分会常用的KPI包括结果导向型KPI，如用户新增量、转化率、复购率、活动参与度、点赞数等；以及过程导向型KPI，如社群活跃度、社群活动频次、社群活动参与度等，下面介绍一下其中四项比较常用的运营 KPI。具体如下表 9-4 所示。

表 9-4　常用四大社群运营 KPI

指标名称	指标解释	适用说明
用户新增量	包括社群用户增长量或者平台用户增长量，这是社群运营的基础指标。如果没有新增用户，证明这个社群其实已经“死”了	也有的社群太过关注用户增长，逼迫老用户采取各种手段招募新用户。老用户为了完成任务，拉来大量僵尸粉充数，这其实没有任何意义。还有一些社群为了拉拢用户，不惜造谣，发布耸人听闻的消息，结果却让用户失望，最终离它而去
社群活动频次	为了保证社群活跃，保证成员对社群的认可，社群通常会举办一些活动，而活动的节奏和频率则是评估一个社群是否规范运营的重要指标	一些社群为了使社群看上去比较活跃，经常发一些没有营养的话题，让人觉得实在没话找话。这样非但无法让社群活跃，反而让成员感到尴尬、无趣，因此参与度也就不高，有的人会屏蔽甚至退出社群
活动参与度	有了活动还不够，还要看社群成员的参与度，以及在活动中能否保持一定的活跃度，这是评论社群运营质量的重要指标	有的社群会把朋友圈点赞当作社群参与度的考核指标，这其实很不合理，而且会导致朋友圈信任透支。相信很多人都被邀请过给朋友圈的消息点赞，但是这种勉强的点赞实在没有营养，而且还会让朋友之间的友谊过度消费，这样做很可能还会骚扰到潜在用户

续表

指标名称	指标解释	适用说明
转化率和复购率	有的社群有商业化产品，这个时候就可以考虑将转化率和复购率作为考核指标。转化率高意味着有回报，复购率高意味着回报稳定	以转化率和复购率做考核指标，一定要注意用户对社群的信任度，有的领导在社群还没有培养出黏性用户的，也没有考虑好到底什么商品适合用户的时候就盲目地推出产品要求导购，结果只能是不尽如人意

3. 运用社群分会 KPI 要注意什么？

需要注意的是，KPI 是考核社群关键质量的指标，并不是指导社群运营的管理制度和管理手段。KPI 可以评估社群的整体质量，可以评估社群运转是否顺利、正常，但不能用作社群运转的手段，也不会提高社群的运转效率。

还有，上一级的社群不应该强行规定下一级社群的 KPI，不能觉得自己的级别高，就对下级社群提出强制要求，任何一级的社群 KPI 都应该有社群成员集体商讨、达成共识，而且是对全体社群成员都有利的考核标准。

对于社群 KPI，不管是为了提高用户参与度、提升转化率和复购率，所有的这一切都是为了保持社群的活跃度，让社群能够正常运转，能够不断吸引新的用户进来，保持社群的活力，而不是随着时间的推移，慢慢变成死群。因此，社群不仅要知道如何制定 KPI，还要知道如何让 KPI 变成现实。

第10章 将心注入：加速器迭代一路向前

俗话说，不积跬步无以致千里，千百年以来社会主流的成功路径都不外乎踏踏实实地勤学苦练，积小胜为大胜，在通往成功的路上一步一个脚印地踏实前行。

直至今日，互联网的出现颠覆了传统企业和经济的发展模式，这个瞬息万变的社会为一些创业者提供了更多脱颖而出的机遇。只要敢于追求梦想，勇于尝试，理解和掌握了在互联网社会实现个人价值的方法和规律，同时运用社群及必要的外力帮助，就能颠覆传统的成功路径，更快地抵达梦想彼岸，这其中少不了加速器的功劳。

国家提出“大众创业，万众创新”的新战略后，借助国家在资金和政策上的支持，孵化器如雨后春笋般在全国各地铺开。其实独立的孵化器被美国的很多管理学大咖认为是伪空间，很难起到孵化的效果。反而加速器是美国是最盛产“独角兽”企业的孵化空间，“五位一体”是美国加速器的基本模型，这个模型也是加速器优于其他孵化空间的核心。加速器的“五位”包括空间、系统、生态、投资、后台，分别对应了创业者的办公场地需求、创业培训需求、合作需求、资金需求，以及 IT、人力等其他服务需求。

10.1 加速器的“五位一体”模型

加速器是在空间、生态、系统、基金、后台的“五位一体”模型基础上，向创业者提供重度聚合资源、重度资金投入、重度教练辅导的多方位孵化服务。

第一，空间。多数加速器都会为企业者提供一个实际的办公空间。空间选择的标准一般是交通便利、价格适中、设计合理、功能齐全。

第二，生态。美国顶级的加速器，就象在硅谷一样等同于自然界的丛林，一般能够与十几个甚至几十个国际一流的大企业建立紧密的关系，这让加速器的入孵企业和大企业之间有了非常强的关联，入孵企业的成功率大大提升。入孵企业的产品可能会直接销售给大企业，甚至入孵企业的发展方向，就是被大企业并购。

第三，系统。系统的核心是 Mentor（教练）。Mentor 会花比较多的时间和创业者互动，会给创业者很多实际的帮助。除了 Mentor 之外，这个系统一般还包括募资、活动、PR 等另外几项服务内容。

第四，基金。多数顶级的加速器都有自己的投资基金，这让加速器形成了商业的闭环，在加速器入孵企业很容易对接到资金。

第五，后台。加速器会有很强大的以 IT 为核心的后台管理系统。

综上所述，五位一体是加速器的运营模型，这也是加速器能够成功孵化顶级企业的“核武器”。CBIN 为会员提供一个人脉对接与业务引荐的平台，其实就是在做一个生态系统。在企业运营的过程中仅仅有了加速器还是不够的，必要的认知迭代也是不可少的。那么什么是互联网时代的迭代呢？

任何事物经过几次迭代之后都会蜕变成新的事物，这一方法在移动互联网时代被称为迭代思维。迭代思维在移动互联网上的发现，具有偶然性，也是移动互联网发展的必然。快是迭代思维的根基。迭代思维的核心就是在最短的时间内要将产品推出。之所以要运用迭代思维，就是要通过快来解决问题。从2007年iPhone第一代手机发布起，不到三年的时间，国内外互联网巨头都在抢占移动互联网门票，高呼晚矣。迭代思维一经提出就受到了广大企业的推崇，在移动互联网上占有重要位置，所以CBIN社宾系统也是运用了迭代思维。

在当今的移动互联网时代，迭代思维就是要通过最小的成本来推出产品的思维。拒绝迭代思维，那他就必定是在拒绝未来。互联网经过十年爆炸式发展，逐渐归于平静，这是任何事物发展的规律，火热爆发之后自然会慢慢稳定发展。在下一代科技变革之前，用迭代的产品思维运营企业就显得十分重要。互联网就是“认知重启”的加速器，CBIN作为国际商界精英人脉与业务引荐平台也会不断地推陈出新，从1.0版本快速迭代到2.0版本并不停地更新升级来适应用户的需求。

10.2 独特的线上系统

一个加速迭代的团队和企业，还需要有一个高效独特并持续迭代的线上系统，社宾就是CBIN国际商界精英人脉与业务引荐平台的线上管理系统。

以互联网为代表的信息技术革命，不仅促进了传统产业的升级改造，更渗透到社会、经济、生活的各个角落；不仅改变了信息的传输、储存方式，更改变了人们沟通、信息获取和利用的方式；不仅改变了社会资源配置的方式，更推动了人类的经济和社会组织方式的变革；不仅创造了新的产业，更改变了财富创造的逻辑和经济增长的方式。

运营模式是商业模式的核心，但不是商业模式的全部。在网络经济下，新的运营模式不断涌现，过去难以实现的资源配置和生产组织方式成为可能。企业运营模式是价值传递、实现和获取的方式，其中传递的是价值流（或业务流），实现的是客户价值，获取的是企业价值。

独特的线上系统五种运营模式如下图10-1所示。

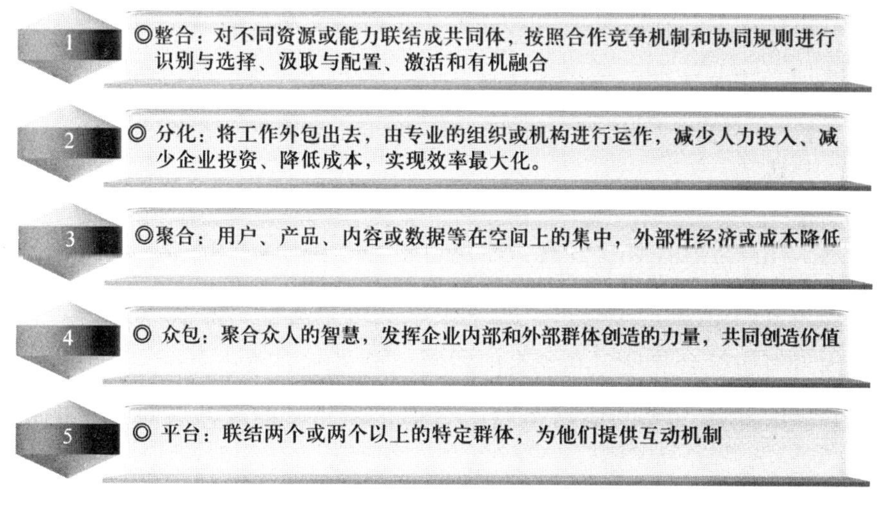

图10-1　线上系统5种模式

1. 整合运营模式

整合，是系统的思维方式，是价值网络机制的一种典型的运营模式，同时也是一种实践性和落地性极强的运营管理模式。所谓整合就是指企业对不同来源、不同层次、不同结构、不同拥有者的资源或能力联结成共同体，并按照一定的规则进行优化使其具有较强的柔性、系统性和价值性，最终实现、获取、分配价值的一个复杂的动态过程。

在当前高速发展的社会中，整合这种运营模式的优势就是有效地将企业的市场需求和企业运营资源相互融合形成独具特色的、符合企业自身发展需求的运营战略和落地模式。在整合的过程中，就是要通过组织和协调把企业内部彼此相关但却彼此分离的职能，通过互利和契约把企业外部既参与共同的使命又拥有独立经济利益的合作伙伴，整合成一个为特定目标的价值创造系统。因此，整合运营是一种柔性极高的管理模式，非常适合于服务性行业的运营管理。

市场需求的核心是消费者分析。在当前大市场背景下，消费需求不断地、快速地被新的产品和服务模式所替代升级。所以说，整合以客户价值为导向，紧紧抓住客户需求反向匹配资源，将各参与方的资源和能力快速地联结起来，在协同、互利的规则下实现价值的创造和传递。与一体化不同，整合不求所有，但为所用。只有充分考虑市场和消费者的需求（外部的客观规律）和运营资源（内部拥有的）并将内外有机结合，通过在现有的运营流程基础上改进升级，使企业运营管理既能从过去的成功经验中获得传承，又能着眼长远、审时度势、运筹帷幄。

2. 分化运营模式

分化是未来的一个趋势，它和整合相辅相成。分化模式的两种基本形式是外包和共享。

业务外包，是企业根据自身的需要，将运营工作中的某一项或是几项外包出去，由专业的组织或机构进行运作，以减少人力投入、减少企业投资、降低成本，实现效率最大化。而共享服务，是将公司（或集团）范围内的共用的职能或功能集中起来，高质量、低成本地向各个业务单元或部门提供标准化服务的运作模式。

市场越大，商品专业性越高；市场越小，专业性越低。因此当整个世界朝全球经济的方向推进的时候，当中国面对全球化的挑战，企业就必须变得更专业化。分化是生命的真相，是企业发展的推动力，也是未来发展的一个趋势。每一种产品类别，从电脑、通讯、家电到有限电视，随时随地都在进行分化。没有分化，你怎么去创造类别第一呢？没有分化，你怎么去寻找无竞争市场呢？

其实，企业被外包的只是企业的非核心业务，包括信息技术、人力资源、物业设施管理、房地产管理和会计等业务。这样做企业就能借助外部资源的优势来弥补和改善自己的弱势，最大限度地发挥了企业有限资源的作用，加速了企业对外部环境的反应能力，强化了组织的柔性和敏捷性，节省了企业的运营成本和降低风险。同样，企业通过共享服务将日常性的非业务职能集中起来，也有助于业务部门更加专注于具有战略意义的业务经营活动中。

3. 聚合运营模式

聚合，是用户、产品、内容或数据等在空间上的集中所产生的外部性经济或成本降低的模式。聚合运营模式的两种优势就是网络效应或网络外部性，以及交易成本的降低。从运营模式角度来看，大数据是对聚合的大量数据有目的地进行处理、分析、挖掘和利用，提供特定附加价值的一种模式，是聚合模式的价值升华。目前，大数据正影响着企业商业模式的转变，对大数据进行处理、分析及整合正成为提升企业核心竞争力的有效方式。

电信网络、微信、QQ 等，是典型的用户聚合。网络聚合是指在将互联网上的海量信息与资源（如博客、论坛、影视、音乐、供求信息、文件等）进行人工或机器的内容挑选、分析、分类基础上，为用户提供有用的、更具针对性的信息。网络的价值由于联结到网络或服务的用户增加而非线性增加，同时网络的用户越多，吸引越多的用户加入，给每个用户的价值也越大。

可以说，聚合与搜索有相似之处。无论是Google还是百度都没有原创内容，通过搜索工具，它们为用户提供高效获取所需信息的服务。农贸市场、专业市场、超市等都是产品聚合模式。由于产品集中在同一地点，节省了客户搜寻和选择产品的时间和精力。门户网站、去哪儿等是内容的聚合。搜索工具则是通过对内容的加工提供附加值，从而节省了用户的交易成本。另外，聚合与分享既有联系也有区别，聚合与分享是用户获取资源的全过程。聚合是分享的前提，分享是聚合的目的；聚合是由信息提供者完成的，而分享的对象是用户；聚合强调不同来源的资源整合，而分享强调用户贡献。

4. 众包运营模式

众包模式是指一个公司或机构把过去由员工执行的工作任务，以自由自愿的形式外包给非特定的，而且通常是大型的大众网络的模式。这种模式是以开放的平台，聚合用户、供应商、合作伙伴以及员工的智慧，发挥企业内部和外部群体创造的力量，共同创造价值的一种模式。

众包的经济逻辑是间接外部经济性，其优势不仅仅在于经济效率，包括用户、合作伙伴在内的群体创造的作品往往更加出色。现今众包模式已经对美国的一些产业产生了颠覆性的影响：一个跨国公司耗费几十亿美元也无法解决的研发难题，被一个外行人在两周的时间内圆满完成；过去要数百美元一张的专业水准图片，现在只要一美元就可以买到。目前网络经济下，消费者已经不再是一个被动的接受者，不管你愿不愿意，事实上他们已经主动地融入你的企业，参与到产品创新、营销传播等价值活动中。况且，企业内部的知识和经验往往不足以解决全部问题。

众包，从创新设计领域切入，悄然颠覆传统产业结构。而在中国，众包模式也已经有了尝试者。比如，社交网络、视频分享、照片分享、知识分享、社区、论坛、微博、微信、博客和播客等都是UGC（UGC，User Generated Content）的主要应用形式。开心网、人人网、YouTube、优酷网、土豆网、维基百科、百度百科、百度知道、大众点评、天涯社区等利用用户产生内容，都是众包。总之，众包模式其实就是把传统上由企业内部员工承担的工作，通过互联网以自由自愿的形式转交给企业外部的大众群体来完成的一种组织模式。在这一过程中，企业只需要为贡献者支付少量报酬，而有时这种贡献甚至完全免费。

5. 平台运营模式

平台运营模式是连接两个以上特定群体（用户与商家），为他们提供互动机制，满足所有群体需求，并巧妙地从中赢利的商业模式。比如，在起点中文网，读者群是一边，每一个读者将自己的阅读感受在网上分享，会影响其他读者的点击阅读量；同时随着读者点击阅读量的增加，产生越来越多的阅读感受。作者群是另一边，读者群的增加，吸引更多的作者发表作品；作品的丰富又吸引更多的读者。

平台赢利的前提是连接双边群体要达到一定的规模化效应，平台才能实现自身价值的货币转化。所以，在考虑平台战略时应思考以下问题：如何激发正反馈产生网络效应，如何平衡开放和管制策略，如何设定付费方和被补贴方，如何锁定用户，如何设计赢利模式，如何建立可持续的不断增强的生态圈，以及平台生态圈之间的竞争，等等。如此一来，一个良性循环机制才能建立起来。

淘宝网、携程、大众点评网、京东商城、当当网等，无一不是平台模式。这些平台的基本特征都是通过一个平台的搭建，连接起来B端服务提供者和C端需求提供者之间，从而实现需求和需求满足双方的信息对称，以及流量提升来实现信息匹配之后的服务价值创造，最终通过规模化的扩张，形成一个细分服务领域的垄断地位后，再实现价值变现。

案例分享：CBIN用心和专心

CBIN对待合作伙伴和会员是用心的和专心的。

1. 用心

用心做事是能给工作注入灵魂的灵丹妙药，任何事情，用心做和不用心做，其结果是完全不一样的，用心做事可显得有活力、有魄力，并散发出不同的光彩。用心就是在你心中占有重要一席，他是你的血液、骨、肉，是你身体、心灵的一部分，不可分割。你要把它当作自己生活中的一部分，跟你的呼吸、吃、饮、拉、走路一样，自然的呈现，自然的发生，跟你的灵魂在一起。

用心就是要仔细观察，设身处地的去想遇到的任何一个问题，即使最简单的事情，你也要用心思考。只有用心才可以把事情做得更好一点，才能有更好的想法，才能考虑对方能不能满意，乃至能不能给他惊喜。如果你这样想了、这样做了，自然就会做好，做得出色。当然，如果你不这样去想，结果就不言而喻了。

2. 专心

随之而来则是专心，专心才能专业，当你愿意专心的时候，你便很专注，而专注的结果，就是节省时间、节省精力，高效率好结果。大家想想，你做事情的时候，同时又分心去兼顾其他事情，它会打扰你的心神，最麻烦的是当你分心后，你要用双倍甚至是多倍的时间把心定下来，再做应该专注做的事情。还有，你们是否发现，当你专心专注做事的时候，你如有神助一样，思绪清晰、创意无限，所以专心专注才是做事的王道。

其实，专注的力量是很大的，它可以把人们的潜能发挥到最佳。当我们做事情浑然忘我，把所有的精力都集中在一个点上的时候，成功就已经很近了。

有人问拿破仑打胜仗的秘诀是什么？他说："就是在某一点上集中最大优势的兵力，也可以说集中兵力，各个击破。"这句话精辟地道出了专注对于成功的重要性。在任何领域，集中注意力都是成功的关键之一。CBIN就是很注意把精力放在一件事情上，专心致志集中突破，这就是他们做事更有成效的原因。

CBIN认为，高效工作的第一要素就是专注。对于大多数人来说，每天都要做很多事情，而我们只做一件事，如果一个人将他的时间和精力都用在一个方向、一个目标上，他就会成功地做好一件事。专注是一个高尚人士获取成功不可或缺的习惯。只有当你一心一意地去做每一件事的时候，你才能把它做好。

俞敏洪曾经讲过一个故事，世界上能够到达金字塔顶端的动物只有两种，一种是雄鹰，她靠自己傲人的翅膀和惊人的天赋飞了上去；还有另外一种动物，也登上了金字塔的顶端，它就是蜗牛。蜗牛速度并不快，而且它的身上还背着重重的壳儿，但是它认准了自己的方向，就会沿着这个方向一直走，一直努力。

在我们生活的社会群体当中，能够在众生之中脱颖而出的人并不多，但从这些人当中，我们可以看到，他们的成功，就像雄鹰和蜗牛一样。要么天赋异禀，资质优越，内在或者外在的某些条件足以支撑起他的梦想，像雄鹰那样；否则的话，他就是像蜗牛一样的人物，知道自己的资质就是平常人的水平，但是仍然胸怀大志，凭借后天的勤奋和努力，用专注和毅力做出常人难以企及的成绩。

一位知名的企业家，因为年事已高，马上就要面临退休了。在告别职业生涯之际，应大家的要求，他做了一场令人印象深刻的演讲。

演讲开始这天，全场座无虚席。但奇怪的是，在演讲台上却发现了一个巨大的铁球。大家都不明所以，这到底是干什么的？这是，工作人员拿来了两个大铁锤，企业家请在场的两位年轻人来用大铁锤敲击铁球。两个年富力强的年轻人虽然不知道这到底是要做什么，但还是乖乖地按照企业家的话做了。

她们抡起铁锤，全力以赴地向铁球砸去。一声巨响过后，铁球纹丝未动。

很多人都以为虽然锤子不小，但是想撬动大铁球，几乎是痴人说梦。企业家望着台下，并未说话，而是从口袋里掏出了一个小铁锤，对着铁球敲了一下，然后停顿，之后又敲了一下。人们觉得莫名其妙，他究竟在干什么？但企业家并没有回答人们，而是专注地用小铁锤，一下又一下地敲着，持续不断。

十分钟过去了，半个小时过去了，会场的人们开始觉得无聊、焦躁。但企业家仍然没有停。进行到差不多一个小时的时候，坐在前面的一位女士突然喊道“快看啊！球动了！”会场一下子安静了下来，大家把注意力都集中到了那个球上，发现球的位置果然偏移了。

这个故事告诉我们，专注地去做一件事，成功就会在不经意间来到你的身旁。那么做事情如何做到专注呢？

（1）确定一个合理的目标。

当我们拥有一个自己所爱和适当的目标的时候，我们会觉得寻找实现目标的过程就好比走出寒风刺骨的雪原，在这样的情况下，我们的注意力就会自然而然地被目标所吸引。这个时候的人，往往是专注而自律的。

（2）排除干扰因素，让自己随时保持好的状态。

人们都会有好逸恶劳的天性，喜欢轻松而不喜辛劳。专注力的实现除了自身的因素以外，还需要外在环境的配合，比如一个人所处的环境，以及他的精力和体力。往往是在安静的环境中，精力充沛，体力强劲的人更容易实现专注。所以当我们决定要专心做事的时候，最好是在吃好睡好的条件下，并且加强自律性的训练。

10.3 一对一业务探访

有一对老夫妻一起吵吵闹闹过了几十年，金婚纪念日这一天，他们约好不再吵架，做了几个菜庆祝一下，其中做了一条鱼，老头子习惯性地把鱼头拔到了老太太的碗里，老太太看到鱼头，忍不住伤心地哭了起来。

这时，老头子问：“咱们今天说好了不吵架，好好庆祝一下，你怎么又哭了呢？”老太太道：“我跟你这么多年，容易吗？可今天这样的日子，你还把我最不愿意吃的鱼头给我吃，咱们结婚第一天，你给我鱼头吃，我就觉得你这人太自私，把不好吃的鱼头给别人吃。”

老头子叹气道："我最爱吃鱼头，可几十年来一直舍不得吃让给你吃呀！"他们这才找到一直不断吵架的原因——彼此的想法缺少沟通。

这个故事说明沟通是多么重要，你的想法再好，但如果没有有效的沟通，也很难被别人理解。同样 CBIN 分会成员之间如何不互相深度了解，就不能为对方对接到合适的人脉或做出优质的转介绍。

1. 一对一探访的必要性

人往往会高估自己而低估别人，很多时候觉得其他人的工作做得不够完美，这里考虑不周那里做的不全，或者别人说话思路不清晰等，但很多时候你只是看到了他人不擅长的地方，或者只是对方和你的出发点不同给出了不同的解决方案而已，其实你自己并不如自己想象的那么清晰与强大，所以沟通就是十分必要的。

一对一沟通是公司间和部门间合作的生命线。卓越的合作关系始于合作各方的个体之间开展有效沟通的能力。CBIN 分会会员一对一业务探访是为了加强会员在线下的时候互相了解，目的就是让他们了解所有会员的业务，他们企业的主旨、愿景、理念，还有产品，比如说产品是什么样的产品，服务是什么样的服务，并通过这个环节充分了解他们的会员是个什么样的人。因为，人很多时候都会理所当然地以为，自己知道的就是真实的，但是事实往往并非如此。

比如说装修，很多人认为装修很简单，心里总是想当然地以为：装修嘛，不就那么回事！真的是这样吗？当然不。装修可以分为家庭装修，办公室装修，等等。而且每次装修需要注意东西也很多，比如装修的风格，装修的样式等。

再比如说做家庭教育。在很多人心目中，家庭教育是很简单的，就是教孩子，再精准一点的说法就是教导家长跟孩子沟通。但是在社会快速发展的今天，家庭教育已经演变成了什么呢？有利用心理学跟家长沟通，让他们对孩子的心理变化多一点了解，有让家长跟孩子一起学习的。当然这两种方式无论从效果还是切入点来讲都是不同的。所以说家庭教育也会分很多范畴。

从上面两个例子中我们可以体会到：人们心里想的所谓简单的事情，当你真正地了解它的时候，都变得不那么简单。这就是为什么一对一探访那么重要的原因。

而我说的一对一业务探访不是简单地只做一次，只是一次简单的聊天可能仅仅了解这个人的业务，而不能很好地了解这个人，毕竟我们不是研究心理学的，不能通过一次简单的聊业务就看出这个人是什么样的人。而且很多人在一段时间之后可能会发生变化，古语有言：士别三日，当刮目相看。更何况我们一别还不止三日，在这之间我们不能预料到上次我们坐在一起简单聊聊天的人会发生什么变化。而对于我们一对一环节来说，深入的了解是必要的，但是不是做一次便可以达到深入，在不同时段也要多沟通、多了解才能达到深入。因为人与人之间只有深入了解了才会有信任，加强了信任，才能产生转介绍，生意才会变得更简单。

2. 沟通锦囊妙计

这里有三个技巧可以助你提高一对一沟通的能力，它们是：利用个人案例，现身说法；采用成人式对话，说服他人做正确的事情；积极倾听，理解对方话语中隐含的意思。

谈到合作，大多数人首先想到的就是战略和目标，而不是对话。但往往是那些发生在基层的日常沟通决定了合作的成功与否。购并失败，生产商丢失客户，外包解体，原因不在战略的孱弱。通常，个体间的无效沟通才是导致合作失败的主要原因。

如果此类沟通顺畅，其中蕴藏的机遇也同样明显。中规中矩的成功合作关系与创造了新局面的成功合作关系，其分水岭通常不是合作协议的精巧。大多数情况下，相关人员开展有效讨论的能力，决定了合作的成功程度是平庸还是卓越。

沟通锦囊妙计如下图 10-2 所示。

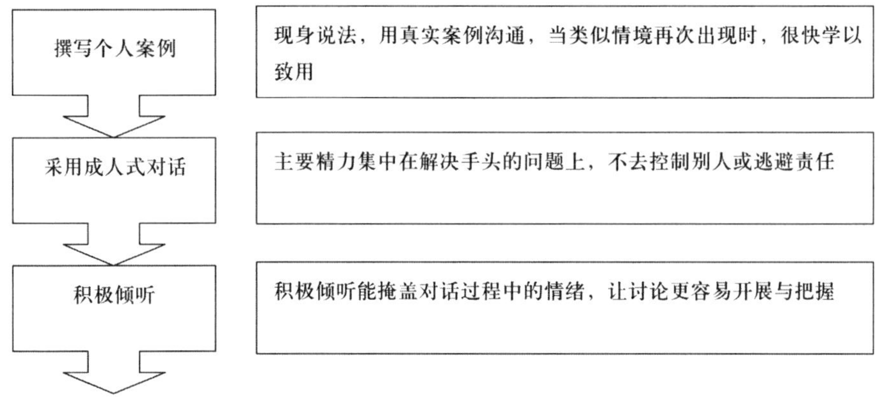

图 10-2　沟通锦囊妙计

案例分享：CBIN 甄选会员标准

CBIN 对甄选会员有严格的标准，甄选标准如下图 10-3 所示。

1. 他认同我们的理念“付出共赢，以礼取礼，以德取财”的价值观。

CBIN 建立在“付出共赢、以礼取利、以德取财”的价值观之上：你提供生意机会给别人，别人自然也会介绍生意给你。这个理念也顺应了传统的“成人达己、成己达人”的观念。

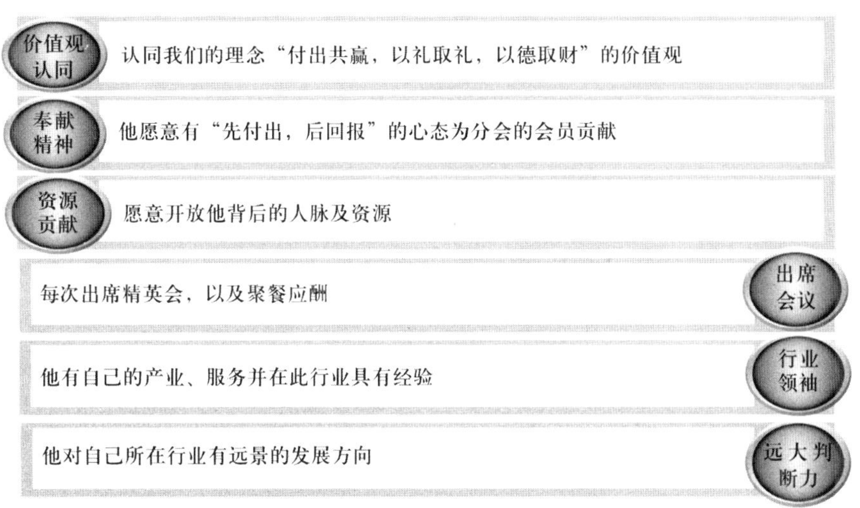

图 10-3　CBIN 甄选会员标准

CBIN 的任务是通过分会的精细化运营，以诚信的“口碑”方式传播，帮助会员增加生意机会，并让会员对接到长期的、高素质的商务专业领域人际关系。加入 CBIN 就拥有众多业务销售人员为会员工作，所有 CBIN 会员均随身携带会员的电子名片。当遇到会员的潜在客户时，他们就会拿出电子名片并推荐会员。CBIN 针对会员的引荐和业务对接，提供一个有组织的人际关系志愿平台，并对接优秀专业人士发展人际关系。在与其他人建立这种“制式”的人际关系过程中，将大大增加会员的生意机会。

2. 他愿意有“先付出，后回报”的心态为分会的会员贡献。

人不成熟的第一个特征：就是立即要回报。他不懂得只有春天播种，秋天才会收获。很多人在做任何事情的时候，刚刚付出一点点，马上就要得到回报。很多人做生意，开始没有什么成绩，就想着要放弃，有的人一个月放弃，有的人三个月放弃，有的人半年放弃，有的人一年放弃，我不明白人们为什么轻易放弃，但是我知道，放弃是一种习惯，一种典型失败者的习惯。所以说你要有眼光，要看得更远一些，眼光是用来看未来的！

所以 CBIN 在理念和制度设计上，突出了“先付出，后回报”的特点，并以此来甄选会员。

3. 他愿意开放他背后的人脉及资源。

在好莱坞，流行一句话：“一个人能否成功，不在于你知道什么，而是在与你认识谁。”卡纳基训练区负责人指出，这句话并不是叫人不要培养专业知识，而是强调：“人脉是一个人通往财富、成功的入门票。”

人生存于社会之中，一切皆取之于社会，又用之于社会；增值于社会，又耗散于社会。从资源管理的角度来看，人与资源的关系是占有、利用的关系。但是，一个人的个人资源是非常有限的，在生存、生活和生产活动中不得不利用和分享公共资源和他人资源。从能力的角度看，个人能力也是非常有限的，为了种种目的，人们不得不结成协同关系，互相共享和借用各自的力量。而所有这些资源、能力的相互利用和共享都不会是无缘无故的，是种种“关系”之下的效率寻优行为。这种种关系，无论是制度规定的，还是自发自为的，归根结底是人与人之间的关系。

个人在社会中与他人结成各种各样的关系，就像一条条根须与他人沟通联接，形成错综复杂的脉络结构。这种沟通人与人的关联结构就是人脉。有人说，人脉是人的社会生命支持系统，这话一点也不过分。

常言道："一个好汉三个帮，一个篱笆三个桩"。"人"字的结构就是互相支撑。一个人要想成就事业，甚至追求美好生活，就需要有做事业的人脉网络和人脉支持系统。在人脉系统中，人与人之间是互为资源和财富的。信息时代，人们拥有了无限的信息资源，事实地拥有了事业无限发展的可能性。这种信息就是人缘情报，而情报站可以说就是人际关系网。你的人际关系有多广，你的情报就有多广，这种人际关系和情报就是你事业发展的平台。利用这个平台，你就可以构筑起更高大更威严的事业大厦。

因此，CBIN 在甄选会员格外注意一个人的人脉资源和愿意共享的意愿。

4. 他愿意每次出席精英会。

做生意，首先得有人脉，得有关系。人脉就是最大的财富。凡成功的企业家都懂得人脉比金钱更重要，因此他会把参加社交活动，结识更多的人，聚餐应酬，当作一项极其重要的工作，并且从结识的人中选定少数人进行长时间的感情投资，最终成为好朋友。其结果，这些朋友一定会在某一时期出手相助，助其成功。多参加精英会，就等于成了商会交际圈内的人，且由于地缘关系，交往、沟通更为便当，只要你有心，很快就可以组建起对你有用的人脉关系网。

有一项研究证明，你只要有 6 个朋友，你就有办法同世界取得联系。朋友的朋友，就是你的朋友，参加精英会等于为你打开一扇门，让你走向广阔的社会，融入集体的行列。这应是你组建人脉网络的一大捷径——六度人脉。

因此，CBIN 在甄选会员需要看一下你是否愿意经常参加精英会。

5. 他有自己的产业、服务并在此行业具有经验。

当今是信息社会。做生意需要及时掌握政策信息、投资信息、项目信息、产销信息、价格信息等。如你能提前把握宏观经济走势，宏观调控政策的变化，市场的走向，以及投资风险的警示，至少你会增加投资兴业的保险系数，更何况也许一个有用的商业信息，或偶遇的商机，往往产生于众人不经意的交谈之中。你能敏锐觉察，并提前行动，就有可能赚到大钱。

由对自己的产业、服务并在此行业具有经验优质会员组成的平台，能使之成为沟通渠道和信息的汇聚地，其信息量远比个别商家多得多。有了这样的平台不仅可以获得商业信息，还可以从政府部门、企业家和乡亲间获取有用的信息，丰富知识、开阔眼界、拓展思路，将对你会有很大的帮助。

因此，CBIN 在甄选会员时要看一个人对自己的产业的了解。

6. 他对自己所在行业有远景的发展方向。

一个人最重要的能力是判断力，面对快速变化的外部环境和快速发展的产业，如果能及时、准确地把握产业机会，就可能规避风险并快速获得成功，这一切都取决于一个人的判断力。

有一次，百度针对在校大学生求职前的心态进行调查。那次调查中，有这样一个问题：到目前为止，你所取得的成就有多少来源于个人努力？“90%”“70%”，大学生朋友们给出的答案几乎全部高于 50%。

有趣的是，在新中国成立 60 周年时，一项针对企业家的调查中，很多企业家对这个问题给出的答案最高不超过 30%，最常见的答案是在 10%~20%之间。个人努力以外的成分是什么？SOHO 中国董事长潘石屹给出的答案是“大势”。他觉得“势比人大”，而且“不是一般的大”。

不论他们的观点是否正确，可以肯定的是，这种判断力超越了我们身上其他的能力，对我们未来的成就起到决定性作用。

因此，CBIN 在甄选会员要特别看重一个人对所在行业所具有的判断力。

智慧案例：兴趣部落

当下，“自组织兴趣管理”，正越来越受到企业管理界的关注。在面对质变、混沌的外部商业环境，企业如何在高度不确定性下跟客户、市场进行有效的能量交换？实现团队的自组织兴趣管理，在一定程度上有助于团队形成合力，极大地提升了团队整体的工作效率。

仅就“自组织”这个概念而言，它的确不是一个新事物。自组织概念产生于系统科学，而系统科学已经有七八十年的历史了。自组织这个概念最早来自于控制论中的耗散结构理论，耗散结构理论由诺贝尔奖获得者、比利时的物理学家普利戈金（I. Prigogine）提出的。自组织兴趣管理是原阿里 ITU 内贸团队采取的一种敏捷实践，该实践旨在帮助团队成员加强团队合作，培养其自我调节、自我适应，以及自我修复的能力。

在自组织兴趣管理中，团队中的每位成员既是管理者，又是执行者。大家因为兴趣而聚集在一起，在团队事务上没有一位绝对的管理者，每位团队成员都可以作为团队事务的管理者，管理自己擅长并感兴趣的事情。因此，这样事情通常都能很好地完成，而且团队中的每位成员都能站在管理者的角度来思考问题，增加了团队成员之间彼此的理解，工作效率自然有所提高。这在一定程度上需要企业进行结构化创新、颠覆式创新来建构这种能力，企业自组织兴趣管理由此进入人们视野。

1. 为什么进行自组织兴趣管理

传统管理，指的是在一个团队中由一个人负责团队的管理，而其他成员不参与团队事务的管理，管理者发布命令，团队成员执行命令。这样的管理存在诸多弊端。在传统管理中，由于团队成员是人而不是机器，他们都有自己的想法，愿意给公司提出一些好的建议和想法，但有时候公司主管会认为这个想法没有价值，又或者因为管理者没有时间来组织这件事情，导致这些想法最终没有落地，于是利于团队工作的想法就会越来越少，最后只有管理者一个人来思考如何提高团队的工作效率等事情。

为了消除传统管理带来的弊端，我们 CBIN 团队尝试进行自组织管理实践，通过兴趣把大家聚集到一起。比如，让喜欢旅游和娱乐活动的成员负责活动统筹；让擅长管理有威望的成员负责主席的角色；让喜欢学习和分享的成员负责教育统筹。总之，CBIN 让团队中的每一位成员都参与到团队事务管理中，让某些方面表现出过人之处的成员，管理其擅长并感兴趣的团队事务。

目前，CBIN 分会已经实现了高度的自组织管理，主要由领导向分会所有成员分配团队事务，然后团队成员组织大家一起完成分会里的事务。而组织的形式采取任务发布和大家兴趣认领的方式。

2. 任务的发布和认领

CBIN 分会每半年会组织一次大型嘉宾日，领导团队会把事务分解成若干子任务，并制作成一张任务认领表放在群里让所有感兴趣的成员去认领。下图是一个典型的任务认领表，有些任务需要注明任务的详细信息，但分会里的任务必须要有人认领。任务认领表如表 10-1 所示。

表 10-1　任务认领表

任务名称	认领人	计划完成时间	实际完成时间	备注
XXX	某某	2018. 1. 1	2018. 2. 1	

领取的时候必须写上计划完成时间。实践表明，领取任务的会员自己写上计划完成时间会有一种无形的督促力，能够提高任务的完成度。

另外，分解出来的子任务需要的时间越短越容易被领取。我们通常划分出来的一项子任务只需要 1 天左右的时间就能完成，完成了以后可以继续领取其他子任务。如果有些子任务没有人认领，领导团队一般会去认领这些子任务，或者主动询问其他没有认领的会员有无兴趣认领这项任务。

3. 鼓励每位成员都组织一项感兴趣的分会事务

CBIN 认为，人人都有互惠心理，当你支持其他成员组织的团队事务时，别人就会主动支持你组织的团队事务，这样无形当中就形成了一种积极合作的氛围，从而推动所有分会事务的进展。如果只有一位团队成员组织分会事务，那么领取任务的积极性可能不会很高。而如果团队中的每位成员都组织一项分会事务的话，积极性就会高很多。

4. 赞同并支持团队成员实现自己的想法

领导团队管理的目的应该是帮助会员顺利完成工作，并且帮助团队成员快速成长。因此，当领导团队听到团队中一些积极的会员提出好的想法时，只要这个想法符合团队目标，应该尽量帮助他完善这个想法并支持他去做。

而对于不合理的建议，也应该帮助团队成员进行分析和思考，帮助他思考出这个建议不合理的原因，并使他的思考更加成熟和正确，以期望下一次能提出更好的建议。而不是没有仔细思考这个想法就拒绝了。如果贸然拒绝的次数多了，团队中积极的想法就会越来越少。

5. 培养团队合作氛围

因为我们进行自组织管理的团队事务都倾向于通过团队合作来完成，不提倡单兵作战，所以自组织团队必须有很好的团队合作氛围。

在精英会之外，会员之间要经常做一些非零和博弈活动来培养团队氛围。比如一起吃晚餐、打桌球、打牌和唱歌等。

当前，我们所面临的环境完全是一个质变的混沌时代，完全是一个颠覆创新的时代，完全是一个不确定性的时代。企业要适应环境的变化，就必须进行自组织兴趣管理。企业通过自组织兴趣管理可以完成诸多团队事务，鼓励团队成员自我管理，主动思考，多担当。通过小团队的多中心控制，自主引发和驱动的非线性创新、快速迭代等对外界刺激和变化做出迅速反应来保持组织的活力，从而提高了企业对于环境的整体适应能力。所以，CBIN 鼓励每个分会建立多个兴趣部落，通过兴趣部落来拓展人脉，增加嘉宾数量并维护好嘉宾。

后　记

大家好！

我是北京金石地产的王炜栋，毕业于北京起源 LP39 高级课。通过参加 CBIN 燕郊精英会人脉与业务对接模式，我受益匪浅。燕郊精英会提到“六度人脉”、“耕耘≠捕猎”，其中“耕耘≠捕猎”对我的启发非常大，一个人想要深耕一个人群、一个人脉关系网就要不断的耕耘。CBIN 的理念是“付出者收获”，这与我最初的价值观不谋而合。

通过“六度人脉”把我们背后的人脉资源充分的挖掘和使用，在销售和做生意的过程中，需要有人脉关系的支撑，每个人都会产生不同业务的需求。通过“六度人脉”我可以准确链接客群，同时也可以把背后的资源、人脉介绍给其他人，彼此支持对方的生意。这也是我当时为什么发起 CBIN 北京第一分会的初心。通过与邝导的多次申请，我有幸成为北京第一分会发起人。其目的就是为了链接我们人脉圈背后的资源，同时，也为了链接更多的 LP 同学的资源，让 LP 学员毕业之后可以在今后的人生道路上取得更大的成就。

在加入 CBIN 之前，我没有任何平台运营经验。加入 CBIN 之后，邝导耐心辅导引发，在行动中调整，我也成了最大的收获者：

1. 懂得合作：只有团队的配合，才能把事情做得更好、才能走得更远、才能拿到更大的成果。

让我懂得团队合作、携手共赢、利他，才是持续发展的原动力！

2. 坚守范畴：加入 CBIN 后，让我懂得做任何事情都要坚守原则与范畴，不要因为个人感情去破坏原则与范畴。

3. 个人提升：CBIN 给了我一个非常好的锻炼机会，这是一个非常好的舞台。在之前我并没有做过演讲、主持等工作，邝导给了我充分的平台去展示自己、锻炼自己，让我在这里培养演讲、主持等相关能力。

4. 做人之道：对人要包容、欣赏、鼓励、嘉许。不要对某一个人的过去做出定论，要更多的看到对方的优点和长处，要推行人性化管理，在付出中支持、成就他人。这是在 CBIN 让我收获非常大的一点。

5. 耕耘不等于捕猎：在 CBIN 我学会了做生意或做人的原则，就是懂得先付出，先耕耘并无私地奉献和给予。我们去给予的时候，内心是富足的，付出得越多，收获得越多。要长远看待合作关系，而不是短期的打猎行为，仅仅为了获得短期的利益。

CBIN 不仅是一个业务对接平台，它更像是一个黄埔军校，在邝导的领导下让我懂得如何做人，如何做对人，如何做一个懂得感恩、懂得付出、懂得奉献的人。在此，我真诚的感召各地的企业家一起加入 CBIN 这个大平台，共同维护营商环境的纯洁性，同时让大家的生意更简单。

金石地产合伙人王炜栋

2018 年 3 月

致　谢

随着《人本商道》的按时出版，在这里我要感谢出现在我的生命中，曾经给予指导、鼓励、帮助、影响、启迪的每一个人，使我获得更大成就的所有人，对你们的付出表达我最诚挚的谢意！

首先，我要感谢我的家人，感谢你们多年来对我的帮助和支持，感谢爸爸、妈妈，虽然我们家处农村，但是你们的强大信念影响和改变了我，你们说："只要你能学习，能考上更高的学府，我们就是砸锅卖铁也要支持你完成学业。"不管我惹多大的祸犯多大的错，虽然批评和责骂是必不可少的，但每次你们都给了我改错的机会，而且你们真正做到了"尊重而不放纵，关怀而不干涉，分享而不教导"。每一次想要教育我时，你们都把二舅请到家里，给我做思想工作。感谢外公、外婆无微不至地照顾我五岁以前的生活起居，虽然你们现在已经离开了，但我永远铭记你们对我的爱与付出。

感谢我的爱人，给我许多美好的回忆，一份近乎完美的感情。我们在大学校园相识，然后走向婚姻，虽然我们也会吵吵闹闹，但拥有一个不完全和谐却永远温馨的家庭。这让我在以后的岁月中，一次一次地回味与重温那想来幸福的点点滴滴。

感谢我的儿子陈思进，因为有了他我才真正喜欢上了教育这个行业，同时他给了我很多把理论结合到实际的机会。人要成长最快的方法就是与孩子、大自然和书在一起，很多做人的智慧都掌握在孩子那里，从孩子身上我学到了如何表里如一，如何表达真我。孩子就是我的老师，他帮我找到了生命和人生真实旅程的起点；儿子是我生命中的珍宝，振奋了我生命中的每一刻。

感谢我的同学们，高中的同学钟宁、阮光明、肖寿强、于兵、邓超、田华等等，谢谢你们曾经对我的帮助！因为有了你们，我的生活不缺少朋友！感谢我的大学同学金海军、袁志新、谯伟、万进道、李名君、黄龙华、谢社强、刘现利等等，有了你们的支持，我才能在大学开始创业。特别感谢金海军，是你连大学二年级的学费都没交，借给我做电脑事业部的创业，没有你的支持就没有我那时的创业体验。

感谢与我一起走完教练技术一、二、三阶的同学陆澄、杨文育、李子龙、马臣、范乃月、夏常清，我们一起从课程里收获到的那份感动、开悟和自信，欣喜若狂的感觉，让我们几个人成了生命中一生一世的兄弟姐妹，在我们改变自己的这 108 天，我们互相挑战对方，以强者负责任的角度面对人生、活在当下、接受放下、付出共赢，站到一线去找可能性，做一个九牛之人，这段时间的体验对我们每个人来说都是受益匪浅的。同时，感谢那些上完过教练体系的 TA 或 LP 的学友们，天下 TA 是一家，在后 TA 中我们互相支持，特别感谢邝婉桥导师、陈新润、蒋昭遐、张传海、潘永波、王红岩、扈家瑞、武海民、张永斌、夏芳清等伙伴。也正是因为这样的体验和成长，大家能看到 CBIN 中关于付出、严谨方面的要求都出自于这里，我也坚信 CBIN 真正能帮助到很多企业和个体。

感谢与我一起共事过的朋友们，感谢在海乔公司的同事马丽霞，虽然那时我们都是刚从大学毕业，但你的成熟和淡定影响了我。感谢后来在诺基亚公司的同事和领导们，是你们无私的支持和帮助才让我后来成长为一名技术专家，也正是因为服务诺基亚的这段经历，后来我才能在 2007 年与刘务乾、王荣俊、郭俊荣一起成立通信服务公司，有了第一个公司的成功经验，才有了后面多家公司的成功。

感谢防灾科技学院的周振海、贾甚杰、申世元等大学老师们，是你们对在校大学生无私的爱与关怀，吸引到我从 2013 年开始在大学里做公益的大学生创业教育，我非常认同你们提出重点是教育而不是创业的定位。一路付出一起成长，让我在支持大学生教育的路上永不停止。

感谢 CBIN 全体会员以及《人本商道》的联合出品人与特约出版人王拥军先生，是你们的付出让这本书顺利出版。谢谢曾经爱过我的和我爱过的人，谢谢你们，是你们让我变得更成熟，更懂得社会，更了解人性！我会把这份爱通通融入到助人的 CBIN 中，感召更多的企业家朋友一起来营造一个干净的营销互助平台！

陈长春

2017 年 12 月